Judith Grohmann

IN GEHEIMER MISSION

Judith Grohmann

IN GEHEIMER MISSION

Was Polizeispezialeinheiten im Kampf
gegen Verbrechen und Terror erleben

Bibliografische Information der Deutschen Nationalbibliothek:
Die Deutsche Nationalbibliothek verzeichnet diese Publikation in der Deutschen Nationalbibliografie;
detaillierte bibliografische Daten sind im Internet über http://d-nb.de abrufbar.

Für Fragen und Anregungen:
geheime.mission@rivaverlag.de

1. Auflage 2013

© 2013by riva Verlag, ein Imprint der Münchner Verlagsgruppe GmbH,
Nymphenburger Straße 86
D-80636 München
Tel.: 089 651285-0
Fax: 089 652096

Redaktion: Palma Müller-Scherf, Berlin
Umschlaggestaltung: Pamela Günther, München
Umschlagabbildung: Michael Hetzmannseder
Satz: Georg Stadler, München
Druck: GGP Media GmbH, Pößneck
Printed in Germany

ISBN Print 978-3-86883-290-7
ISBN E-Book (PDF) 978-3-86413-308-4
ISBN E-Book (EPUB, Mobi) 978-3-86413-309-1

Weitere Informationen zum Verlag finden Sie unter

www.rivaverlag.de
Beachten Sie auch unsere weiteren Verlage unter
www.muenchner-verlagsgruppe.de

Inhalt

»Okay, Sie haben recht. Sie haben recht. Ich weiß nicht, ob Sie unschuldig sind oder nicht. SIie können alles getan haben, was Ihnen zur Last gelegt wird. Vielleicht haben Sie den Cop getötet. Das ist mir egal. Es gibt Wege, um Ihre Unschuld zu beweisen, aber das hier ist wohl keiner. Jetzt haben Sie auch noch Geiseln genommen. Ich sage Ihnen Folgendes: sollten Sie jemandem etwas antun, haben Sie jede Chance, mit mir zu verhandeln, vertan. Nur die Geiseln interessieren mich. Dass Sie hier heil herausspazieren, ist ganz sekundär. Also, habe ich mich klar ausgedrückt?«

Kevin Spacey *aka Lieutnant Chris Sabian,*
The Negotiator, 1998

»Ich gebe Ihnen einen Rat: Lassen Sie niemals einen Geiselnehmer warten, das macht ihn stinksauer.«

Samuel Jackson *aka Danny Roman,*
The Negotiator, 1998

*Für Bernhard, Detlef, Walter, Bianca, Harald, Christoph und Norbert
sowie für alle Frauen und Männer, die tagtäglich
ihr Leben im Kampf gegen Terrorismus und Kriminalität
für die Sicherheit in unserer Welt einsetzen.
Und für Kevin Spacey, der mich zu diesem Buch inspiriert hat.*

VORWORT

— — — — — — — — — — — — — — — —

Ban Ki-Moon
GENERALSEKRETÄR DER VEREINTEN NATIONEN

— — — — — — — — — — — — — — — —

Sehr geehrte Leserin,
Sehr geehrter Leser,

der Terrorismus in allen seinen Formen stellt ohne Zweifel eine der größten Herausforderungen des 21. Jahrhunderts dar. Der Kampf gegen diese Geißel zählt zu den zentralen Aufgaben der Vereinten Nationen, mit dem Ziel, das Leben der Menschen sicherer und kalkulierbarer zu gestalten. Aus diesem Grund haben die Vereinten Nationen im Jahr 2006 die internationale Antiterror-Strategie verabschiedet. Sie stellt ein einzigartiges globales Instrument zur Stärkung der umfassenden nationalen, regionalen und internationalen Bemühungen im Kampf gegen den Terrorismus dar.

Erstmals haben sich alle Mitgliedsstaaten auf einen gemeinsamen strategischen Ansatz im Kampf gegen den Terrorismus geeinigt. Damit wird unmissverständlich zum Ausdruck gebracht, dass Terrorismus inakzeptabel ist. Daneben wird ein Konzept mit konkreten Maßnahmen aufgezeigt, die individuell und kollektiv ergriffen werden können, um Terrorismus zu verhindern und zu bekämpfen. Mit Erwähnung dieser praktischen Schritte wird offensichtlich, dass spezielle nationale Strafverfolgungsbehörden eine Speerspitze im gemeinsamen Kampf gegen diese globale Bedrohung darstellen.

In ihrem Buch *In geheimer Mission* hat sich die österreichische Autorin Judith Grohmann explizit mit jenen Herausforderungen, mit denen spezielle Antiterroreinheiten jeden Tag, jede Woche und jedes Jahr zu tun haben, beschäftigt.

Indem sie die verschiedensten Kampfbemühungen gegen jede Form von Terrorismus in Österreich und in anderen UN-Mitgliedsstaaten be-

15

schreibt, bietet Judiths Buch umfangreich Informationen darüber, wie die Antiterrorstrategie der Vereinten Nationen erfolgreich auf nationaler Ebene in der ganzen Welt ihre Umsetzung findet.

Ich möchte an dieser Stelle die Gelegenheit nutzen, um Judith Grohmann für ihren wichtigen und wertvollen Beitrag zu unserem gemeinsamen Kampf gegen den Terror herzlich zu danken.

Ein paar Gedanken zu Beginn
VON JUDITH GROHMANN

»Ein Krieg wäre das Schlimmste, was uns jemals passieren könnte«, hat meine Großmutter immer behauptet. Sie wusste, wovon sie sprach. Sie hatte den Zweiten Weltkrieg miterlebt und war eine jener couragierten Frauen in Österreich, die sich vom Hitler-Regime weder für Denunziationen noch für Zwangsarbeiten rekrutieren ließ. Stattdessen hat sie lieber in der Lederfabrik ihres künftigen Schwiegervaters als Gerberin gearbeitet und dort ihren späteren Mann kennengelernt. Auch heute wäre ein Krieg immer noch das Schlimmste, was uns passieren könnte. Doch im Unterschied zu 1938 hätte heute ein Krieg in Europa andere Erscheinungsformen. Während der klassische Staatenkrieg zu einem Auslaufmodell geworden ist, weil Staaten als faktische Monopolisten des Krieges abgedankt haben, treten immer häufiger private Akteure wie etwa Guerillagruppen, Söldner oder internationale Terrornetzwerke an ihre Stelle. Der Krieg von einst mutiert heute immer mehr zum Terrorwahnsinn. Terror ist die neue Form des Krieges.

Der 11. September 2001 ist kein gewöhnlicher Tag gewesen. Er ist kein Tag, auf den die Geschichte stolz sein darf. Der 11. September 2001 markiert vielmehr eine historische Zäsur. Denn an diesem Tag sind durch den schrecklichsten Terroranschlag in der Geschichte der Menschheit 3000 unschuldige Bürger in den USA getötet worden. Terroristischen Massenmord nennt man das. Hervorgerufen durch vier koordinierte Flugzeugentführungen mit anschließenden Selbstmordattentaten auf militärische und zivile Gebäude in den USA, darunter das World Trade Center und das Pentagon. Die 19 Flugzeugentführer, die lange Zeit unbemerkt im Dunkeln gelebt hatten, um sich auf diese Tat vorzubereiten, waren Mitglieder der Terrororganisation al-Qaida. Deren Anführer, ein gewisser Osama bin Laden, dirigierte seine Männer erbarmungslos, um diese grauenhafte Tat auszuführen. Bin Laden hatte die Attentate beauftragt, initiiert und mitfinanziert.

Der Kampf gegen die Geißel Terrorismus ist im Interesse aller Nationen. Die daraus resultierenden Probleme sind seit Jahrzehnten in der Agenda der Vereinten Nationen angeführt. Im Laufe der-Jahre haben die Vereinten Nationen mehrere Resolutionen sowie zahlreiche Übereinkommen, die sich mit der Terrorismusbekämpfung befassen, ausgearbeitet. Doch die schrecklichen Ereignisse vom 11. September 2001 stellten einen Wendepunkt für die internationale Gemeinschaft im Kampf gegen den Terrorismus dar. Die Vereinten Nationen reagierten mit einer Verstärkung ihrer Bemühungen und nahmen sofort die Resolution 1373 (28. September 2001) auf, die allen Staaten eine Reihe von rechtlichen und operativen Maßnahmen zur Verhütung und Bekämpfung des Terrorismus auferlegt. Mit diesem Beschluss wurde das Counter-Terrorism Committee ins Leben gerufen, das die Umsetzung der Resolution innerhalb der Staaten überwacht. Im Jahr 2002 hat die Generalversammlung die Terrorism Prevention Branch im Büro der Vereinten Nationen für Drogen- und Verbrechensbekämpfung in Wien etabliert, die eine Schlüsseleinheit zur Unterstützung der Mitgliedsstaaten der Vereinten Nationen bei der Terrorismusbekämpfung darstellt. Seither bemühen sich die Vereinten Nationen, die nationalen Regierungen stärker zu unterstützen. Ihrerseits haben die nationalen Regierungen daran gearbeitet, ihren eigenen Antiterrorapparat zu stärken – in vielen Fällen mit sehr guten Ergebnissen. Eine wichtige Position obliegt hier den Spezialeinheiten. Die Spezialeinheiten der Polizei unterstützen die Arbeit der

Vereinten Nationen: Sie sind darauf spezialisiert, gegen Terror und Kriminalität zu kämpfen und kriminelle Täter rasch zu stellen. Die europäischen Spezialeinheiten sind seit dem Jahr 2001 im ATLAS-Netzwerk vereint. Im Rahmen dieses Netzwerkes suchen die Kommandanten von 32 Einheiten gemeinsam stets nach neuen Strategien und Taktiken – also nach neuen Antworten – auf den Terror.

Was kann man tun, um den Terror zu verhindern? Wie kämpft man gegen ihn an? Fragen, die mich schon seit Jahren bewegten. Ich hatte das große Glück, durch meine journalistische Neugier und Beharrlichkeit Kontakt zu den besten Spezialeinheiten dieser Welt zu bekommen. Ich erhielt als erste Journalistin und Autorin Zugang ins Innere dieser Einheiten und so auch Einblick in ihre Einsätze. Das war nicht leicht gewesen. Denn Sicherheit ist heute das wichtigste Thema jeder Regierung: Sie spiegelt die Bedeutung der Friedenspolitik eines Landes wider. Um zu wissen, ob ich auch würdig war, mit den Spezialeinheiten über ihre – normalerweise streng geheime – Tätigkeit zu sprechen, wurde ich zunächst überprüft. Das bedeutet, dass alle Geheimdienste dieser Welt mich über Monate kontrolliert haben. Vermutlich tun sie das jetzt immer noch. Das ist kein Scherz. Ich habe mich der Überprüfung gestellt und sie akzeptiert. Ich habe auch nichts zu verbergen. Im Gegenteil. Ich will wissen. Aus diesem Grund habe ich meine Gesprächspartner danach gefragt: Wie arbeitet ihr? Wie wird man Mitglied einer Spezialeinheit? Welche Positionen gibt es innerhalb der Einheit? Wie läuft ein Einsatz ab? Ich habe viele Antworten erhalten. Genügend, um dieses Buch zu schreiben und darin zu schildern, was es heißt, für die Sicherheit eines Landes verantwortlich zu sein. Die Gespräche waren sehr offen.

An diesem Buch habe ich sowohl als Autorin als auch als Journalistin gearbeitet: also mit solider Recherche, vielen interessanten Interviews, den Regeln von Check und Gegencheck, der Achtung vor Persönlichkeitsrechten. Zusätzlich zu meinen Interviews mit den Teams der Spezialeinheiten habe ich zahlreiche internationale Medienberichte, aber auch Bücher zurate gezogen, um dem Leser so viele Informationen wie möglich zu den Ereignissen zu liefern. Selbstverständlich wurde meine gesamte Recherchearbeit mit den Spezialeinheiten abgestimmt.

In den letzten zwölf Monaten habe ich im Zuge der Arbeit an meinem Buch einiges erlebt und so manches hinzugelernt. Es gibt vieles, das ich gehört habe, aber über das ich heute schweigen muss. Nicht alles, was man mir offen erzählt hat, darf ich weitererzählen. Im Journalismus gibt es Gesetze zum Schutz journalistischer Quellen. Während meiner Gespräche mit den Spezialeinheiten unterlagen viele Informationen und Details, die man mir anvertraut hat, der Geheimhaltung. Das ist gut so und ist zu respektieren. Eines weiß ich nun: Die Männer und Frauen dieser Einheiten tun wirklich alles, um den Terrorwahnsinn zu stoppen.

PROLOG
Der Besuch eines zum Tode Verdammten

Die Stille im Raum erschien fast unerträglich. Sechs Köpfe waren über den Tisch gebeugt, alle starrten schon seit Stunden auf ein Foto. Darauf war ein Mann zu sehen mit schwarzem Bart und goldener Brille. Der Besuch dieses Mannes, der den Decknamen Joseph Anton trug, verlangte eine ganz besondere Strategie. Die Planung seines Aufenthaltes in Wien, der zwei Tage dauern würde, sollte perfekt sein. Die Aktion musste unter allen Umständen geheim bleiben. Es durfte keine einzige undichte Stelle geben. Denn jedes Wort zu viel würde den Tod dieses Mannes bedeuten. Die sechs Männer schwitzten. Rauchen war im abgeschirmten Sondereinsatzraum des Ministeriums nicht erlaubt und die vier Kaffeekannen waren bereits seit Stunden leer. »Spektakulärer Einsatz«, hämmerte es in ihren Köpfen. Versagen verboten. Ihre Taktik war das Denken in Szenarien und ihr Mantra das »Leben in der Lage«. Also agieren, wie es die Situation gerade erfordert.

Die Vorbereitungen für den Besuch Joseph Antons liefen bereits seit Tagen auf Hochtouren. Die sechs Männer hatten in akribischer Kleinarbeit Fahrtrouten durch das Dickicht der Wiener Innenstadt zusammengestellt und auf Papier gezeichnet. Daneben wurden Ersatzrouten und Konvoi-Formationen ausgetüftelt. Die zu betretenden Gebäude vom Dach bis in den Keller überprüft, ebenso die umliegenden Häuser eines Straßenzugs, Baupläne gesichtet und Notausgänge markiert. Verdächtige Einreisende nach Österreich am Flughafen und an den Bahnhöfen überprüft, aber auch ungewöhnliche Bewegungen an den betroffenen Botschaften. Auch die Mannschaft, die an jenem Tag zum Einsatz kommen sollte, wurde definiert, deren Positionen in und um die zu bewachenden Gebäude sowie die genauen Funktionen während ihres Einsatzes: Personenschutz- und Observationsteams, Taktikverantwortliche ... die Liste war lang. Insgesamt war von 250 Personen die Rede, denn die Gefährdungsanalyse war eindeutig: Es war davon auszugehen, dass ein Mordanschlag auf den Mann stattfinden würde. Der Mord könnte sowohl durch Bomben, Schusswaffen, Präzisionsschützen als auch mittels Messer, Schwerter oder Bajonette durchgeführt werden. Jede Form der Hinrichtung war möglich. Und gerade deshalb musste diesmal die gesamte Mannschaft rund um die Uhr im Einsatz sein. Schließlich hatte man sich noch eine Überraschung der besonderen Art für den oder die Mörder des Mannes ausgedacht. Rasch waren die Vorbereitungen auf gewohnt effiziente Weise abgeschlossen. Nun stand der Einreise Joseph Antons nichts mehr im Weg.

Wenn sich jener elitäre Kreis, bestehend aus dem Leiter der Einsatzgruppe zur Bekämpfung des Terrorismus und den leitenden Beamten des Staats- und Verfassungsschutzes sowie der Spezialeinheiten zu einer Sitzung treffen, »brennt« es meist schon. Denn noch nie zuvor war es in Österreich vorgekommen, dass ein weltweit gesuchter, mit dem Tod bedrohter Mann, auf dessen Ermordung sogar ein Kopfgeld in Millionenhöhe ausgesetzt worden war, als Staatsgast empfangen und mit einer der wichtigsten Auszeichnungen des Landes geehrt werden sollte. Dieser Einsatz hatte erstmalig die Gefährdungsstufe eins, also die höchstmögliche Gefährdungsstufe. Für die kleine Alpenrepublik Österreich war das außergewöhnlich.

Leichter Frühlingsregen netzte die Landebahn, als die Maschine mit dem Kennzeichen OS 460 der Austrian Airlines, aus London kommend, sich dem Flughafen Wien-Schwechat näherte. Es war ein Sonntag. Man schrieb den 15. Mai des Jahres 1994. 10.50 Uhr. Der Towerlotse hatte jetzt Sichtkontakt zur OS 460 und erteilte dem Piloten ordnungsgemäß die Landeerlaubnis – nicht ohne zuvor die Pistenrichtung anzugeben. Mit einem Feldstecher verfolgte er die Landung. Hinter ihm im letzten Stockwerk des Flughafentowers begannen sechs große Männer in dunkelgrauen Cerruti-Anzügen, die mit einer Spezialversion der Glock 18 bewaffnet waren, aufgeregt in ihre verkabelten Ohrmikrofone auf einer eigenen, nicht abhörbaren Frequenz zu sprechen. Es waren nur Wortfetzen zu verstehen: »Friends listen ... Joseph Anton ... ready ... for landing.« »Friends« war der für diesen Einsatz vereinbarte Rufname des Personenschutzteams. Die grünen Befeuerungslichter, die zur Orientierung des Piloten dienen, wiesen der Maschine ihren Weg durch das Labyrinth der Landepisten. Pünktlich um 10.55 Uhr setzte die OS 460 auf dem Flughafen Wien-Schwechat ruhig auf. Wenig später stoppte sie an der für sie vorgesehenen Abstellposition abseits der anderen Maschinen.

Die Männer sprachen hastig in ihre Ohrmikrophone: »Friends listen again ... Joseph Anton ... arrived ... now.« Dann geschah etwas, das einem Hollywoodthriller glich: Die Maschine war kaum gelandet, als drei gepanzerte schwarze BMW-Limousinen im Eiltempo auf sie zusteuerten. Acht Männer sprangen aus den Limousinen und bildeten ein Spalier vor der Gangway, die gerade an den Flugzeugrumpf geschoben wurde. Die Männer sahen nicht aus wie Bodyguards, eher wie eine Mischung aus Model, Geheimagent und Militär. Sie trugen schwarze Brillen, Jeans und graue Sakkos. Offenbar coole Typen. Nach wenigen Minuten öffnete sich die Tür der Maschine und eine Stewardess trat heraus. Nach ihr stieg der erste Fluggast aus: ein Mann aus der Polizeieskorte, der neugierig um sich blickte. Ihm folgte ein kleiner Mann mit Bart, dunklen Haaren und einer Halbglatze. Er trug eine goldene Brille, ein dunkles Sakko, darunter ein weißes T-Shirt und Jeans. Hinter ihm erschien eine Frau, offensichtlich seine Freundin, in einem grünen Sommerkleid und umgeben von sechs großen, gut gebauten, aber streng wirkenden Männern der Polizeieskorte. Weitere schwarze Fahrzeuge kamen hinzu. Alles ging sehr schnell. Die Begleitfahrzeuge hielten mit einem Abstand um die Limousinen. Ein derartiges Schauspiel hatte man am Flughafen Wien-Schwechat noch nicht erlebt.

Nachdem der kleine Mann mit der Halbglatze von einem Mann, der aus einer Limousine gesprungen war, begrüßt worden war, stieg er mit seiner Freundin in eine der drei schwarzen Limousinen. Welche das war, war nicht ersichtlich. Alles ging sehr rasch. Auch die acht Männer, die auf die beiden Gäste gewartet hatten, waren bereits wieder in den schwarzen Limousinen verschwunden. Der Konvoi bewegte sich nun blitzartig vom Flughafen auf die Autobahn Richtung Wien zu einem zentral gelegenen Ort, an dem ein Hubschrauber landen würde. Kein einziges Fahrzeug war auf der Autobahn zu sehen, obwohl es kein autofreier Tag war. Die Polizei hatte lediglich, wie bei Staatsgästen üblich, einen Teil der Strecke abgesperrt. Entlang der Fahrtroute standen im Abstand von 300 Metern Polizeiwagen. Die Polizisten salutierten, als die Limousinen vorbeifuhren, und funkten weiter an ihre Kollegen: »Joseph Anton … just … drove by.«

Der Mann mit dem Decknamen Joseph Anton war unversehrt in Wien gelandet. Doch das war erst der Anfang der nun folgenden Mission. Joseph Antons Deckname bestand übrigens aus den Vornamen seiner beiden Lieblingsschriftsteller: Joseph Conrad und Anton Tschechow. Denn seit genau fünf Jahren war jener Mann, der unter dem Decknamen Joseph Anton lebt und in Wahrheit der weltweit bekannte indischbritische Schriftsteller Salman Rushdie ist, gezwungen, unterzutauchen und in ständiger Begleitung einer bewaffneten Polizeieskorte von Aufenthaltsort zu Aufenthaltsort zu ziehen, weil der iranische Machthaber Ayatollah Khomeini ihn zum Tode verurteilt hatte. Khomeini hatte eine Fatwa gegen ihn ausgesprochen und die Muslime in aller Welt zur Vollstreckung aufgerufen. Um die Sache zu beschleunigen, hatte er ein Kopfgeld in Höhe von 3 Millionen US-Dollar ausgesetzt. Rushdies Vergehen? Einen Roman mit dem Titel *Die satanischen Verse* geschrieben zu haben und sich damit angeblich gegen den Islam, den Propheten und den Koran zu richten.

Salman Rushdie, dem am 16. Mai 1994 vom damaligen österreichischen Kulturminister Rudolf Scholten in Wien der Staatspreis für europäische Literatur verliehen werden sollte, kam für zwei Tage als Staatsgast in die Donaumetropole. Er war somit von ebenso hoher Wichtigkeit in

Sachen Sicherheit wie etwa der US-Präsident oder der russische Staatspräsident. Aufgrund der gegen Rushdie ausgesprochenen Fatwa wurde vom Innenministerium die höchste Gefährdungsstufe ausgesprochen. Was so viel bedeutet wie: Ein Anschlag kann nicht ausgeschlossen werden. Aus diesem Grund wurde eigens eine Einheit des Einsatzkommandos Cobra, jener österreichischen Spezialeinheit, die nur Aufträge mit erhöhter Gefährdungslage und besonders hohem Schwierigkeitsgrad wahrnimmt, für Salman Rushdie abgestellt. Diese Männer, 70 an der Zahl, beschützten den Schriftsteller und seine Freundin während ihres gesamten Aufenthaltes in Österreich – rund um die Uhr. Sie hafteten für deren Sicherheit mit ihrem eigenen Leben. Genau das bedeutet Personenschutz.

Doch zurück zu jenem zentral gelegenen Ort in Wien, an dem der Hubschrauber des Innenministeriums landete. Die Sicherheitskräfte, die um den Hubschrauberlandeplatz positioniert waren, erhielten via verschlüsseltem Funk die Order »Joseph Anton arriving«. Aufregung ist in einer derartigen Situation fehl am Platz. Die für die Observation des Umfelds zuständigen Mitglieder der Spezialeinheit sind voll konzentriert und checken bereits seit Stunden jeden Zentimeter, jede Bewegung, jeden Passanten, jedes Auto. Der Flugverkehr über Wien wurde für eine Stunde lahmgelegt. Alles befand sich unter Kontrolle der Cobra und ihrer Kollegen von der Polizei. Nun traf auch der Konvoi mit dem Schriftsteller ein. Rasch entstiegen Joseph Anton und seine Freundin dem Wagen. Innerhalb einer Minute saßen sie im Hubschrauber, der sofort abhob. Joseph Anton alias Salman Rushdie wurde gemeinsam mit seiner Freundin und zwei Mitgliedern des Sondereinsatzkommandos Cobra aus Wien geflogen. Die drei gepanzerten schwarzen Limousinen und die schwarzen Wagen mit Mitgliedern der Cobra, waren längst auf der Autobahn Richtung Süden unterwegs.

Den Schriftsteller in einem Wiener Hotel oder einer Botschaft nächtigen zu lassen, war zu dem Zeitpunkt, als über Rushdie die Fatwa ausgesprochen worden war, für die österreichischen Behörden undenkbar.

Zu groß war dort die Gefahr eines Mordanschlags. Man beschloss, ihn etwa 50 Autominuten von der Wiener City entfernt an einem wesentlich sichereren Ort unterzubringen: nämlich im Headquarter des Einsatzkommandos Cobra. Dort schützt nicht nur ein etwa 2,3 Kilometer langer Sicherheitszaun mit Perimetersicherungen und Kameras die Zentrale vor Eindringlingen, sondern die gesamte Mannschaft der Cobra zugleich selbst. Also Männer und Frauen, die auf jede Form der Abwehr von Aggression, Terror und Brutalität trainiert sind. Kein Ort in ganz Österreich ist sicherer. Dort und nur dort war der Schriftsteller vor einem Attentäter oder Mordkommando geschützt. Das war gewiss.

Der Hubschrauber landete im Headquarter der Cobra. Salman Rushdie stieg aus und wurde am Eingang vom Kulturminister und seinen Mitarbeitern willkommen geheißen. Es folgte ein Mittagessen. Danach war eine Wien-Rundfahrt im Konvoi vorgesehen, anschließend die Besichtigung des Burgtheaters und des Kunsthistorischen Museums. Mit einem stattlichen Tross an Cobra-Beamten wurde der Schriftsteller in einer gepanzerten Limousine von der Bevölkerung unerkannt in die Stadt chauffiert. Ihm folgten diesmal etliche unauffällige Fahrzeuge mit Cobra-Beamten in Zivil. Während im Burgtheater, wo am Nachmittag noch kein Betrieb ist, der damalige Direktor Claus Peymann Rushdie persönlich in aller Ruhe durch die heiligen Hallen führte, war im Kunsthistorischen Museum eine andere Taktik erforderlich. Denn dort herrschte normaler Museumsbetrieb mit Besuchern aus der ganzen Welt. Zehn Cobra-Beamte erstanden hier Tickets und gaben vor, eine Touristengruppe zu sein. Sie umkreisten Rushdie und den Kulturminister und wichen den beiden nicht von der Seite, während ihre Kollegen sich Stunden zuvor vergewissert hatten, dass keine Bombe im Museum war, und dann in allen Gemäldesälen ihre Positionen eingenommen hatten, um die Besucher sukzessive zu überprüfen und zu beobachten. Über ihre Ohrmikrofone waren sie miteinander verbunden und riefen sich leise und unverdächtig Kommandos zu wie etwa: »Friends … Joseph Anton in dialog with Peter Paul«, um mitzuteilen, dass Rushdie sich soeben in der Gemäldegalerie vor Bildern von Peter Paul Rubens befand. Rushdie fuhr mit seiner »Gruppe« weiter zum Abendessen, das er an diesem Sonntag an einem außergewöhnlichen Ort, nämlich über den Dächern von Wien in einer Privatwohnung und im Beisein des Kulturministers und seiner Frau, einnahm. Während man sich über die österreichische Kulturszene unterhielt, behielten Beamte des Einsatzkommandos Cobra über mehrere Stunden die Wohnung, das ganze Gebäude, das Nebengebäude, die Straße – also das gesamte Areal im Zentrum der Wiener Innenstadt – unauffällig und dennoch äußerst genau im Auge. Als der Konvoi gegen Mitternacht im Headquarter des EKO Cobra landete und seinen »Gast« absetzte, waren für die Einsatzleitung sämtliche Stationen an diesem ersten ereignisreichen Besuchstag des Staatsgastes zufriedenstellend nach Plan gelaufen.

Die Verleihung des Staatspreises und somit der offizielle Auftritt in Wien von Salman Rushdie fand am 16. Mai 1994 statt. An diesem Tag waren für den Schriftsteller mehr als 70 Cobra-Beamte, darunter Personenschutz- und Observationsteams, Einsatzleitung und Führungsassistenz sowie Taktikverantwortliche im Einsatz, hinzu kamen noch Polizei- und Geheimdienstbeamte. Insgesamt waren für den Schriftsteller über 250 Mann in Bereitschaft. Nach dem Frühstück verließ Rushdie mit seiner Freundin in einem Hubschrauber das Headquarter des EKO Cobra Richtung Wien. Unauffällig hatten sich eine Stunde zuvor bereits drei gepanzerte schwarze Limousinen und 20 unscheinbar aussehende Autos über die Autobahn zum vereinbarten Treffpunkt auf den Weg gemacht.

Als der Hubschrauber mit Salman Rushdie an Bord in Wien landete, war sein Sicherheitstross längst eingetroffen. Cobra-Beamte hatten sich positioniert und nahmen alle Bewegungen und Personen auf und um den Landeplatz ins Visier. Rushdie stieg aus dem Hubschrauber und im gleichen Moment öffnete sich eine Tür der ersten Limousine. Daraus entstieg … ebenfalls Salman Rushdie. Verstohlene Blicke seitens der Beamten der Spezialeinheit. Die Verwirrung hielt nur eine Zehntelsekunde an. Wie würde der echte Salman Rushdie auf seinen

Doppelgänger reagieren? Der Schriftsteller ist eindeutig ein Mann mit Humor, er reichte seinem Doppelgänger, einem Cobra-Mann mit dem Codenamen »Ossi«, bewundernd die Hand. Einen Personenschutz durch einen Doppelgänger hatte Rushdie noch nicht erlebt. Die beiden Männer glichen einander wie Zwillingsbrüder, sie trugen auch die gleiche Kleidung: braunes Sakko, weißes Hemd, ockerfarbene Hose und eine ebensolche Krawatte mit rotem Luftballonmuster. Optisch war nicht der leiseste Unterschied zwischen ihnen zu erkennen, auch die Größe stimmte. Rasch stiegen beide Rushdies in ihre Limousinen. Plötzlich hatte sich der Tross verdoppelt: dem ursprünglichen Konvoi hatte sich ein Phantomkonvoi, in dem das Rushdie-Double Ossi saß, hinzugesellt. Der Phantomkonvoi schlug jedoch eine andere Fahrtroute ein, hatte aber dasselbe Ziel. Beide Limousinen-Konvois bewegten sich durch die engen, von der Polizei und mittels Ampeldurchschaltung eigens frei gehaltenen Gassen Wiens in Richtung Regierungsviertel, also in das Zentrum der Wiener Innenstadt. Genau nach Plan, ohne einen einzigen Verfolger.

Vor dem Palais Starhemberg auf dem Minoritenplatz, dem Sitz des Kulturministers, hielt zunächst der Konvoi mit Ossi an Bord. Nachdem die Beamten ordnungsgemäß die Straße, die umliegenden Dächer und Häuser, den Eingang zum Kulturministerium und das Gebäude selbst gesichert hatten, entstieg der falsche Salman Rushdie seiner schwarzen Limousine und wurde in Windeseile von den Sicherheitsbeamten durch einen Seiteneingang ins Gebäude geführt. Im Festsaal hatten bereits 100 geladene Gäste Platz genommen. Sie alle waren strengen Kontrollen unterzogen worden: So wurden etwa alle Handys konfisziert, jeder Gast gescannt und die Handtaschen durchsucht. Die Verleihung des Staatspreises begann mit einer Ansprache des Kulturministers. Danach folgte eine zehnminütige Rede des Wiener Literaturprofessors Wendelin Schmidt-Dengler. Die Atmosphäre im Festsaal war angespannt. Denn keiner der Gäste wusste, welcher Künstler in diesem Jahr den Staatspreis erhalten würde. Gewiss, einige Namen kursierten bereits seit Wochen unter den Journalisten des Landes. Die vier anwesenden Fotografen, das Kamera- und das Hörfunkteam blickten suchend umher. Niemand ahnte, dass der Kulturminister dem mit Mord bedrohten Schriftsteller Salman Rushdie den Staatspreis verleihen würde. Niemand ahnte, dass der Verfasser der *Satanischen Verse* in Österreich und ganz in der Nähe war. Fünf Minuten banges Warten seitens der Gäste und der neugierigen Journalisten. Keiner durfte den Saal verlassen, die Sicherheitsbeamten und die Cobra hatten alles abgeriegelt.

Es war genau 11 Uhr, als sich plötzlich die Türen öffneten und unter den staunenden Augen des Publikums Salman Rushdie, flankiert von Beamten der Spezialeinheit Cobra, den Festsaal betrat. Sein Double Ossi war da bereits in einem Nebenraum für eine Stunde »untergetaucht«.

Dem Schriftsteller sah man die Todesangst nicht an. Er wirkte locker, als er sich an den für ihn vorgesehenen Tisch auf das Podium setzte. Zur selben Zeit verteilten sich mehrere Polizisten und Mitglieder der Cobra in Zivil im Saal. Dann sprach Salman Rushdie ein paar Worte über sich, seine Arbeit, und dass er sich sehr über seine Auszeichnung freue. Ganz Gentleman. Rushdie wollte bewusst nicht viel über sein Werk sagen, »denn dann könnte ich nicht mehr aufhören«. Dem noch immer erstaunten Publikum wurde Gelegenheit zu Fragen gegeben, doch keine einzige Frage wurde gestellt. Niemand im Saal hatte mit seinem Erscheinen gerechnet. Niemand war auf Fragen zu seinem Leben, seinem Werk vorbereitet. Alle blickten wie vom Blitz getroffen auf das Podium. Salman Rushdie verließ schließlich den Raum freundlich lächelnd, wie er gekommen war, flankiert von Mitgliedern der Cobra. Er eilte über die Treppen des Palais Starhemberg, unten angelangt, übernahm sein Double Ossi wieder den ersten Konvoi. Rushdie selbst stieg unbeachtet von der Menge in eine Limousine des zweiten Konvois. Er musste noch eine spontan einberufene Pressekonferenz in einem anderen Palais über sich ergehen lassen, bevor er wieder mit dem Hubschrauber Richtung Wiener Neustadt entschwand und von dort am frühen Nachmittag von der Cobra unauffällig in einer schwarzen Limousine zum Flughafen gebracht wurde.

Als die Maschine der Austrian Airlines mit dem Code OS 455 um 15.55 Uhr nach London abhob, befanden sich die sechs Männer in den dunkelgrauen Cerruti-Anzügen und mit den Glock-18-Pistolen erneut im Tower und verfolgten den Abflug sehr genau. Neben ihnen saß jener Towerlotse, der auch am Sonntag Dienst gehabt hatte, und gab die Startfreigabe für die Maschine. Dann verfolgte er mit seinem Feldstecher den Abflug der OS 455 im strahlend blauen Himmel. Nachdem die Maschine den österreichischen Luftraum sicher verlassen hatte, hörte er die sechs Männer noch Folgendes in ihre Ohrmikrofone sagen, bevor auch sie entschwanden: »Joseph Anton left Austria. We move away.«

Einleitung
Ich bin im Einsatz, Baby

Es ist 5 Uhr früh und ich ziehe mir die schwarze Gesichtsmaske über den Kopf. Meine langen blonden Haare stopfe ich darunter. Jetzt kommt noch der Ulbricht-Zenturio-TSO-Helm mit dem Visier darüber. Er wiegt fast fünf Kilo, doch daran darf ich gar nicht denken. Denn heute bin ich eine von ihnen. Heute darf ich sie bei einem Einsatz begleiten.

Ich bin aufgeregt. Es ist mein erster Einsatz mit einer Antiterroreinheit. Ich bin die erste Frau, weltweit die erste Autorin, die autorisiert ist, mit ihnen mitzufahren und aufmerksam zu beobachten, wie ein Einsatz abläuft. Ich bin ganz in Schwarz gekleidet. Ich trage einen Overall und darüber eine schusssichere Weste. Mein Gewand wiegt gemeinsam mit der Ausrüstung an die 40 Kilo. Ich konnte das alles nicht allein anziehen, einer von ihnen musste mir beim Überstreifen helfen. Die schusssichere Weste erdrückt mich fast. Ich muss die Zähne zusammenbeißen. Macht auch nichts. Ich schaffe das schon. Jetzt fehlen nur noch die Handschuhe und die schwarzen Einsatzstiefel. Ich schlüpfe hinein und binde die Schnürsenkel zu. Es geht sich gut darin. Mein Fotograf hat mir noch sein Victorinox Schweizer Messer mitgegeben. »Zur Sicherheit für dich. Man weiß ja nie, was passiert.« Er fand das cool.

Ich will von ihnen lernen. Denn sie sind etwas ganz Besonderes: Männer und Frauen, die für die Sicherheit der Menschen in ihrem Land sorgen. Sie stellen Schwerstkriminelle und Terroristen. Das erste Mal hörte ich von ihnen im Jahr 1998. Damals habe ich einen Film gesehen, der mein Leben veränderte. Er hieß *Verhandlungssache* (original *The Negotiator*). In der Hauptrolle spielte Kevin Spacey ein Mitglied der US-Polizei-Spezialeinheit SWAT. Spacey war der Verhandlungsführer. Also jener Mann, der im Ernstfall mit Erpressern, Entführern, Terroristen und anderen Schwerstkriminellen spricht. Spacey war als Verhandlungsführer

Chris Sabian eine Sensation. Er spielte nicht nur überzeugend – er war brillant. Das sagen alle Spezialeinheiten, die ich getroffen habe. Spacey ist ihr Vorbild, ihr absoluter Held. Und für mich war seitdem klar: Ich musste unbedingt mehr über die Spezialeinheiten erfahren.

Sie sind die Gentlemenfraktion der Polizei. Und gleichzeitig deren gefährlichste Waffe. Die Besten der Besten beim Sport, stressresistent und multitaskingfähig bei der Arbeit. Sie schauen jedem, mit dem sie reden, geradewegs in die Augen. Respekt ist wichtig in ihrem Job. Auch Tätern gegenüber zeigen sie einen bestimmten Respekt. Sie sind ehrliche Männer mit einem guten Charakter und einem perfekten Benehmen. Psychologisch einwandfreie Typen, die auch über intellektuelles Niveau verfügen. Und sie haben einen unglaublichen Body. Ständiges Training macht's möglich – doch das ist die Grundvoraussetzung für ihren Job. Ihr Auftrag ist das Auffinden und Fassen von Schwerstkriminellen und Terroristen. Sie absolvieren Einsätze, von denen wir niemals erfahren dürfen. Und zwar, weil diese Einsätze so gefährlich sein können, dass wir ständig Angst um sie haben müssten. Das wollen sie nicht und deshalb dürfen sie über ihre Einsätze nicht sprechen. Nicht vor den Medien, nicht vor ihren Ehepartnern und schon gar nicht vor ihren Freunden.

Wie wird man Mitglied einer Spezialeinheit?

Ihre Einsätze sind so geheim, wie es sich selbst James Bond manchmal wünschen würde. Und sie sind immer gefährlich. Jedes Mal kann das letzte Mal sein. Doch Angst kennen die Männer und Frauen der Spezialeinheiten nicht. Dafür bleibt während eines Einsatzes gar keine Zeit. Deshalb werden sie perfekt ausgebildet. Gestartet haben sie ihre Karriere als Polizisten. Jetzt sind sie um die 30 Jahre alt. Nach einigen Jahren im Polizeidienst haben sie sich bei der Spezialeinheit ihres Landes beworben. Einmal im Jahr besteht die Chance dazu. Von Hunderten Bewerbern werden pro Land etwa vier bis fünf ausgewählt. Es sind die

Besten der Besten, die den strengen Aufnahmetest, der mehrere Tage dauert, bestehen: körperliche Ausdauer beim Sport, Perfektion beim Schießen, Gedächtnisübungen und psychologische Tests, das ärztliche Attest, Fahrübungen, das Interview mit dem Kommandanten und den einzelnen Bereichsleitern. Sport und Schießen ist Bedingung für den Job und leicht für jeden, der hart trainiert und mit sich im Reinen ist. Doch den psychologischen Test schafft nicht jeder. Denn nicht jeder ist konzentriert, gelassen und in sich ruhend. Hysterie und Aggression haben jedoch in einer Spezialeinheit nichts verloren. Alles muss ruhig, wohlüberlegt und taktisch perfekt entschieden werden. Bei der Ausbildung, die – je nach Land – bis zu einem Jahr dauern kann, lernen die künftigen Mitglieder der Spezialeinheiten Strategie, Taktik, Ausdauer, Technik, Nahkampf, Schnelligkeit. Jeder trainiert seine sportlichen Mankos täglich im Sportraum. Jeder muss über seine Limits gehen in gesundem Maß. Die Trainings sind realitätsnah angelegt, daher passieren auch immer wieder Unfälle. Ständig hat man gegen gefährliche Momente anzukämpfen. Jeder muss aufpassen. Das Training darf für niemanden zur Routine werden. Auf jeden Einsatz stellen sich die Mitglieder der Spezialeinheiten auch mental ein. Wer belastbar und stressresistent ist, ist in der Spezialeinheit gut aufgehoben. In der Ruhe liegt die Kraft. Hinzu kommen Flexibilität und Ausdauer. Lautlos, rasch und effizient. Im Team. Dem Team kommt in diesem Beruf eine große Bedeutung zu. Bei jedem Einsatz muss das Team taktisch agieren und auch entscheiden. Jeder im Team muss sich auf den anderen verlassen können. Keiner macht einen Alleingang, sonst gibt es einen Abgang. Gemeinsam sind sie stark. Gemeinsam wird entschieden, welche die nächsten Schritte sind. Mancher Politiker, mancher Manager könnte sich von ihnen so einiges abschauen.

Frauen in der Spezialeinheit

Mehreren Kommandanten ist zu verdanken, dass Frauen immer größere Bedeutung innerhalb der Spezialeinheiten zukommt. Genommen werden Frauen, die ganz besonders sportlich sind, sämtliche Aufnahmekriterien mit Bravour bestehen und noch die 40-Kilo-Ausrüstung ohne zu murren tragen können. Aber dann müssen sie sich vor ihren männlichen Kollegen in Einsätzen bewähren. Die Realität im Team sieht so aus: Oft müssen Frauen wesentlich härter arbeiten und bessere Leistungen als die Jungs erbringen, bevor sie von den männlichen Kollegen akzeptiert werden. Erst wenn sie diese Etappe geschafft haben, sind sie im Team anerkannt.

Emotionen in der Lage

Mitgefühl für den Täter während eines Einsatzes gibt es nicht. Sein Handeln versucht man zu analysieren, aber man billigt es keineswegs. Gefühle schaltet man während eines Einsatzes aus. Darin zeigt sich die Professionalität der Mitglieder einer Spezialeinheit. Das Gelernte durchziehen und den Auftrag, den Täter zu stellen, möglichst rasch ausführen: das ist das erklärte Ziel jedes Einsatzes. Keine Toten, lautet die Mission. Angst kommt während der Arbeit selten auf, denn die Arbeit im Team stärkt. Vorsicht ist dennoch bei jedem Einsatz geboten. Die Psychologen der Einheiten sind für ihre Leute immer da. Mit ihnen kann jeder offen über alles reden. Die Gespräche mit den Psychologen sind für die Mitglieder der Spezialeinheiten sehr wichtig, um schwierige Einsätze aufzuarbeiten. Alleine oder im Team. Oft kommt ein Trauma erst nach einigen Jahren hoch. Autogenes Training und Entspannungsübungen sind wichtig, um physisch und psychisch über längere Strecken auf der Höhe zu bleiben.

Fachbegriffe im Einsatz

Bei Einsätzen kommt es im Team zu einem gewissen Automatismus. Jeder kennt seine Funktion, die damit verbundene Aufgabe, die Tätigkeit: zusätzliche Maßnahmen werden vom Einsatzleiter und vom Kommandanten angeordnet. Auf jede neue Situation – also auf jede neue »Lage« – muss man sich neu einstellen. Spezialeinheiten verwenden bei ihrer Arbeit viele Fachausdrücke. Da ist etwa von »Tracking«, von »Camouflage«, von den »Platinum-10-minutes«, von »Renegades«, von »Lawful killing« oder von »Dirty bombs« die Rede. Ich spitze die Ohren, lasse mir die Begriffe erklären. »Tracking« bedeutet, ein bewegtes Objekt zu verfolgen. Unter »Camouflage« versteht man die Tarnung und das Annehmen einer anderen Identität für den Einsatz. Die »Platin-10-minutes« ist die Zeit nach einem Schusswechsel, wenn Sanitäter und Notarzt am Schauplatz eintreffen. Denn in den ersten zehn Minuten sollen 90 Prozent der verwundeten Personen gerettet werden. »Renegades« sind Flugzeuge, die von Luftpiraten als Waffe im terroristischen Einsatz verwendet werden. Unter »Lawful killing« versteht man den finalen Rettungsschuss auf einen Schwerkriminellen und unter »Dirty bombs« jene Sprengsätze, die bei ihrer Explosion radioaktives Material in die Umwelt streuen.

Sag niemals »Nein«: Die Arbeit der Verhandler

Aus Kevin Spaceys Film habe ich mir eine Szene gemerkt, in der SWAT-Polizist Danny Roman, von Samuel Jackson gespielt, sich aufgrund einer falschen Verdächtigung in einem Chicagoer Hochhaus mit seinen Geiseln versteckt hält und seinem etwas ungeschickten Polizeikollegen Lieutenant Farley via Telefon erklärt, dass ein Verhandler niemals Nein sagen darf. Diese Szene entspricht der Realität. Es gibt Leitfäden für Verhandlungsteams für Gespräche mit Tätern, die Anhaltspunkte enthalten wie: niemals bejahen oder verneinen, zuhören, überzeugen und kreativ sein. Denn hier geht es um unmittelbare Kommunikation. Ein guter Verhandler ist ganz Ohr, das nennt man im Fachjargon aktives Zuhören. Er achtet auf das Sprachtempo, die Intonation und die Nuancen in der Stimme, den Inhalt der Nachrichten, die Intensität der Aggressivität oder die Ruhe seines Visavis. Nur so kann das Psychologenteam den Täter einschätzen und Informationen an die Einsatzleitung kommunizieren. Das Wichtigste beim Verhandeln bleiben Kreativität und Einfallsreichtum, um flexible Lösungen zu finden, denn jeder Täter und jede Ausgangslage sind anders. Der Verhandler darf niemals eine Rolle spielen oder mit eintrainierten Floskeln um sich werfen, er muss ganz er selbst bleiben. Authentisch sein, heißt die Zauberformel. Verhandeln betrifft die Substanz eines Menschen. Daher muss man Gefühle ausschalten, den »Kopf vom Herzen trennen«. Das Wichtigste ist und bleibt der Auftrag: die Lage ordentlich und ohne Tote zu lösen und alle Geiseln zu befreien.

Observation eines Kriminellen

Der Dienst eines Observationsteams ähnelt ein wenig dem der Spione: Es geht darum, Personen zu beschatten und alle Bewegungen des Observierten schriftlich zu dokumentieren, mit Fotos, dem Tagesablauf und allen Kontakten, die der Observierte hat. Oft müssen sich die Observationsteams verkleiden und folgen Tätern in eigens »getunten« Fahrzeugen, um unbeobachtet zu bleiben und unauffällig ihren Auftrag zu erfüllen: Mal sind sie Touristen in einem Campingwagen, mal der »Installateur Müller«, der einen ganzen Tag lang auf einer Straße parkt, mal ein harmloser Autofahrer, der an der Tankstelle tankt, oder ein verliebtes Pärchen, das sich im Auto umarmt. Tarnung ist alles. Sie darf nicht übertrieben sein, sonst fliegt sie auf, sondern sie muss realistisch bleiben.

Präzisionsschützen sind allzeit bereit

Präzisionsschützen in Spezialeinheiten sind keine Killermaschinen. Sie haben vielmehr die Aufgabe, den Tatort von einem höheren Punkt aus zu überwachen und dadurch ihren Kollegen alle notwendigen Informationen zu liefern, damit der Einsatz perfekt abläuft. Ein guter Präzisionsschütze ist geduldig, hat eine ruhige Hand und einen Blick, dem nichts entgeht. In erster Linie ist er ein guter Beobachter. Er lauert meist auf dem Dach eines Gebäudes oder in einer Wohnung auf der gegenüberliegenden Straßenseite – gemeinsam mit einem zweiten Kollegen. Beide sind über Funk mit den Einsatzteams verbunden. Mit speziellen Zielfernrohren, die sich auf den Gewehren befinden, und mit Feldstechern haben die beiden den besten Blick auf das Geschehen und decken ihre Kollegen. Wichtige Information: Jede Lage hat eine chaotische Phase, in der auch der Täter noch nicht organisiert ist und sich zunächst einmal vor den Polizisten verbarrikadiert. Ein Schuss genügt, um einen Täter zu entmachten.

Sicherheit für Päpste, Könige und Politiker

Der Personenschutz zählt zu den spannendsten Aufgaben der Mitglieder einer Spezialeinheit. Ob nun der Papst kommt, ein Mitglied eines Königshauses oder ein ranghoher Politiker – zunächst muss die Gefährdungsstufe der zu beschützenden Person ermittelt werden. Das Ranking lautet: 1 = Person ist erheblich gefährdet, mit einem Anschlag ist zu rechnen, 2 = Person ist gefährdet, ein Anschlag ist nicht auszuschließen, 3 = Eine Gefährdung der Person ist nicht auszuschließen. Ist die Gefährdungsstufe ermittelt, ist die zu beschützende Person ab dem Moment, in dem sie ins Gastland einreist, keine Sekunde allein. Vorsicht vor Attentätern ist immer geboten. Ständig wird das Umfeld von den Mitgliedern der Spezialeinheit beobachtet, die zueinander Blickkontakt halten und sich so auch verständigen. Zur Schutzperson wird ebenfalls Blickkontakt gehalten, um sie im Falle von Angstzuständen sofort evakuieren zu können.

Hightech in jeder Lage

Terroristen sind oft der Meinung, sie besäßen die neuesten Technologien, um ein Land oder einen Politiker in Angst versetzen oder schaden zu können. Die Rechnung machen sie jedoch ohne die Spezialeinheiten. Denn selbstverständlich sind alle Einheiten heute auf dem neusten Stand der Technik, um ihre Einsätze erfolgreich abwickeln zu können. Darüber hinaus gibt es Kooperationen mit den weltweit wichtigsten Entwicklungslabors, um den Kriminellen stets voraus zu sein. Es gibt Roboter für jede Lage, GPS-Systeme zur Navigation und Markierung von Zielen und Nachtsichtgeräte. Mithilfe eines speziellen Vernetzungssystems verschaffen sich Einsatzleitung, Psychologen und Verhandlungsteam alle Informationen über den oder die Täter: von der familiären Situation über Krankheitsakten bis hin zu den letzten Telefonaten oder E-Mails und noch vieles mehr.

Einsätze auf der ganzen Welt

Die Sicherheitsmaßnahmen bei den Olympischen Spielen in London im Sommer 2012 wurden drei Jahre minutiös geplant. Jedes Detail, jedes mögliche Terrorszenario wurde von der Metropolitan Police in Großbritannien geprobt: vom Kidnapping über Geiselnahmen bis hin zu Bombenattentaten. Nichts haben die Mitglieder der britischen Spezialeinheit SCO 19, die dem Planungsteam angehörten, dem Zufall überlassen. Jedes nur mögliche Horrorszenario wurde in Betracht gezogen und wochenlang die passenden Gegenstrategien trainiert. Über 40 000 Sicherheitskräfte, darunter 13 500 Soldaten und 10 000 Polizisten, davon 1000 Mitglieder von Spezialeinheiten, waren schließlich zwischen dem 25. Juli und 12. August 2012 in den olympischen Zonen aktiv. Im olympischen Dorf lebten zahlreiche arbeitende Mitglieder der Spezialeinheit als Sportler getarnt über den Sommer zum Schutz der echten Sportlerteams.

Informationen wie diese faszinieren mich. Sicherheit bei hochrangigen Events, wo auch Politiker und Mitglieder von Königshäusern anwesend sind – bevorzugte Zielscheiben für Attentate –, ist heute von großer Bedeutung. Deshalb steige ich jetzt mit meiner 40-Kilo-Montur in den Einsatzwagen der Spezialeinheit. Ich will wissen: Wie läuft ein Einsatz ab? Wie organisiert arbeiten diese Männer und Frauen?

Der schwarze Van rollt aus dem Headquarter der Spezialeinheit und beschleunigt. Auf dem Tacho lese ich 120 Stundenkilometer. Ich weiß, was uns erwartet. Während ich vor lauter Aufregung ein wenig zittere, höre ich den anderen beim Reden zu. Beobachte, wie sie sich verhalten. Sie sind ruhig und sachlich. Wie Schüler, die eine schwierige Mathematikaufgabe zu lösen haben. Mir ist bewusst: Ich dringe gerade in ihr Allerheiligstes vor. Angespannt bin nur ich. Die Männer und Frauen, die neben mir im Wagen Platz genommen und dann ihre Masken aufgesetzt haben, zeigen keinerlei Emotionen. Sie sind höchst konzentriert. Ihre Augen strahlen. Ihre ganze Aufmerksamkeit gilt der »Lage«, so nennt man im Fachjargon eine Situation, einen Einsatz. Nur manchmal huscht ein Lächeln um ihre Lippen. Sie sind hochprofessionell. Planen bereits im Wagen die ersten Schritte für die nun folgende Mission. Es ist Winter und wir trinken Tee. Das heißt, ich trinke Tee. Zur Beruhigung. Die anderen brüten über ihre Lage- und Einsatzpläne. In etwa 35 Minuten sind wir am Einsatzort.

Ich habe drei Kontinente bereist, um verschiedene Spezialeinheiten zu treffen. Ich bin mit ihnen zu Trainings gefahren, habe mir angesehen, wie sie sich auf Einsätze vorbereiten, wie sie ihre Mitarbeiter ausbilden, wie sie arbeiten, wie sie miteinander und mit anderen Menschen umgehen, wie sie ihre Hunde trainieren. Und ich beobachtete, wie flink und geschickt sie Wände hochkletterten, dass sogar eine Bergsteigerlegende wie Reinhold Messner vor ihnen Respekt hätte. Ich sah, wie sie sich von Türmen und aus Hubschraubern abseilten. Lautlos, perfekt und taktisch einwandfrei. Das ist auch ihr Mantra. Was die Spezialeinheiten bei ihren Einsätzen wirklich erleben, davon haben sie mir erzählt.

»Sie? Sie wollen etwas? Von mir? Sie denken, einen Mann zu töten, gibt Ihnen die Macht zu verhandeln? Wie kommen Sie darauf, Danny Roman? Sie glauben, mich zu kennen? Weil Sie glauben, mir vertrauen zu können? Weil Sie glauben, dass ich wüsste, was Sie tun werden? Dass ich Ihnen Zeit verschaffe? Verlassen Sie sich bloß nicht darauf. Im Augenblick bin ich der Einzige, der zwischen Ihnen und einer Armee steht, der es in den Fingern juckt, Sie auszuschalten. Jetzt erklären Sie mir mal, Danny, wieso sollte ich die gerade aufhalten? Überzeugen Sie mich davon, weshalb ich mit Ihnen jemals wieder verhandeln sollte.«

Kevin Spacey *aka Lieutnant Chris Sabian,*
The Negotiator, 1998

———————

»Eine schnelle Lektion in Sachen Lügen. Sehen Sie, genau das ist es, was wir richtigen Cops tun. Wir studieren Lügner. Ein Beispiel: Wenn ich Sie zu etwas Visuellem, etwa zu Ihrer Lieblingsfarbe, frage, und Ihre Augen gehen nach oben und nach links, dann sagt uns die Neurophysiologie, dass Ihre Augen in diese Richtung gehen, weil sie sich dem visuellen Zentrum Ihres Gehirns zuwenden. Folglich sagen Sie die Wahrheit. Falls Ihre Augen nach oben und nach rechts gehen, dann wenden Sie sich dem kreativen Zentrum des Gehirns zu. Und schon wissen wir, dass Sie Scheiße erzählen. Also, versuchen wir's noch mal.«

Samuel Jackson *aka Danny Roman,*
The Negotiator, 1998

1. KAPITEL
DEUTSCHLAND – Men in Black auf Reisen

Einheit: GSG 9

Der letzte Schuss der RAF – 1993

Die Initialen der Terrororganisation klingen wie drei Schüsse, die hintereinander abgefeuert werden: RAF. Diese drei Buchstaben stehen für Rote Armee Fraktion, der über die Grenzen der Bundesrepublik hinaus bekanntesten linksextremistischen terroristischen Vereinigung, deren Ursprünge in der Studentenbewegung des Jahres 1968 liegen.

Andreas Baader, Gudrun Ensslin, Ulrike Meinhof und andere zählen zu den Gründern der RAF, sie agieren gegen das Establishment, lehnen sich gegen Autoritäten auf und verüben in Frankfurt im April 1968 zunächst zwei Brandanschläge auf Kaufhäuser, um damit gegen den Vietnamkrieg zu demonstrieren. Die Brandstiftungen verursachen einen Schaden in Höhe von knapp 675 000 D-Mark (345 122 Euro). Menschen wurden zwar nicht verletzt, die Brandstifter jedoch zu drei Jahren Haft verurteilt, aber bereits 1969 durch einen Revisionsantrag freigelassen. Andreas Baader taucht für einige Zeit in Italien, dann in Frankreich unter. Er wird nach seiner Rückkehr nach Berlin von einem V-Mann identifiziert, bei einer fingierten Polizeikontrolle festgenommen und muss anschließend seine Haftstrafe in der Justizvollzugsanstalt

Tegel absitzen. Am 14. Mai 1970 gelingt Baader bei einem geplanten Recherchetermin für ein Buch mit Ulrike Meinhof die Flucht. Die Befreiungsaktion ist die Geburtsstunde der RAF, aufgrund der Familiennamen der Führungscrew auch Baader-Meinhof-Gruppe genannt.

In den nun folgenden Wochen lassen sich 20 Mitglieder der RAF in Jordanien von palästinensischen Guerillakämpfern der Al Fatah im Schießen und Bombenlegen schulen. Die ersten Bombenanschläge treffen den Axel-Springer-Verlag in Berlin und das Hauptquartier der europäischen US-Streitkräfte in Heidelberg. Nach der »Mai-Offensive« wird Andreas Baader zum weltweit meistgesuchten Terroristen. 1972 verhaftet die Polizei die gesamte RAF-Führungsriege.

Die RAF-Fraktion ist aber nicht am Ende, denn eine zweite Terroristengeneration setzt den »antiimperialistischen Kampf« fort. Der Höhepunkt der Terroraktivitäten wird im Jahr 1977 erreicht, als Generalbundesanwalt Siegfried Buback, der Chef der Dresdner Bank, Jürgen Ponto, und Arbeitgeberpräsident Martin Schleyer von der RAF entführt und brutal hingerichtet werden. Eine Lufthansa-Maschine, die nach Somalia entführt wird, um so ihre inhaftierten Genossen freizupressen, scheitert. Die Spezialeinheit des Bundesgrenzschutzes, die GSG 9, wird eingeschaltet und beendet erfolgreich die Mission. Als Reaktion auf die gescheiterte Geiselnahme begehen die Terroristen der ersten RAF-Generation, Gudrun Ensslin, Andreas Baader und Jan-Carl Raspe im Gefängnis Selbstmord, Ulrike Meinhof hatte sich bereits ein Jahr zuvor erhängt.

In den 1980er-Jahren verliert die RAF an Macht, etliche Mitglieder steigen aus, manche tauchen sogar in der DDR ab. Vereinzelt werden noch Anschläge unternommen. Im März 1993 zerstört ein spektakulärer Bombenanschlag das neu gebaute Gefängnis im hessischen Weiterstadt. Die Kosten des Schadens betragen 50 Millionen Euro.

Im Juni desselben Jahres sollen die letzten Mitglieder der Kommandoebene der RAF gefasst werden. Die Aktion »Weinprobe« wird die Ermittler auf die Spur von Birgit Hogefeld und Wolfgang Grams führen.

Dazu bedienen sie sich eines in der autonomen und antiimperialistischen Szene Deutschlands ermittelnden V-Mannes des Bundesamtes für Verfassungsschutz Rheinland-Pfalz namens Klaus Steinmetz. Steinmetz hatte seit fast zehn Jahren aus der autonomen Szene im Rhein-Main-Gebiet Informationen geliefert und war allmählich in den inneren Kreis der RAF vorgestoßen.

Der 27. Juni 1993 wird für die Männer der Spezialeinheit GSG 9 zu einer neuen Herausforderung. Was an diesem Sonntag im Sommer geschah, damit wurde sich schon in zahlreichen Büchern, Zeitungs-, Magazin- und Filmbeiträgen beschäftigt. Zeugen, vermeintliche Zeugen, Mitwirkende, echte und falsche Experten und viele Besserwisser ... alle haben ihre Version vom Geschehen. Doch die wahre Antwort kennen nur die damals im 3000-Seelen-Ort anwesenden Mitglieder der Spezialeinheit GSG 9.

Blenden wir zwei Monate zurück.

Es ist ein Frühlingstag, knapp ein Monat nach dem Bombenanschlag auf das Gefängnis in Weiterstadt, der 17. April 1993, als sich Wolfgang Grams, Birgit Hogefeld und Klaus Steinmetz zum ersten Mal in der Kreisstadt Cochem treffen. Ein weiteres Treffen wird für den 24. Juni in Bad Kleinen vereinbart. Ab diesem Zeitpunkt beginnen die Vorbereitungen für eine Festnahme von Birgit Hogefeld und Wolfgang Grams. Die beiden via Haftbefehl gesuchten Terroristen sollten nicht entkommen dürfen. Denn es war nicht sicher, ob es danach noch zu einem weiteren Treffen mit dem V-Mann und den beiden RAF-Köpfen kommen würde. Am 24. Juni nehmen Birgit Hogefeld und Klaus Steinmetz den Zug von Bad Kleinem nach Wismar, wo sie eine Ferienwohnung beziehen, die sie für die nächsten drei Tage nur ab und zu verlassen.

Am 27. Juni gegen 11 Uhr geben Birgit Hogefeld und Klaus Steinmetz die Ferienwohnung auf, um nach Bad Kleinem an den Schweriner Außensee zum vereinbarten Treffen mit Wolfgang Grams zu fahren. Birgit Hogefeld verabschiedet sich von ihrem Vermieter. Er ist neugierig und fragt nach, ob der Urlaub für sie schon beendet sei und sie wieder arbeiten müssten. Sie antwortet, dass sie noch Freunde treffen wollten. Mit dem Bus fahren Hogefeld und Steinmetz zum Bahnhof von Wismar und von dort mit dem Zug ins nahe Bad Kleinen. Gegen 13 Uhr kommen sie an und betreten das Billardcafé, eine Gaststätte auf dem Bahnhofsgelände. Gegen 14 Uhr holt Birgit Hogefeld das RAF-Mitglied Wolfgang Grams vom Zug ab: Er ist 1,80 Meter groß, 33 Jahre alt und hat dunkles, lockiges Haar und einen Schnurrbart. Er trägt ein T-Shirt und Jeans. Beide gehen zum Billardcafé, wo Klaus Steinmetz auf sie wartet. Es sind einige Gäste im Billardcafé, neben der Bedienung befindet sich auch eine Beamtin des BKA vor Ort sowie zwei Observationsexperten der GSG 9. Auch vor dem Billardcafé haben sich zu diesem Zeitpunkt Mitglieder der GSG 9 positioniert und hören das konspirative Gespräch der drei Personen ab. Auf dem Bahnhof haben sich etliche Mitglieder der GSG 9 in Stellung gebracht. Insgesamt sind an diesem Tag rund um das Bahnhofsgelände in Mecklenburg-Vorpommern an die 100 Beamte im Einsatz.

Um 15.13 Uhr verlassen Birgit Hogefeld, Wolfgang Grams und Klaus Steinmetz das Billardcafé und gehen in Richtung Bahnhofsunterführung. Jeder ihrer Schritte wird von den Mitgliedern der GSG 9 genau verfolgt. Ein siebenköpfiger Spezialeinsatztrupp wartet bereits auf den Zugriff im Tunnel. Die einsatztaktische Vorgabe lautet, dass die »Zielpersonen« den Tunnel nicht mehr verlassen dürfen. Birgit Hogefeld bleibt nach einigen Metern vor einem Fahrplan stehen. Wolfgang Grams und Klaus Steinmetz gehen weiter und warten vor dem Podest zu den Treppenaufgängen zu Bahnsteig 3 und 4 – eine Plattform in der Unterführung, die über vier Stufen zu erreichen ist. Da versagt plötzlich die Kommunikation bei der GSG 9, ein Funkspruch erreicht seinen Empfänger – aufgrund eines Funkschattens – nur mehr »zerstückelt«. Der Funkspruch lautete: »Wenn Zugriff erfolgt, kontrolliert den roten Kadett«, verstanden wurde aber: »Zugriff erfolgt, kontrolliere den roten Kadett.« Das bedeutete für den Beamten der GSG 9, im Tunnel sei der Zugriff erfolgt und nun solle er den unterstützen. Als der Beamte die Treppe hinunterläuft, bemerkt er, dass der Zugriff noch nicht erfolgt ist. Ein weiterer Beobachter der GSG 9, der sich im Tunnel befindet, sieht, dass Wolfgang Grams auf den Kollegen reagiert, kurz nach links, dann nach rechts blickt und schließlich davonläuft. Und zwar die Treppe hoch zu den Bahnsteigen 3 und 4. Im selben Augenblick wird Birgit Hogefeld von Mitgliedern der Spezialeinheit festgenommen, ebenso Klaus Steinmetz.

Michael Newrzella, Mitglieder der GSG 9, verfolgt als einer der ersten Beamten Wolfgang Grams auf den Bahnsteig, dicht hinter ihm sechs Kollegen. »Stehen bleiben, Polizei! Waffe fallen lassen! Geben Sie auf!« Grams dreht sich unmittelbar nach Erreichen des Bahnsteiges um und beginnt auf seine Verfolger zu schießen, dabei trifft er Michael Newrzella, der seine Waffe noch nicht gezogen hat, mit mehreren Schüssen. Newrzella erreicht den Bahnsteig, bricht dann aber zusammen und stirbt vor den Augen seiner Kollegen. Ein weiteres Mitglied der GSG 9 wird ebenfalls angeschossen. Ein dritter Kollege zieht seine Waffe und schießt. Währenddessen bewegt sich Grams unter ständiger Schussabgabe vom linken Stützpfeiler am Kopf der Treppe weg und nähert sich der Bahnsteigkante an Gleis 4.

Ob er Wolfgang Grams getroffen hat oder nicht, weiß der Beamte der GSG 9 bis heute nicht. Er wirft sich aber instinktiv zu Boden und lädt liegend seine Waffe nach. Während der nächsten acht bis zehn Sekunden findet ein Schusswechsel statt. Als der Beamte den Kopf wieder hebt, liegt Wolfgang Grams bereits auf den Schienen. Er soll rücklings von der Bahnsteigkante auf Gleis 4 gefallen sein. Die GSG 9 stürmt vor und sichert den im Gleis liegenden RAF-Mann. Rettungssanitäter kommen hinzu, kümmern sich um Newrzella, um seinen angeschossenen Kollegen und auch um Wolfgang Grams. Er erhält eine Bluttransfusion und wird künstlich beatmet.

Die Medien berichten kontrovers über diesen Einsatz: Es heißt, Wolfgang Grams sei von der GSG 9 regelrecht hingerichtet worden. Anonyme Zeugen erzählen der Presse ihre Version der Geschehnisse. Es wird viel darüber spekuliert, wie Wolfgang Grams umgekommen ist. Wer ihn erschossen hat, ob er sich selbst erschossen hat – abschließende Antworten auf diese Fragen konnten lange nicht gefunden werden.

Zwei Gutachter nehmen sich des Falls an: Bei dem einen handelt es sich um den Wissenschaftlichen Dienst der Stadtpolizei Zürich, bei dem anderen um das Institut für Rechtsmedizin der Universität Münster. Erst nach Monaten bestätigen die Gutachten Grams Selbstmord und entlasten die Beamten der GSG 9. Die Schweriner Staatsanwaltschaft kommt im Januar 1994 nach Auswertung von 1800 Seiten mit rund 140 Zeugenaussagen und aufgrund der Gutachten zu folgendem Ergebnis: Nach der wilden Schießerei vom 27. Juni 1993 lag Wolfgang Grams durch vier Schüsse getroffen auf Gleis 4. Tödlich war der aufgesetzte Kopfschuss, abgegeben aus Grams eigener Waffe, einer CZ 75, einer sogenannten Brünner Pistole aus der Tschechischen Waffenfabrik.

Bad Kleinen – dieser Fall hat für die GSG 9 dennoch einen bitteren Nachgeschmack.

Die Hansa Stavanger in der Gewalt von Piraten – 2009

Seit 106 Jahren schrieb die Hamburger Reederei Leonhardt & Blumberg Erfolgsgeschichte. Mehr als 150 Schiffe waren für die Hamburger und ihre internationalen Kunden weltweit auf hoher See unterwegs: Die Flotte bestand neben Kühlschiffen vor allem aus Containerschiffen. Das deutsche Unternehmen wird bereits in dritter Generation von Frank Leonhardt geleitet. Dieser musste am Morgen des 4. April 2009 erkennen, dass der Reederei nicht nur Erfolgswellen beschert waren, auch wenn die Unternehmensgeschichte anderes erzählte. Denn an diesem Tag geschah das bisher Unvorstellbare: Um 9.14 Uhr hatten Piraten etwa 400 Seemeilen vor der Küste Somalias das Containerschiff mit dem klingenden Namen Hansa Stavanger gekapert. Es war auf der Fahrt von Dschabal Ali in den Vereinigten Arabischen Emiraten über Mombasa in Kenia unterwegs und sollte über die Seychellen Daressalam, den Regierungssitz von Tansania, erreichen. Die Hansa Stavanger transportierte Container mit asiatischen Waren im Wert von einigen Millionen US-Dollar.

Nachdem die Piraten auf ihren Speedbooten das Schiff erspäht hatten, beschießen sie es zunächst mit Raketen, dann entern sie es und nehmen Kapitän Krzysztof Kotiuk und seine 24-köpfige Besatzung, darunter fünf Deutsche, Russen, Ukrainer, Filipinos und Tuvaluer, als Geiseln. Gegen 9.30 Uhr morgens erfährt Frank Leonhardt, dass sein 170 Meter langes und 20 000 Tonnen schweres Frachtschiff sich bereits in den Händen von Axadu, dem Anführer der Seeräuber, und dessen Männern befindet: »Wir verlangen 15 Millionen US-Dollar. Sofort. Sonst töten wir hier alle«, teilt Axadu unmissverständlich mit. Axadu hat nichts mehr zu verlieren. Er ist wegen des Geldes Seeräuber geworden, auch weil er als Bauer in Somalia seine Familie nicht mehr versorgen kann. Brutal gehen die Piraten mit der Besatzung um: Alle müssen sich hinknien und werden ständig mit Maschinenpistolen bedroht. Für die Besatzung beginnt nun die schlimmste Zeit ihres Lebens. Das Gebiet, in dem das Containerschiff gekapert wurde, liegt mitten in einer sogenannten Risikozone, vor der internationale Antipiaterieorganisationen in den Wochen vor der Entführung die Reedereien massiv gewarnt hatten.

Frank Leonhardt ist nach dem Telefonat mit dem Seeräuber eines klar: Er muss rasch handeln. Umgehend wählt er eine Notrufnummer und ist mit dem leitenden Beamten der Polizei verbunden. »Bitte helfen Sie mir, mein Containerschiff, die Hansa Stavanger, ist vor der Küste von Somalia von Piraten entführt worden. Sie verlangen einen unmöglichen Betrag Lösegeld. Bitte kommen Sie schnell.« Der Krisenstab der Bundesregierung wird einberufen, an dem Mitglieder des Bundesinnenministeriums, des Auswärtigen Amtes und des Verteidigungsministeriums teilnehmen. Man trifft sich im Auswärtigen Amt in Berlin. Grundsätzlich ist für die Befreiung deutscher Geiseln im Ausland die Bundespolizei zuständig, die Einheiten sind darauf trainiert, gekaperte

Schiffe auf hoher See zu entern und Geiseln zu retten. In kriegerischen Situationen kommt auch die Bundeswehr zum Einsatz: Sie hält ebenso entsprechende Spezialeinheiten bereit, das Kommando Spezialkräfte, kurz KSK genannt. Da aber in Deutschland das Militär die Zustimmung des Parlamentes benötigt, kommt die Elitetruppe der Polizei zum Zug für diesen Einsatz. Der Krisenstab ist sich sofort einig: Diesmal soll niemand zahlen, nicht die Reederei und schon gar nicht die Bundesrepublik. Und deshalb entscheidet der Krisenstab, die Spezialeinheit der Polizei, die GSG 9, vor Ort zu entsenden.

Die GSG 9 kann in 96 Stunden einsatzbereit im nächstgelegenen Hafen sein, doch bereits in 24 Stunden können die Seeräuber Harare erreicht haben. Die Zeit ist ein entscheidender Faktor in diesem Kampf um Leben und Tod, um Geld und Macht. Alle wissen: Sobald das gekaperte Schiff im Hafen verschwindet, ist es zu spät für einen erfolgreichen Einsatz.

Zwei Antonow An-124, drei Iljuschin Il-76, eine Transall und ein Airbus fliegen am Ostersonntag Waffen, Sprengstoff und sechs Puma und Bell-Hubschrauber nach Mombasa. Mehr als 200 Elitepolizisten der GSG 9 reisen mit ihrer Spezialausrüstung nach Kenia, ins Nachbarland Somalias. Von dort geht es ebenfalls weiter nach Mombasa, wo sie am Strand ein Urlaubshotel der TUI beziehen, das Bahari Beach, und dort natürlich sofort auffallen. Denn die anwesenden Urlauber trauen ihren Augen nicht, als plötzlich etliche durchtrainierte, muskulöse und an der Brust rasierte Männer frühmorgens ihre Bahnen durch den Pool ziehen, und das in einer Geschwindigkeit, die an Schwimmweltmeister erinnert. Am Abend sitzen dieselben Männer an der Bar und trinken Mineralwasser oder Orangensaft. Keinen Alkohol. Das Bundesinnenministerium sendet auch Ärzte und Mitarbeiter des Technischen Hilfswerks nach Kenia. Jeden einzelnen Militärtransporter hat die deutsche Botschaft in Nairobi per Verbalnote bei der kenianischen Regierung gemeldet, mit einem vagen Hinweis auf militärisches Material und Dank für die Kooperation. Die USA stellen ihr Angriffsschiff der US Navy, die USS Boxer, zur Verfügung, um den Einsatz zu unterstützen.

Die Männer der GSG 9 richten sich unterdessen im Ferienhotel ein: In der Etage über der Rezeption kommt die Kommandozentrale unter, unten stellen Techniker Satellitenschüsseln auf.

Während die GSG 9 sich auf ihren Spezialeinsatz vorbereitet, ereignen sich im Inneren des Containerschiffes Szenen wie in einem Thriller. Die Piraten bedrohen die Besatzung mit dem Tod: »Wir erschießen euch, wenn eure Reederei nicht mit uns spricht oder uns nicht das Lösegeld bezahlt«, drohen Axadu und seine Männer. Und sie führen Scheinhinrichtungen durch. Kapitän Krzysztof Kotiuk und seine Crew erleben den blanken Horror: »Zunächst sagten sie uns, wir sollen auf die Knie gehen, dann zielten sie mit der Mündung ihrer Maschinenpistole auf unsere Schläfen oder unseren Kopf und sagten, dies seien ›unsere letzten Minuten‹. Manchmal drückten sie ab, hatten davor aber die Mündung vom Kopf weggehalten, sodass der Schuss direkt neben uns einschlug. Dann wieder zielten sie nur auf uns, schossen aber nicht. Ich hatte jedes Mal derart Angst, dass ich glaubte, ich sei sowieso in ein paar Minuten tot, ob durch die Kugel eines Piraten oder durch einen Herzinfarkt aufgrund der psychischen Belastung.«

Nach zwei Tagen, am 6. April 2009, verschleppen die Seeräuber – wie es der Krisenstab der Bundesregierung befürchtet hatte – das Schiff in Richtung Hafen und der Bucht von Harardhere, rund 400 Kilometer nördlich von der somalischen Hauptstadt Mogadischu.

Es ist nichts zu machen, alle Versuche, die Hansa Stavanger aus den Fängen der Seeräuber zu bekommen, scheitern. Als etwa die deutsche Fregatte Rheinland-Pfalz mit ihrer 200 Mann starken Besatzung sowie Geschützen, Raketen und Hubschraubern bis auf Sichtweite an die Hansa Stavanger herankommt, muss sie abdrehen. Denn als die Piraten die deutsche Fregatte entdecken, nötigen sie den Kapitän, »seinen Leuten« zu melden, größeren Abstand zu halten, er fürchte sonst um sein Leben und das seiner Crew. Und so liegt die Hansa Stavanger dann in Harardhere neben mehreren anderen gekaperten Schiffen vor Anker und wird aus sicherer Entfernung von der deutschen Fregatte Mecklenburg-Vorpommern überwacht. In der Dunkelheit springen 18 Kampfschwimmer mit ihren Fallschirmen aus einem Transall-Flugzeug in der Nähe der Mecklenburg-Vorpommern ab. Ein Schlauchboot sammelt sie ein und bringt sie zur Fregatte. Die Kampfschwimmer gehören zur Marine, zur Elite der Bundeswehr, sie halten sich nun zum Entern der Hansa Stavanger bereit.

Die Reederei einigt sich indes mit der Bundesregierung, nicht auf Lösegeldforderungen einzugehen. Der Krisenstab ist bereit, entweder mit einem Warnschuss oder einem Schuss auf das Ruder, den Piraten ein Ende zu bereiten. Wie jedoch die Elite der Bundeswehr die Crew befreien soll, bleibt weiterhin offen.

Aber es kommt noch schlimmer: In der Nacht zum 11. April unternimmt der Anführer der Piraten, Axadu, mit seinen Leuten und der kompletten Besetzung der Hansa Stavanger einen Versuch, anderen Piraten »helfend unter die Arme zu greifen« und sie bei der Geiselnahme des Kapitäns der Maersk Alabama – er wurde in einem Rettungsboot gefangen gehalten – zu unterstützen. Das waghalsige Projekt scheitert, denn in der Nacht verirrten sich Axadu und seine Leute nach mehrstündiger erfolgloser Suche nach den befreundeten Piraten und dem besagten Rettungsboot fast.

Als Reaktion auf die Erstürmung eines anderen entführten Schiffs, der Jacht Tanit, durch die französische Marine werden 20 der 24 Seeleute der Hansa Stavanger auf das somalische Festland gebracht, vier Besatzungsmitglieder müssen weiterhin an Bord bleiben.

In der Nacht zum 18. April bringen die Seeräuber die 20 Besatzungsmitglieder jedoch wieder zurück an Bord der Hansa Stavanger, die mittlerweile neun Seemeilen vor der Hafenstadt Hobyo vor Anker liegt.

Neben den Fregatten Rheinland-Pfalz, Mecklenburg-Vorpommern sind noch die Emden und das Versorgungsschiff Berlin – insgesamt rund 800 Mann Besatzung – in Position vor Hobyo gegangen. Sie alle beobachten das Treiben an Bord der Hansa Stavanger: Dort sind mittlerweile von den ursprünglich 35 Piraten nur noch sechs mit Maschinengewehren, Pistolen, Kalaschnikows und Panzerfäusten bewaffnet, in Aktion. Die Piraten lösen ihre Wachen regelmäßig ab und das Schiff ist nachts beleuchtet. Die gekidnappte Crew wurde unter Deck in Räume gesperrt.

Nun gibt es mehrere Möglichkeiten, die Hansa-Stavanger-Crew zu retten: Hubschrauber zu entsenden, wäre die erste. Das ist aber zu gefährlich, denn Hubschrauber würden die Seeräuber hören und dann sofort abschießen. Es könnten auch Taucher auf Schlauchbooten losgeschickt werden, die dann mit Spezialleitern oder Saugnäpfen an der Bordwand hochklettern.

Der Krisenstab diskutiert und diskutiert. Eine gütige Lösung zeichnet sich dennoch nicht ab. Der Einsatz wird von der GSG 9 vor Ort einmal durchgespielt. Einen Beobachtungstag benötigt der Kommandant noch. Er ersucht sein zuständiges Ministerium, ihm und seinem Team diesen einen Tag zu gewähren. Doch niemand rechnet mit dem folgenden entscheidenden Anruf. Denn plötzlich meldet sich der US-Sicherheitsberater James Jones bei seinem Amtskollegen in Deutschland: Die US-Militärs raten von einer gewaltsamen Befreiung ab und wollen außerdem ihre »USS Boxer« nicht länger bereitstellen. Man wolle nicht an einem »Himmelfahrtskommando« beteiligt sein, die Erfolgsaussichten für den Einsatz seien zu gering.

Gegen 18 Uhr werden die zuständigen deutschen Staatssekretäre informiert. Noch bevor der Krisenstab erneut tagt, ist das Ende des Einsatzes in der letzten April-Woche beschlossene Sache. Die GSG 9 wird nach Hause beordert. »Das kann doch nicht wahr sein, jetzt haben wir uns so gut vorbereitet und waren bereits startklar, und dann rufen sie uns wieder zurück. Das gibt es doch nicht«, beschwert sich ein Mitglied der Spezialeinheit. »Reg dich nicht auf, so ist es nun mal«, entgegnet ein Kollege gelassen. Während die Spezialeinheit wieder im Flieger Richtung Europa sitzt, geht in Somalia das Verhandeln über die Höhe des Lösegelds zwischen der Reederei und den Geiselnehmern weiter.

Das Abbrechen des GSG-9-Befreiungseinsatzes zeigt, dass derartige Einsätze – trotz ähnlicher Einsätze in Frankreich oder der USA – nicht die Lösung für Piraterie sein können. Die Risiken sind einfach zu hoch und die Einsätze zu teuer. Bislang hat die internationale Staatengemeinschaft aber selten andere Lösungen gefunden, außer, das geforderte Lösegeld zu zahlen.

121 Tage waren der Kapitän und die Crew der Hansa Stavanger in den Händen der Piraten. Nach zwei Monaten war das Schiff derart verdreckt, dass viele Crewmitglieder krank wurden. Drei Wochen lang wurde von der Reederei der Kontakt zu den Piraten und zum Schiff abgebrochen. Der blanke Horror für die Geiseln. Die psychische Belastung war enorm. Am 3. Juli schreibt der Kapitän in einer Mail, dass er »weder über Wasser noch über Medikamente oder Essen« verfüge. Erst am 3. August 2009 verlassen die Piraten das Schiff, nachdem sie sich mit der Reederei auf eine Lösegeldzahlung in Höhe von 2,75 Millionen US-Dollar geeinigt hatten. Unterhändler warfen das Geld von einem Hubschrauber aus über der Hansa Stavanger ab. Ein fragwürdiger Deal, schreiben tags darauf die Medien.

Eskortiert von der deutschen Marine, erreichte die Hansa Stavanger am 8. August 2009 den Hafen von Mombasa. Der Kapitän und seine fünf deutschen Crewmitglieder kehrten am 11. August heim nach Hamburg. Für die Hamburger Reederei Leonhardt & Blumberg ist dies – und damit das relativ glimpfliche Ende der Entführung – der große Erfolg des Jahres 2009.

2. KAPITEL
ÖSTERREICH – Einsatz in Rot-Weiß-Rot

Einheit: Einsatzkommando Cobra
(EKO Cobra)
MOTTO: MELIUS SEMPER = IMMER BESSER

Attentat auf dem Wiener Opernball – 2004

Der weiße Briefumschlag lag unter einem hohen Poststapel auf dem Schreibtisch des Kabinettchefs im Außenministerium. Darauf klebte eine bunte Briefmarke mit dem Konterfei der Empfängerin. Der Briefumschlag sah harmlos aus. Einzig die Briefmarke war spektakulär. »Für Benita« stand darauf. Der Inhalt des Briefes war mehr als brisant. Es gab keine Daten zum Absender. Der Verfasser hatte einen altmodischen Schreibstil gewählt und eine Lettera 32 blue benutzt. Dabei handelt es sich um jene Kult-Schreibmaschine der Marke Olivetti aus dem Jahr 1963, die vom Industriedesigner Marcello Nizzoli entworfen worden war und heute bei Sammlern sehr beliebt ist. Sein Schreiben hatte der Verfasser in drei Absätze geteilt. Im letzten Absatz kam er schließlich auf den Punkt. Der Kabinettchef las die in der Schriftart Elite getippten Zeilen: »Gnädige Frau, hiermit habe ich die hoch geschätzte Aufgabe, Ihnen in aller Form mitzuteilen, dass Sie den Opernball in diesem Jahr nicht lebend verlassen werden. Ich werde lächelnd auf der Feststiege auf Sie zugehen und Sie werden nicht merken, dass ich Ihr Mörder bin. Dann wird Sie sehr rasch der Tod auf der Treppe ereilen.« Es war bereits der zweite Drohbrief dieser Art innerhalb von zwei Monaten. Der Kabinettchef zögerte keinen Augenblick und griff zum Telefon.

Man schrieb den 12. Februar 2004. Knapp eine Woche vor dem Wiener Opernball, dem traditionellen Treffpunkt der Prominenz aus internationaler Politik, Wirtschaft und Kultur in der Wiener Staatsoper. Einem Abend, an dem sowohl Geschäfte abgeschlossen und politische Strategien erörtert als auch – ganz der Tradition folgend – das Ende der Ballsaison zelebriert wird. Für die Organisatoren des Balles bedeutet dieser Abend: 6000 Besucher, darunter knapp 200 Journalisten aus der ganzen Welt, die live aus der österreichischen Hauptstadt berichten, und Einnahmen in Höhe von 3,4 Millionen Euro. Und nun war für diesen Abend ein Attentat auf die damalige österreichische Außenministerin und erste weibliche Kandidatin für das Amt des Bundespräsidenten, Benita Ferrero-Waldner, geplant. So kündigte es zumindest dieses ominöse Schreiben an.

Politiker leben überall auf der Welt gefährlich. Nur in Österreich sind sie etwas weniger gefährdet, das Land zählt laut dem aktuellen Global Peace Index zu den sechs sichersten Ländern dieser Welt. Dass ein Politiker in der Alpenrepublik einen Drohbrief erhält, hat Seltenheitswert, denn Österreich ist eigentlich ein friedliches Land. Doch eine Attentatsdrohung gegen eine beliebte Politikerin im Rahmen einer Großveranstaltung mit 6000 Festgästen verlangt spezielle Schutzmaßnahmen. Aus diesem Grund war der Antiterrorstab diesmal angehalten, eine außergewöhnliche Strategie zu entwickeln. Und so saßen Europas beste Profiler, der Kriminalpsychologe Thomas Müller sowie die Beamten des Protokolls des Außenministeriums, ihre Kollegen vom Bundesamt für Verfassungsschutz und Terrorismusbekämpfung, von der Polizei sowie vom Einsatzkommando Cobra gemeinsam an einem Tisch im Innenministerium und beratschlagten eine Strategie gegen einen unbekannten, äußerst gefährlichen Attentäter.

Bereits in seinem ersten Brief hatte der Verfasser für sich selbst die Theorie aufgestellt, dass eine Ministerin leichter umzubringen sei als ein Präsident: »Wenn Sie einmal Bundespräsidentin sind, dann werde ich Sie nicht mehr umbringen können, weil Sie dann rund um die Uhr von Polizisten beschützt werden.« Er sollte allerdings nicht recht behalten. Während im Polizeilabor Experten den zweiten Brief auf mögliche DNA-Spuren untersuchten, begann sich eine Maschinerie in Gang zu setzen, von der selbst die Ministerin bis heute – aus Sicherheitsgründen – nicht alle Details kennt.

Der Antiterrorstab zieht zunächst alle möglichen Mordvarianten in Betracht und überlegt zugleich Verhinderungsszenarien. Die Gegebenheiten in und um die Wiener Staatsoper werden ebenso kritisch betrachtet wie die Anzahl und die Position der Notausgänge. Des Weiteren wird die Autofahrt der Ministerin von und zur Staatsoper durchgeplant und alle möglichen Krisenszenarien bedacht. Als der Plan schließlich stand, fixierte der Antiterrorstab die einzusetzenden Teams. Die erste Maßnahme betraf den unmittelbaren täglichen Personenschutz der Ministerin: Er wurde von drei auf sechs Personen aufgestockt. Diese sechs Beamten des Einsatzkommandos Cobra begleiteten die Außenministerin ab dem Zeitpunkt der Attentatsdrohung jeden Tag von morgens bis tief in die Nacht, von ihrem Haus nahe Wien bis zum Ministerium in das Stadtzentrum, zu ihren Terminen, ihrer wöchentlichen Pressekonferenz und zu den Abendveranstaltungen. Zusätzlich wurden weitere sechs Mitglieder der Spezialeinheit in und um ihr Haus postiert. Gemeinsam mit ihrem Chauffeur nutzte sie eine gepanzerte Limousine, die Fahrtrouten mussten täglich gewechselt werden. In ihrem Gefolge befand sich vor und hinter ihnen ein Fahrzeug des EKO Cobra. Ab dem Moment, an dem Benita Ferrero-Waldner ihr Haus verließ, stand sie unter der persönlichen Eskorte des EKO Cobra. Täglich wurden ihre Villa und auch ihre Büroräume nach Sprengkörpern durchsucht, die Sicherheitskontrollen im Außenministerium verstärkt.

Personenschutz bedeutet keinesfalls, dass eine Person nur einen Tag lang geschützt wird, und das war's. In diesem speziellen Fall bedeutet Personenschutz, eine gezielte Strategie für den Tag des Opernballs zu entwickeln. Das gilt auch für den Schutz der Ballgäste und den des Opernhauses: Aus diesem Grund werden bereits Tage vor dem Event sämtliche an den Ballvorbereitungen mitarbeitenden Personen von der Polizei durchleuchtet. Da viele Lieferanten schon seit Jahren für das »Projekt Opernball« arbeiten, sind deren ständige Mitarbeiter bereits bekannt und werden regelmäßig überprüft. Diesmal ging man aber auf Nummer sicher: Alle Mitarbeiter – vom Platzanweiser bis zum Koch, vom Parkettverleger bis zum Croupier, vom Barkeeper bis zu den Kellnern – wurden noch einmal genau kontrolliert. Auch das Gebäude, die Staatsoper, wird bis zum Beginn des Balls von den Sicherheitskräften des Innenministeriums in jedem Winkel und jedem Geschoss ständig durchsucht. Die Sicherheitsausgänge werden ebenso unter die Lupe genommen wie das Dach- und das Kellergeschoss. Denn eine Bombe kann überall versteckt werden. Doch allen Maßnahmen zum Trotz ereignete sich in der Woche vor dem Opernball nichts. Keine wilden Verfolgungsjagden durch Wien, keine Auffälligkeiten im Büro oder im Haus der Ministerin. Die Beamten schöpften Hoffnung. Profiler Thomas Müller warnte dennoch vor einem gefährlichen Attentäter.

Schließlich kam der besondere Tag. Der Wiener Opernball findet traditionell am letzten Donnerstag im Fasching – also am Donnerstag nach Aschermittwoch – statt. Zwei Tage lang ist die Wiener Staatsoper wegen der Umbauarbeiten geschlossen, denn es müssen sämtliche Sitzreihen ausgebaut und stattdessen ein Spezialparkettboden im Parterre verlegt werden, sodass dieser mit der Bühne eine ebene Fläche von etwa 850 Quadratmetern bildet. Zu den vorhandenen 76 Ranglogen kommen 34 weitere Bühnenlogen hinzu, die extra eingebaut werden müssen. Wegen der vielen internationalen Gäste ist der Opernball der Ball in Österreich, an dem das größte Gedränge herrscht: eine ganz besondere Herausforderung für die Sicherheitskräfte.

Es war vorgesehen, dass die Ministerin unter ihrem Ballkleid eine spezielle Schutzweste mit Keramikplatten-Einlagen gegen Schüsse, Stiche, Schläge und Schnitte trug. Als jedoch die Ministerin am Abend ihren Beschützern das von ihr für den Ball ausgewählte Kleid zeigt, sind die Beamten perplex, denn es ist eine meerblau-dunkelgrüne Robe mit vielen Spitzen am Oberteil. Darunter eine Schutzweste zu tragen, war unmöglich. Das bedeutete, dass die Ministerin bei einem eventuellen Anschlag am Oberkörper nicht geschützt sein würde. Den Ernst der Lage erkennend, entschieden die Einsatzkräfte, der Ministerin einen noch stärker auf sie zentrierten Schutz anzubieten, sobald sie das Opernhaus betreten würde. Es wurde also noch näher an die Ministerin herangerückt, um sie vor dem Attentäter zu schützen.

Die Ministerin wusste nicht, dass jene drei Krankenwagen, die an diesem Donnerstag im Februar gegenüber der Staatsoper warten, eigens für den Fall eines möglichen Attentats in Bereitschaft sind. Ebenso stehen an die 100 Polizeibeamten in Uniform und in Zivil vor der Staatsoper, um im Falle des Falles einen »Transportkorridor« für die Ministerin zu bilden.

Die männlichen Personenschutzer der Cobra tragen an diesem Abend ihre Schutzwesten unter ihrem Frack, die weibliche Personenschützerin trägt ihre Schutzweste unter ihrem Ballkleid. An ihrem Körper hat sie ihre Ausrüstung für den Abend, bestehend aus Funkgerät, Pistole, Sender und Verkabelung, angeklebt, um die Geräte jederzeit griffbereit zu haben. Mit den Schutzwesten am Körper wird es an diesem Abend sehr heiß werden, das ist allen klar. Wichtiger und beängstigender ist jedoch: Der Attentäter kann überall im Opernhaus auf die Ministerin lauern. In der Öffentlichkeit wird man die Personenschützer nicht bemerken, denn sie wirken wie der übliche Tross um einen Politiker, wie Mitarbeiter des Kabinetts der Ministerin.

Gemeinsam mit einer Polizeieskorte und in einer der drei gepanzerten Limousinen fahren die Außenministerin und ihr Mann im Konvoi Richtung Staatsoper. Die Route dorthin wird mehrmals geändert, das

Einsatzkommando wählt an diesem Abend den eher unüblichen Weg über die Weinberge in die Stadt. Die Mitglieder des Einsatzkommandos sind auf alle Eventualitäten gefasst. Insgesamt begleiten die Ministerin 20 Cobra-Beamte sowie Polizisten und Rettungskräfte – alle im Frack. Der Konvoi hält am Seiteneingang der Staatsoper und nicht – wie sonst – beim Haupteingang. Auch das ist Taktik an diesem Abend, denn es soll nicht von vornherein ersichtlich sein, wann und wo hineingegangen wird. Es muss einen Überraschungseffekt für den Attentäter geben, etwas, womit er nicht rechnet. Ein kurzes Stück müssen die Ministerin und ihr Mann gemeinsam mit ihren Beschützern zu Fuß gehen. Dann betritt der Tross die Staatsoper. Benita Ferrero-Waldner und ihr Mann gehen langsam Arm in Arm vom Foyer aus zur Feststiege. In ihrem Gefolge: die Cobra. Dies ist der schwierigste Moment des gesamten Abends. Überall stehen Politiker-Kollegen, Freunde und Bekannte der Ministerin. Und auch etliche Ballgäste und Journalisten. Jeder spricht sie an, will sie berühren. Es erfordert nun enormes Fingerspitzengefühl seitens der Personenschützer, die beiden zu bewachen. Denn jeder kann der Attentäter sein.

Um die Ministerin und ihren Mann wird unbemerkt von den anwesenden Ballgästen ein im Fachjargon der Spezialeinheiten sogenannter Sicherheitsring gebildet. Die Personenschützer platzieren sich dabei in einem engeren Abstand um die Ministerin und ihren Mann. Diskret und dezent, aber effektiv, lautet das Motto. Keiner der um die Ministerin befindlichen Personen kann diesen Sicherheitsring auf der Feststiege durchbrechen. Falls jemand das versuchen würde, wäre er in Sekundenschnelle abgewehrt. Im Foyer der Wiener Staatsoper tummeln sich inmitten der Ballgäste zahlreiche Polizisten. Sie beobachten das Kommen und Gehen. Auch etliche Kellner sind an diesem Abend getarnte Beamte der Exekutive. Es herrscht maximale Sicherheitsstufe, denn alles ist möglich.

Die Ballgäste stehen überall, vor allem aufgereiht links und rechts der Feststiege. Benita Ferrero-Waldners Mann, ein Kavalier alter Schule, hat noch im Wagen vorgeschlagen, auf der Treppe vor seiner Frau gehen zu wollen: »Ich bin der Ältere von uns beiden, wenn er jemand töten will, soll er mich töten.« Die Beamten der Spezialeinheit Cobra gehen Schritt für Schritt die Feststiege hinauf in dem Bewusstsein, dass der Attentäter irgendwo vor oder hinter ihnen steht. Das Gedränge auf der Feststiege nähert sich dem Höhepunkt, nun versuchen Journalisten und Kameramänner, sich der Ministerin zu nähern, und bitten um Interviews. Vergeblich. Die Mitglieder der Spezialeinheit weisen sie elegant und freundlich ab. Die Ministerin darf gefilmt, aber nicht interviewt werden, denn der Attentäter könnte auch als Journalist getarnt sein. Sie soll rasch die Feststiege verlassen. Jeder Ballgast wird von der Cobra fokussiert und in Sekundenbruchteilen analysiert. Bewegungen, Positionierung und Blicke der Ballbesucher werden registriert und ausgewertet. Blickkontakte haben eine große Bedeutung beim Vermitteln von Aussagen: Der Blick ist das Fenster zur Stärke oder Schwäche eines Menschen. Das Cobra-Team arbeitet aufgrund von Erfahrungswerten aus vielen anderen Einsätzen. Mit wechselseitigem Blickkontakt und mit Blicksprache untereinander. Auch zu Benita Ferrero-Waldner und ihrem Mann hält die Cobra ständigen Blickkontakt. Die Sicherheitskräfte hatten eine ganze Woche eng mit der Ministerin zusammengearbeitet. Jetzt wissen sie ganz genau, wann es der Ministerin zu viel wird, und auch, wann ihr Blick ängstlich wirkt. Doch sie bleibt tapfer und geht Schritt für Schritt die Treppe hoch. Ganz Lady. Ganz Profi. Mit ihrem berühmten Lächeln auf den Lippen.

Die Spezialeinheit Cobra betrachtet die Ballbesucher auf der Treppe hinsichtlich ihrer Körpersprache. Die Dekodierung nonverbaler Signale erfolgt auf vielfältige Weise, dabei analysieren die Mitglieder der Cobra in Sekundenbruchteilen Mimik, Gestik und Körpersprache und stellen sich zugleich folgende Fragen: Wer versucht besonders unauffällig zu sein und macht sich dadurch auffällig? Wer blickt in die andere Richtung, obwohl die Ministerin neben ihm steht? Wer fixiert sie? Gesichtsausdrücke, Gesten, Körperhaltung und -bewegung können einen aggressiven Menschen sofort verraten. Auch die Körperspannung der Ballgäste wird in den Fokus genommen. Jedes noch so kleine Detail ist ein Hinweis. Die Sicherheitsleute sind über Funk – sie tragen Ohrstöpsel – miteinander verbunden. Sobald sich der Attentäter der Ministerin nähert, werden – je nach Begebenheit – Kommandos erteilt: »Exit« bedeutet, die geschützte Person muss sofort evakuiert werden. »Gun« ist das Kommando, die Pistole zu zücken, und »act« oder »attack« lauten die Befehle zum Schuss. Sollte der Fall der Fälle eintreten, dann wird von der Polizei in Windeseile ein Schutzkorridor gebildet, um die Ministerin zu evakuieren. Jene Polizisten, die sich im Foyer aufhalten und die Ballgäste genau beobachten, melden über Funk jede Auffälligkeit sofort ihren Kollegen von der Cobra.

Nur noch ein Schritt, dann ist die Feststiege geschafft. Aber da: Auf der linken Seite des Treppenhauses steht ein Mann unter einem Rundbogen. Er trägt ein Pflaster am Hals, er schwitzt sichtlich, wirkt verkrampft und blickt angestrengt. Die Personenschützerin der Ministerin hat sofort ihre Kollegen via Mikro informiert. Von den Ballgästen unbemerkt bitten vier Beamte den Mann, ihnen zu folgen. Das Menschengewühl wird an diesem Abend nicht weniger. Der gesamte Ball wird gefilmt und sämtliche Aufnahmen werden am folgenden Tag vom Innenministerium ausgewertet.

Die Ministerin hat nun ihre Loge erreicht. In wenigen Minuten werden die ersten Gäste erwartet: die spanische Außenministerin Loyola de Palacio sowie die lettische Amtskollegin Sandra Kalniete. Außerdem der kroatische Außenminister Miomir Žužul, der bulgarische Außenminister Solomon Pasi, der algerische Außenminister Abdelaziz Belkhadem, der Außenminister von Andorra, Juli Minoves-Triquell, sowie der Schauspieler Miguel Herz-Kestranek. Kein Ballgast kann unbeobachtet in die Loge der Außenministerin gelangen. Die Cobra platziert sich in der Loge und außerhalb für die Dauer des Balls. Will die Außenministerin den Waschraum aufsuchen, wird dieser von den Sicherheitsbeamten zuvor geräumt. Freundlich, aber bestimmt bitten die Beamten die Damen dort, aus Sicherheitsgründen in den Ballsaal zurückzukehren. Nur einmal wird die Ministerin mit ihren Gästen tanzen. Auch hier sind die Personenschützer unauffällig dabei und tanzen ebenfalls. Allerdings behalten sie die Ministerin stets im Auge.

Der Abend endet für die Ministerin, ihren Mann und ihre Beschützer gegen 4 Uhr morgens. Auf der Feststiege ist um diese Zeit nicht mehr viel los. Die Personenschützer haben es leicht, als die Ministerin und ihr Gefolge die Stufen herabsteigen. Keine besonderen Auffälligkeiten. Aufatmen bei der Spezialeinheit Cobra. Dann fährt der Konvoi auf einer neuen Route zum Haus der Ministerin. Dort warten bereits die Kollegen. Auch hier gab es keine besonderen Vorkommnisse. Der Abend ist gut gelaufen. Die Mitglieder der Cobra sind zufrieden. Die Ministerin und ihr Mann können jetzt beruhigt zu Bett gehen.

Am nächsten Morgen analysieren die Mitglieder der Spezialeinheit Cobra den Opernball-Abend noch einmal genau. Im Personenschutzbericht, der aufgrund des Einsatzes und einschließlich aller Beobachtungen vom Innenministerium erstellt wird, vermerken die Beamten, dass ein Mann, der am Ende der Feststiege stand, von der Polizei abgeführt wurde. Der Verdacht, dass es sich bei diesem Mann um den möglichen Attentäter handelte, hat sich jedoch nach einem Verhör als unbegründet erwiesen. Der Brief an die Ministerin und Präsidentschaftskandidatin Benita Ferrero-Waldner wird aus Sicherheitsgründen und aus Dokumentationszwecken an einem geheimen Ort im Innenministerium aufbewahrt.

Morddrohung in der Kleinstadt – 2001

Die Frau war verängstigt. Sie schluchzte. Ihr Gesicht war bis zur Unkenntlichkeit geschwollen. Sie hatte Abschürfungen am ganzen Körper und wies zahlreiche Hämatome auf. Ihre Kleider waren zerrissen. Um sie herum standen einige Nachbarn. Was die Polizisten an diesem Frühlingstag im Jahr 2001 erleben, als sie zu einem Einfamilienhaus an der Hauptstraße in Strasshof gerufen werden, ist mehr als tragisch. Strasshof ist ein kleiner beschaulicher Ort mit gepflegten Gärten etwa 20 Kilometer von Wien entfernt. Doch die Idylle trügt. Muss die Polizei nach Strasshof ausrücken, dann sind die Beamten besonders wachsam. Denn mit diesem Ort verbindet man in Österreich, und leider auch international, die Tragödie um Natascha Kampusch. Jener jungen Frau, die hier jahrelang von ihrem Entführer in einem Kellerverlies gefangen gehalten wurde und deren Geschichte um die halbe Welt ging.

Zitternd erzählt die Frau den Beamten, dass sie in Scheidung lebt, ihr Ehemann Alkoholiker sei. Heute Nachmittag habe er sie nach einem Streit brutal niedergeschlagen. Anschließend habe er sie aus dem Haus geworfen und sich mit einer Pistole und mehreren Gewehren im Haus verbarrikadiert. Nun habe er angedroht, sich und den eigenen Sohn, einem Kind von fünf Jahren, zu töten. Die Telefonleitung hatte er bereits gekappt, die Fensterläden heruntergezogen. Jeglicher Kontakt zu ihm war seit Stunden abgebrochen.

Für die von den Einsatzkräften alarmierte Spezialeinheit Cobra ist klar, dass sie das Haus stürmen und den Täter rasch überwältigen muss. Schnell analysieren die anwesenden 22 Mitglieder der Spezialeinheit die Situation: Das Gebäude ist einstöckig mit Souterrain. Das Haus erreicht man über eine zehnstufige Treppe und man steht dann in einem schmalen Eingang. Rund um das Haus gibt es einen schön angelegten Garten mit Sträuchern und Blumenrabatten, einem Apfel- und einem Kirschbaum. Draußen konnte man das Geräusch eines Fernsehers hören: Der Ehemann hatte sich im Wohnzimmer verschanzt. Auf das Klopfen der Polizisten reagierte er nicht.

Die Mitglieder des EKO Cobra wollen keine Zeit verlieren: Der taktische Einsatzplan und mehrere alternative Einsatzkonzepte werden vom Führungsstab festgelegt. Diesmal sind ein Einsatzleiter, ein Taktikverantwortlicher, ein Techniker, ein Führungsassistent und ein großes operatives Team samt Verhandlungsführer anwesend. Ihr Plan sieht vor, das

Haus über die Fenster und die Türen zu stürmen, den Täter zu überwältigen und ihn schließlich festzunehmen.

Doch etwas stört den für den Einsatz verantwortlichen Kommandanten. Im Geiste lässt er die Situation noch einmal Revue passieren. So viel Zeit muss sein. Da war zunächst ein Ehemann, der seine Frau prügelt, sich anschließend in seinem Haus mit seinem Kind verbarrikadiert und Morddrohungen ausstößt. Für den Gesetzgeber ist diese Situation klar: Im Prinzip kann die Polizei den Mann lediglich wegen Körperverletzung anzeigen. Mehr wäre da nicht möglich. Der Kommandant überlegt weiter: Dieser Mann befindet sich mit seinem Kind im Haus. Das Kind leidet unter der angespannten Situation, dem Streit der Eltern und der daraus resultierenden Gewalt. Aber wie wird es erst auf das Eindringen der Mitglieder der Spezialeinheit Cobra in das Haus und auf die anschließende Festnahme des Vaters reagieren? Kann es nicht sein, dass es dadurch noch stärker traumatisiert wird?

Der Kommandant entscheidet spontan: Es muss neben Plan B und C noch einen Plan D geben. Sein Cheftaktiker äußert jedoch Bedenken. Das Einsatzkommando Cobra stehe für außergewöhnliche Einsätze und Zugriffe, wie sie eine Spezialeinheit eben ausführt. Ein »Soft-Plan« sei aus seiner Sicht und Erfahrung nicht angemessen und auch nicht vorgesehen. Der Kommandant beharrt jedoch auf einer »smarten Lösung des Falles« aus rechtlicher und auch aus taktischer Sicht zum Wohl des Kindes. Noch einmal überdenken die Mitglieder der Spezialeinheit die Situation: Decken sich die Aussagen mit der Realität? Wie sieht die Lage wirklich aus?

Immer noch dröhnt der Fernseher aus dem Wohnzimmer des Hauses bis hinaus auf die Straße. Die Mitglieder des EKO Cobra überdenken die Aussage der Frau, vergleichen sie mit den Aussagen der Polizei und der einiger Nachbarn. Dann geht die Cobra mehrere Möglichkeiten durch, unbemerkt in das Haus zu gelangen. So haben sie etwa immer eine Spezialleiter dabei, um damit Fenster und Türen zu öffnen, sodass zeitgleich alle Kollegen in das Haus kommen. Ein Täter muss überrascht werden, und zwar so, dass es ihm unmöglich gemacht wird, eine Reaktion zu setzen – sprich seine Waffe zu zücken und zu schießen. Das Analysieren der aktuellen Situation dauert knapp eine Dreiviertelstunde, wobei ein Check und noch ein weiterer Check gemacht werden. Ein taktisches Konzept ist schnell erarbeitet, die rechtliche Komponente wird in die Planung mit einbezogen. Einsatztaktiker sind alte Haudegen mit viel Erfahrung. Diese Erfahrung hilft ihnen in brenzligen Situationen wie dieser. Dennoch ist das Cobra-Team unruhig: Ein »Soft-Einsatz« widerstrebt den meisten, dazu ruft man nicht die Cobra. Das können die Kollegen von der Polizei doch auch. Doch der Kommandant bleibt beharrlich: Er weiß um seine Verantwortung und er weiß, dass seine Entscheidung Hand und Fuß hat. Einen Verstoß gegen das Gesetz will er an diesem Tag nicht riskieren.

In der Diskussion um die Strategie, zwischen den Mitgliedern der Spezialeinheit und ihrem Einsatzleiter, meldet sich plötzlich die Ehefrau zu Wort. Sie präzisiert: Es gab an diesem Tag einen Streit wegen des Sorgerechts für das Kind. Daraufhin schlägt der Verhandlungsführer des EKO Cobra spontan vor, nun doch die »Soft-Strategie« auszuprobieren und den Ehemann in ein Gespräch zu verwickeln: »Ich könnte sagen, ich sei vom Gericht und ich hätte etwas zu klären aufgrund der Zuerkennung des Sorgerechtes.« Das operative Team der Spezialeinheit einigt sich auf ein Verhandlungsgespräch mit dem Ehemann. Da die Teammitglieder in Zivil zum Einsatzort kommen und sich erst umziehen, wenn der Einsatz beginnt, bemerkt niemand auf der Straße, dass es sich bei den Männern um Mitglieder der Spezialeinheit Cobra handelt. Der Verhandlungsführer ist ein Mann mittleren Alters. Die Identität, die er beim Gespräch mit dem Ehemann vorgeben wird, passt somit auch zu seinem Erscheinungsbild: Er hat eine sonore Stimme, rhetorisches Geschick und ist überdies noch cool im Auftreten. Ziel des Gespräches wird es sein, den Ehemann dazu zu bewegen, die Tür zu öffnen. Sobald dies der Fall ist, sollen die Mitglieder der Spezialeinheit Cobra, die links und rechts von der Tür positioniert sind, ins Haus stürmen und ihn überwältigen. Für den Einsatz werden vom Einsatzkommandanten Kollegen ausgewählt, die auf Nahkampfmethoden spezialisiert sind. Denn der erste Angriff muss perfekt sein und sofort zum gewünschten Ziel führen.

Der Verhandlungsführer geht mit einem Aktenkoffer in Richtung Wohnhaus. Seine Tarnung wirkt perfekt. Er steigt die zehn Stufen zum Eingang hinauf und klopft vernehmlich an die Tür. Kurz zuvor sind vier seiner Kollegen vom operativen Team links und rechts von ihm in Position gegangen. Dann geht alles sehr rasch. Plötzlich meldet sich der Ehemann hinter der Tür und fragt den Verhandlungsführer, wer er ist und was er will. Der Verhandlungsführer antwortet routiniert. Wie besprochen gibt er vor, vom Bezirksgericht zu kommen und einige Fragen wegen der Scheidung und dem Sorgerecht zu haben. Der Ehemann ist verwundert und fragt nach, warum gerade jetzt jemand vom Bezirksgericht komme. Er sei nicht vorbereitet. Der Verhandlungsführer bleibt sachlich, redet ruhig auf den Ehemann weiter ein. Geschult ist geschult.

Schließlich öffnet der Ehemann die Tür. Im selben Augenblick tritt der Verhandlungsführer zurück, um seinen Kollegen vom Einsatzteam der Cobra Platz zu machen. Im Bruchteil einer Sekunde betreten die Männer das Haus, fixieren den Ehemann und überwältigen ihn. Nun legitimieren sie sich, obwohl sie den schwarzen Einsatz-Overall der Spezialeinheit Cobra tragen. Sachlichkeit und Gesetzestreue sind stets angesagt. Was nun folgt, haben die Mitglieder des EKO Cobra schon in vielen ähnlichen Situationen gesagt, auch dies eine Amtshandlung: »Polizei«, »Legen Sie die Waffe hin«, »Legen Sie sich auf den Boden« und zuletzt: »Wir haben die Lage unter Kontrolle.« Ihre Kommandos sind nicht zu überhören. Es handelt sich um funktionale Sätze, um eine klare Diktion, es gibt kein freundliches »Bitte« oder gar »Danke«. Dem Täter muss bei jeder Silbe klar sein, dass er keine Chance hat, sich zu wehren oder zu entkommen. Der Täter darf auch keine Möglichkeit haben zu strampeln oder sich gar seiner Waffe zu nähern. Ihm werden Handschellen angelegt und er wird schweigend abgeführt, zum Einsatzfahrzeug gebracht. Die Wagentür wird geschlossen, das Auto fährt ab. Gemeinsam mit der Ehefrau betritt der Einsatzkommandant des EKO Cobra nun das Haus, um nach dem Kind zu sehen. Alle Räume werden dabei von den beiden genau inspiziert. Sie finden das Kind schließlich friedlich spielend im Kinderzimmer im ersten Stock. Es hat von der Festnahme seines Vaters nichts mitbekommen und läuft glücklich seiner Mutter in die Arme. Das ist noch einmal gut gegangen, denken sich die Mitglieder des Einsatzkommandos.

Bei der Nachbesprechung am nächsten Tag erinnert der Einsatzkommandant sein operatives Team daran, wie wichtig es ist, aus Überzeugung zu handeln. Sicher ist man nur dann, wenn man alle Eventualitäten bedacht und überprüft hat. Sind nicht alle Mitglieder im Team überzeugt, dann sei es wichtig, jene Kollegen zu überzeugen, die eine andere Haltung zur Taktik und zum Einsatz haben. Denn das Spektrum an Lösungsmöglichkeiten ist bei jedem Einsatz einer Spezialeinheit groß. Es ist wichtig, dies zu wissen. Verantwortung zu haben bedeutet, bei einem Einsatz lösungsorientiert zu arbeiten. Aber: Nicht immer ist die Paradelösung auch die richtige Lösung. Und: Nicht immer ist die Gewaltmethode die richtige Methode. Je mehr Informationen den Mitgliedern einer Spezialeinheit im Vorfeld zur Verfügung stehen, desto effektiver wird ihre Strategie für den Einsatz sein.

Und noch etwas war an diesem Fall wichtig: Strasshof sollte nicht in die Annalen als Kleinstadt des Verbrechens eingehen. Für jeden Streit gibt es eine Lösung, und die kann nicht immer Gewalt heißen.

3. KAPITEL
SLOWAKEI – Gangster im Detroit des Ostens

Gefängnisausbruch in Leopoldov – 1991

Nach dem Fall des Eisernen Vorhangs verschlechterte sich die Stimmung in den Gefängnissen Osteuropas zunehmend, insbesondere in der westslowakischen Gemeinde Leopoldov, wo sich das älteste Gefängnis der Slowakei befindet. Eine burgähnliche Festung aus dem 17. Jahrhundert, die dem kommunistischen Regime nach dem Zweiten Weltkrieg als Hochsicherheitsgefängnis vor allem für politische Häftlinge diente. Am 1. März 1990 kam es dort zu einer Revolte sondergleichen: 217 Häftlinge verbarrikadierten sich in jenem Trakt der Justizanstalt, von Insidern »das Schloss« genannt, weil sich darin die Schlafräume des dritten und vierten Regiments befanden, und demolierten die komplette Einrichtung. Am 15. März desselben Jahres waren es dann plötzlich mehrere Hundert Häftlinge, die auf die Barrikaden gingen und schließlich am 28. März das Gefängnisdach mit Flammenwerfern und Molotowcocktails anzündeten.

Mehr als ein Jahr später, etwa zu dem Zeitpunkt, als die Spezialeinheit Lynx in der Slowakei gegründet wurde, unternahmen am 23. November 1991 sechs Häftlinge im Alter zwischen 20 und 30 Jahren eine neue Revolte – unter ihnen ein gewisser Tibor Polgári. Polgári, sechsfacher Mörder, war wegen Erpressung zu einer Freiheitsstrafe von 13 Jahren verurteilt. Tibor Polgári ist der Initiator, der Kopf der Gefängnisrebellen. Die sechsköpfige Truppe wartet an diesem Tag, bis die Sicherheitsbeamten ihre Schicht beendet haben, um dann kaltblütig mit selbst fabrizierten Messern den ersten Beamten umzubringen, dessen Uniform anzuziehen und sich gegenseitig zu befreien. Am Eingangstor töten sie anschließend vier weitere Sicherheitsbeamte und eignen sich ebenfalls deren Uniformen und Pistolen an. Nach dieser Aktion fühlen sie sich derart sicher, dass drei der Häftlinge zurücklaufen und einen weiteren Häftling befreien. Danach nehmen sie einen Sicherheitsbeamten als Geisel mit auf ihren Weg. Eine Geisel für das freie Geleit sozusagen. Das Ganze dauerte höchstens eine halbe Stunde. Doch damit nicht genug.

In der Stadt Lepoldov stehlen die sieben Männer einen grünen Škoda und lassen die Geisel zurück, denn so viele Personen passen einfach nicht in den Wagen. Rasch fahren sie davon. Auf ihrer Flucht haben sie einen Unfall. Sie stoppen das erstbeste Fahrzeug, das ihnen begegnet: Es ist ein Lada 1200, den Besitzer lassen sie schwer verletzt zurück. Mit diesem Wagen fahren sie weiter in Richtung Trnava, das etwa 15 Kilometer von Leopoldov entfernt liegt. Da der Lada 1200 nicht mehr genug Benzin hat, müssen sie auch diesen Wagen aufgeben und beschließen, in Trnava vom Auto zur Bahn zu wechseln. Vor lauter Aufregung erwischen sie jedoch einen Zug, der in Richtung Leopoldov zurückfährt.

Fünf der sieben Ausbrecher steigen in Leopoldov aus, die beiden anderen bleiben im Zug und fahren bis nach Piešťany weiter. Mittlerweile wurde die Polizei verständigt und durchsucht den Bahnhof. Die fünf Ausbrecher bemerken das und ergreifen die Flucht, sie laufen aus der Stadt und verstecken sich in einem Feld in einem großen Heuhaufen. Dort bleiben sie bis zum nächsten Morgen.

Die lokalen Medien wurden von der Polizei über den Vorfall informiert und berichteten ausführlich über den Gefängnisausbruch der sieben Männer. Das ganze Land war gewarnt und so kam es, dass die Bewohner jenes Dorfes, in dessen Nähe sich die Männer versteckt hielten, die Polizei verständigten, als sie Köpfe in dem Heuhaufen bemerkten. Als die Männer am nächsten Morgen aufwachten, war es schon zu spät, um zu flüchten. Sie waren bereits von Mitgliedern des Spezialkommandos Lynx umstellt und ergaben sich sofort. Die Lynx-Leute hatten sich lautlos genähert. Die Ausbrecher hatten vielleicht zuvor die Militärfahrzeuge gehört und da bereits innerlich kapituliert.

Fünf Ausbrecher waren gefasst. Doch wo waren die beiden anderen Flüchtigen?

In Piešťany, einer Stadt im nördlichen Donauhügelland am Fluss Waag, hatten die beiden Männer den Zug verlassen. Während sie noch überlegten, welchen Weg sie nun einschlagen sollten, entdeckten sie plötzlich Polizisten auf dem Bahnsteig. Sie mussten erneut die Flucht ergreifen, doch das bemerkten die Polizisten und nahmen die Verfolgung auf. Daraufhin begannen die Ausbrecher mit den gestohlenen Maschinenpistolen auf die Beamten zu schießen. Während sie in Richtung Industriezone flüchten, verständigen die Polizisten ihre Kollegen von der Spezialeinheit Lynx und bitten um Verstärkung. Die Beamten durchsuchen die Industriezone und es kommt erneut zu einem Schusswechsel. Dabei wird einer der Beamten verletzt und bleibt am Boden liegen. Der Schusswechsel setzt sich dennoch fort.

In der Zwischenzeit waren die Lynx-Beamten in der Industriezone angekommen und retteten ihren verletzten Kollegen. Die beiden Flüchtigen hatten sich währenddessen in ein leer stehendes Gebäude zurückgezogen und schossen weiter auf das Einsatzkommando Lynx. Dann sucht einer der beiden plötzlich einen Weg aus dem Gebäude, er läuft ziellos und von Panik getrieben ins Freie und wird von den Lynx-Beamten gefasst. Der zweite Mann wird bei einem weiteren Schusswechsel von zwei Kugeln getroffen: Die erste geht durch seinen Kiefer und die zweite Kugel durch seinen Bauch.

Nun betreten die Einsatzkräfte das Gebäude. Die Lynx arbeitet sich rasch vor und entdeckt eine riesige Blutlache. Doch von dem verletzten

Mann fehlt jede Spur. Es ist etwa 7 Uhr abends und es ist bereits dunkel. Die Mitglieder der Spezialeinheit wissen, dass sie nur zwei Möglichkeiten haben: Entweder der verletzte Mann ergibt sich oder sie warten bis zum Morgen und finden ihn dann höchstwahrscheinlich tot, da er sehr schwer verletzt ist. Der Mann scheint wie vom Erdboden verschluckt, deshalb beschließen die Mitglieder der Lynx – unter ihnen viele junge Kadetten, die gerade erst ihre Abschlussprüfungen an der Polizeischule absolviert haben und deren erster Einsatz dies ist – vor dem Gebäude bis zum nächsten Morgen zu warten. Keine harte Tour, sondern man lässt dem Verletzten die Chance, sich zu ergeben.

Die Nacht vergeht, der Tag bricht an. Gegen fünf Uhr stürmt die Lynx lautlos das Gebäude und findet den Mann im Mitteltrakt regungslos in einer Blutlache liegend. Der Rettungssanitäter lässt ihn sofort abtransportieren, der Mann verstirbt aber im Krankenhaus an den Folgen der beiden Schussverletzungen.

Die übrigen sechs gefassten Ausbrecher wurden wieder ins Gefängnis von Leopoldov gebracht: Bei einem erneuten Prozess haben sie noch wesentlich längere Strafen erhalten. Das angeschossene Mitglied der Lynx konnte bald wieder seine Arbeit aufnehmen. Der Initiator des Gefängnisausbruchs, Tibor Polgári, sitzt eine lebenslängliche Haftstrafe ab.

Henrich Masárs letzte Geiselnahme – 2003

Der junge Mann verließ auf der Bundesstraße Bratislava, er fuhr wie von der Tarantel gestochen. Er schwitzte und war sehr unruhig. Ständig musste er sich am Hals kratzen. Seine Bewegungen waren fahrig. Er wiederholte wie ein Mantra die folgenden Sätze: »Ich musste sie töten. Ich musste es einfach tun. Es ging nicht anders.« An seinen Händen klebte noch das Blut von Mária Dananyová aus Trnava und von Margita Šajtlavová und Peter Hanták aus Hlohovec, die er alle drei bestialisch erstochen hatte. Er brauchte das Geld, das sie daheim aufbewahrt hatten, um sich neuen Stoff zu besorgen. Er konnte schon lange nicht mehr ohne Heroin sein. Seine Pupillen waren stets so klein wie Stecknadeln. »Ich muss hier weg, ich muss rasch raus Bratislava«, sagte er sich selbst. Er fuhr, so schnell er konnte.

Die beiden Polizisten am Straßenrand hatten schon seit einer Ewigkeit keinen Wagen mehr angehalten. Es war ein wunderschöner Sommertag, es war der 17. Juli 2003. Die meisten Slowaken verbrachten diesen Tag an einem See. »Wird vermutlich kein lukrativer Tag für uns«, der Polizeibeamte aus Bratislava blickte zu seinem Kollegen und schenkte sich und ihm ein Mineralwasser ein. Als der silberne Opel am Horizont erschien, wussten die beiden sofort, dass der Wagen zu schnell unterwegs war. Sie bereiteten sich auf eine Routinekontrolle vor.

»Ich muss meinen Dealer finden. Ich brauche dringend Stoff«, sprach Henrich Masár wie von Sinnen vor sich hin. Henrich Masár war erst 28 Jahre alt, doch das Heroin hatte ihn schon lange im Griff. So sehr, dass er kaum noch etwas anderes wahrnahm. Auch die beiden Polizisten nicht, die ihm ein Stoppschild entgegen hielten und ihn aufforderten, am Straßenrand zu halten. Eine Polizeikontrolle konnte er jetzt ohnehin nicht gebrauchen. Die beiden Polizisten stiegen rasch in ihr Dienstauto und nahmen die Verfolgung des Opels auf.

Henrich Masár schwitzte noch mehr. »Was wollen diese beiden Typen da hinter mir?« Irgendwie nahm er den Polizeiwagen wahr, verstand aber nicht so genau, warum er verfolgt wurde. Egal. Er fuhr jetzt 180 Stundenkilometer auf der Bundesstraße. Den beiden Polizisten entkam er zügig. Auch den Wagen, der plötzlich wie aus dem Nichts vor ihm stand, nahm er nicht richtig wahr. Als die beiden Autos miteinander kollidierten, spürte er zwar den blechernen Hall, doch er fuhr noch ein paar Meter weiter, bevor sein Opel plötzlich stillstand. Hinter ihm fuhr ein Mann in einem VW Polo. Henrich hielt den Wagen an, schoss auf den Mann, warf ihn aus dem Auto und fuhr rasch weiter, bis er den Ort Kaplná erreichte, der etwa 50 Kilometer von Bratislava entfernt ist. Dort fuhr er erneut auf einen anderen Wagen auf. Nun war es genug.

Er musste einen Unterschlupf finden, um sich die Droge zu spritzen. Ein wenig Stoff für den Notfall hatte er noch, aber er brauchte dringend mehr und auch noch mehr Geld. Wie ein gejagtes Tier blickte er um sich, zitternd und hechelnd. Er lief die Straße entlang und fand ein Haus mit offenen Fenstern und Türen.

Die Familie Rovenský war gerade dabei, das gesamte Haus neu zu streichen. Nach dem Tod seiner Frau und seines ältesten Sohnes hatte Herr Rovenský lange gezögert, etwas am Haus seiner Familie zu verändern, doch nach einem Trauerjahr konnte ihn sein jüngster Sohn überzeugen. Zu zweit und mit der Unterstützung der Freundin seines Sohnes hatten sie sich nun dazu entschlossen, allen Zimmern einen schönen kräftigen Sonnengelb-Ton zu geben. Sie waren gerade dabei, das Wohnzimmer zu streichen, als Henrich Masár das Haus betrat und mit einem blutigen Messer auf sie zuging: »Ich brauche euer gesamtes Geld. Los, her damit. Und dann macht ihr die Türen und die Fenster zu. Ihr seid jetzt meine Gefangenen.« Allen war auf Anhieb klar: Mit Henrich Masár war nicht zu scherzen. Nachdem die Familie Rovenský die Fenster und Türen geschlossen hatte und nun zitternd vor ihm stand, bedeutete er ihnen mit seinem Messer, dass sie sich setzen sollten. Dann ließ er sich das Telefon zeigen und rief den Notruf der Polizei.

Binnen 30 Minuten war das Team der Spezialeinheit Lynx vor dem Haus der Familie Rovenský eingetroffen. Der Verhandlungsführer stieg aus seinem Kombi und ließ sich von den Kollegen der örtlichen Polizei noch einmal alle Details schildern: Wer war im Haus, wer war der Entführer, was genau wollte er? Letzteres war den Polizisten ein Rätsel. »Nun gut, das finde ich heraus«, verspricht ihnen der Verhandlungsführer der Lynx. Im Gespräch mit Henrich Masár wird ihm schnell klar, dass Masár Autorität nicht akzeptieren kann, sie niemals bislang in seinem Leben akzeptiert hat. Er sucht vielmehr einen Weg aus der Gesellschaft, denn seinen eigenen Lebensweg hat er noch nicht gefunden. Er ist nicht willens, Verantwortung für sein eigenes Leben zu tragen. Der einzige Weg für ihn, sich in der Welt zurechtzufinden, scheint sein Drogenkonsum zu sein. Für den Verhandlungsführer ist weiter klar: Toleranz oder Respekt vor anderen kennt Masár nicht. Er lebt seine Verantwortungslosigkeit jeden Tag, denn er ist ein Heroinjunkie.

Der Verhandlungsführer versucht zunächst, Henrich Masár dazu zu bewegen, Geiseln freizulassen. Bewusst verlangt er von Masár keine konkrete Person: Er weiß, dass sich im Haus zwei Männer und eine Frau befinden. Als Masár antwortet, »keiner wolle das Haus verlassen«, versteht der Verhandlungsführer zunächst nicht ganz, warum die Familie Rovenský nicht freikommen will. Erst nachdem ihm seine Mitarbeiter die Recherchen über die Familie Rovenský überbringen, versteht er die Hintergründe: Die Familie ist durch ihre Verluste traumatisiert und will unter allen Umständen zusammenbleiben. Der Verhandlungsführer macht Masár klar, dass seine Situation ausweglos ist. Das Haus sei umstellt, es gäbe keinen Weg hinaus. Wenn Masár nicht bald Geiseln freiließe, dann würde die Spezialeinheit Lynx das Haus stürmen.

Henrich Masár versteht den Ernst der Situation. Er schlägt Folgendes vor: Eine Geisel lässt er frei, wenn man ihm genügend Heroin für einen »goldenen Schuss« liefert, den er sich dann setzen will. Das Krisenmanagement der Spezialeinheit Lynx berät und entscheidet sich dafür, Masár die Droge zu beschaffen. Der Vater der Familie Rovenský wird freigelassen, Masár behält den Sohn und dessen Freundin in seiner Gewalt. Ein Mitglied der Spezialeinheit Lynx kommt nach zwei Stunden mit einer von der Polizei versetzten Droge zurück, der Schuss, den sich Masár damit setzen will, soll nicht tödlich sein. Als Masár die Droge testet, findet er aber sofort heraus, dass ihn die Polizisten bei der Qualität der Droge belogen haben. Der Stoff ist für einen »Goldenen Schuss« nicht zu gebrauchen. Masár wird aggressiv, will beide Geiseln mit dem Messer töten. Es ist der psychologischen Gesprächstaktik des Verhandlungsführers zu verdanken, dass schließlich eine zweite Drogenübergabe stattfinden soll. Diesmal soll die Freundin Masárs ihm die finale Dosis überbringen. Der Hintergrund: Sie kennt offensichtlich Drogendealer, die das Vertrauen Masárs haben. Die Polizei lässt sich auf den Deal ein.

Es ist kurz nach Mitternacht, als Masárs Freundin mit der »Ware« wiederkommt.

Die Mitglieder der Spezialeinheit bitten sie, die Ware kurz überprüfen zu dürfen. Dabei wird die Droge erneut gestreckt, die Polizei will sichergehen, dass Masár nicht sterben wird. Dann darf die Freundin das Heroin übergeben.

Sie ruft Masár an und sagt ihm, dass sie den Stoff habe. Masár lässt daraufhin die Freundin des Sohnes frei. Den Sohn der Familie Rovenský behält er bei sich. Zur Sicherheit, falls die Polizei erneut versuchen sollte, ihn zu täuschen. Anstatt das Päckchen mit dem Heroin wie besprochen auf das Fensterbrett zu legen, nimmt Masárs Freundin Anlauf und springt über das Fensterbrett ins Haus. Sie ist ebenfalls heroinabhängig und will sich auch eine Spritze setzen.

Henrich Masár telefoniert gerade mit dem Verhandlungsführer. Der versucht ihn davon zu überzeugen, dass der Stoff diesmal »echt gut« sei. Masár will eigentlich gar nicht mehr telefonieren, vielleicht ahnt er auch, was die Lynx gerade plant, doch der Verhandlungsführer spricht weiter auf ihn ein. Mittlerweile dringen die Mitglieder der Spezialeinheit Lynx unbemerkt ins Haus der Familie Rovenský. Irgendwann bemerkt Henrich Masár, dass die Spezialeinheit einen Übergriff gestartet hat. Er reißt seine Lebensgefährtin an sich und ruft: »Tötet uns beide oder keinen von uns.« Theatralische Worte, auf die mehrere Schüsse hin folgen. Mit Präzisionsschützen verhandelt man nicht. Der Schuss ist sauber und trifft Masár am Kopf: Er ist verwundet, lebt aber noch. Sofort kommen die Sanitäter und tragen ihn fort. Die Mitglieder der Spezialeinheit Lynx haben ganze Arbeit geleistet. Dann ertönt das finale Kommando: »Unit, please go back to Headquarter.«

Heinrich Masár wurde nach seinem Krankenhausaufenthalt und einem Entzug zu lebenslanger Haft verurteilt.

Erpressung der Handelskette Tesco – 2003

»Ich verlange 12 Millionen slowakische Kronen oder ich jage Ihren Su-
permarkt in die Luft. Ich gebe Ihnen drei Tage Zeit, mir das Geld zu
besorgen.« Von diesem dreisten Brief überrascht, stand der Geschäftsführer der Handelskette Tesco in Banská Bystrica an einem Mittwoch
Ende Mai in seinem Büro und traute seinen Augen nicht. 12 Millionen
Kronen, das sind an die 400 000 Euro. Das konnte nur ein übler Scherz
sein. Vermutlich waren es Kinder, die sich kurz vor den Ferien noch ein
wenig austoben wollten. Es war nicht das erste Mal, dass Tesco Ziel einer Erpressung war. Die britische Supermarktkette war bei Jung und Alt
sehr beliebt. Mit Filialen auf der ganzen Welt – darunter in zahlreichen
europäischen Ländern – hatte es Tesco binnen weniger Jahre geschafft,
weltweit zu den drei erfolgreichsten Handelsketten nach dem US-Riesen
Walmart und dem Franzosen Carrefour aufzusteigen. Seit 1996 waren
die Briten in der Slowakei präsent, wo ein Tesco-Supermarkt im Schnitt
über 15 000 Quadratmeter Fläche verfügte und erstmalig gigantische
Einkaufsverhältnisse im Land bot. Bei Tesco findet man alles – von der
Sportausrüstung und Bekleidung über Elektronik- und Haushaltsgerä-
te bis hin zu Spielzeug, Lebensmitteln und Getränken, darunter auch
viele preisgünstige Eigenmarken. Auch in Banská Bystrica, einer Stadt
zwischen Bratislava und Košice, die im Mittelalter zu den berühmtesten
Bergbaustädten der Slowakei zählte, gibt es einen großen Tesco-Supermarkt. Dieser wurde im Mai 2003 Ziel eines erpresserischen Anschlags.

Es war Samstagmorgen, als der Sprengstoff detonierte. Glücklicherweise waren um diese Zeit erst wenige Menschen bei Tesco zum Einkaufen unterwegs. Da niemand auf seine Drohung eingegangen war, hatte
sich der Erpresser dazu entschieden, Ernst zu machen. Er wollte wohl
den Geschäftsführer einschüchtern und ihm seine Macht demonstrieren. Bei Tesco wurden an diesem Morgen durch die relativ kleine Bombe
nur ein paar Regale beschädigt. Menschen kamen nicht zu Schaden.
Aber das Zeichen war unmissverständlich.

Aber auch nach diesem Bombenanschlag dachte der Geschäftsführer nicht daran, sich erpressen zu lassen. Er wählte die Nummer der Kriminalpolizei. Binnen einer halben Stunde waren die Ermittler vor Ort und ließen sich von ihm den mysteriösen Brief zeigen. Der Bereich, indem das Attentat stattgefunden hatte, wurde sofort von den Kollegen von der Spurenanalyse abgesperrt. Die Ermittler der Kriminalpolizei arbeiteten rasch und effizient: Zunächst wurde die Telefonleitung von Tesco zum Abhören angezapft. Gleichzeitig bezog der Verhandlungsführer der Spezialeinheit Lynx gemeinsam mit seinem Verhandlungsteam die für ihn bereitgestellten Räume. Die Männer mussten nicht lange warten: In seinem Brief hatte der Erpresser angegeben, dass er sich nach drei Tagen telefonisch melden wollte. Und so geschah es auch. Bald läutete das Telefon des Geschäftsführers und der Tesco-Erpresser war in der Leitung. Seine Stimme klang trocken, aber bestimmt: »Noch einmal mache ich Sie darauf aufmerksam, dass ich 12 Millionen Slowakische Kronen auf mein Konto überwiesen haben möchte, ansonsten geschieht ein großes Unglück. Die kleine Bombe war nur der Anfang.« Er fügte hinzu, dass er vorhabe, den ganzen Tesco-Markt mit Dynamit in die Luft zu jagen.

Der Verhandlungsführer begann den Erpresser in ein Gespräch zu verwickeln, um von ihm Informationen über sich, sein Leben und die Beweggründe für die Erpressung zu erfahren. Was seine Person betraf, erwies sich der Erpresser als sehr abweisend. Er gab kein einziges Detail über sich preis. Auch die Beweggründe für die Erpressung blieben unersichtlich. Er drohte jedoch erneut damit, den Markt »demnächst« in die Luft zu sprengen.

Der Geschäftsführer der Tesco-Filiale in Banská Bystrica war fassungslos. So etwas hatte er noch nicht erlebt. Er telefonierte schweißnass mit der Geschäftsleitung in Großbritannien. In Cheshunt, einer Stadt in Hertfordshire, liefen an diesem Samstag die Telefone heiß. In einer Telefonkonferenz beratschlagten die Manager, wie sie weiter vorgehen wollten. Man überlegte lange das Für und Wider der Bezahlung der Lösegeldforderung. Schließlich entschied man sich, den Weg des geringsten Risikos zu gehen und dem Erpresser die verlangte Summe zu geben.

Als sich der Erpresser am Sonntag wieder im Büro des Geschäftsführers von Tesco in Banská Bystrica meldete, sagte der Verhandlungsführer ihm, dass er sich fortan über eine Mobilfunknummer mit ihm unterhalten wolle, und zwar zur Sicherheit für den Erpresser. Dieser willigte ein und wählte dann die ihm genannte Nummer. Der Verhandlungsführer teilte dem Erpresser mit, dass das Geld für ihn bereitgestellt werde. Man vereinbarte einen Übergabeort. Der Erpresser schlug eine bestimmte Stelle in einem Wald an der E 77 in Richtung Ulanka vor. Das Geld sollte mit einem Helikopter transportiert und dann in einem großen Sack abgeworfen werden, sodass der Erpresser es mühelos aufgreifen und damit flüchten könnte.

Der Geschäftsführer der Tesco-Filiale verständigte entsprechend seine Hausbank. Der Bankdirektor und seine Mitarbeiter veranlassten den Rest: Das Geld wurde von ihnen in einen dicken, reißfesten Sack gepackt. Gleichzeitig begann sich im Hintergrund der Verhandlungen eine Maschinerie in Gang zu setzen, die typisch ist für die Arbeitsweise von Spezialeinheiten: Das Team riegelte zunächst den Abwurf-Ort über einen Radius von einem halben Kilometer ab und begab sich in und um den Wald herum in Stellung. Natürlich waren alle am Einsatz Beteiligten miteinander verkabelt. Als es an der Zeit war, machten sich vier Mitglieder der Spezialeinheit mit dem schweren Sack im Hubschrauber auf den Weg. Es dauerte nicht lange, und sie hatten die Übergabestelle gefunden. Dort warfen sie wie vereinbart den Geldsack ab. Der Hubschrauber flog wieder davon. Der Sack mit dem Geld knallte auf den Boden.

Drei Stunden warteten die Spezialeinheit und die Polizei auf den Erpresser. Als dann immer noch niemand den Sack mit dem Millionenbetrag abgeholt hatte, gab der Kommandant den Befehl, die Mission zu beenden. Alle verließen den Wald und die angrenzenden Gebiete. Der Sack mit dem Geld wurde ebenfalls eingesammelt und zur Bank zurückgebracht.

Am Montag darauf meldete sich der Erpresser beim Verhandlungsführer und tat so, als ob alles in Ordnung sei. Er spielte förmlich mit
dem Beamten. Er wollte sichergehen, ob man tat, was er verlangte.
Das vergangene Wochenende war für ihn nur ein Test gewesen, um die
Glaubwürdigkeit des gesamten Ermittlerteams, der Polizei und der Spezialeinheit zu überprüfen.

Wieder verlangte er den Geldbetrag, den man am nächsten Wochenende – an derselben Stelle – für ihn verstecken sollte. Der Verhandlungsführer willigte erneut ein und sagte, er werde alles Nötige veranlassen.
Am Samstag war es dann so weit. Wieder packten die Bankbeamten einen Sack mit Geld und wieder stiegen vier Mitglieder der Spezialeinheit
mit dem Geldsack in den Hubschrauber. Wieder positionierten sich die
Polizisten in dem Waldstück und warteten auf den Erpresser. Sie waren
miteinander verkabelt und beobachteten genau, wer an der Straße vor-
beifuhr.

Doch diesmal hatte der Verhandlungsführer eine neue Taktik ange-
wandt: Er blieb während der gesamten Zeit mit dem Erpresser am Telefon im Gespräch. Somit war der Erpresser abgelenkt und nahm das,
was nun um ihn herum geschehen würde, weniger wahr. Zugleich war
damit die Chance gegeben, den Mann über die Telefonleitung auch
ausfindig zu machen – und ihn zu fassen. Der Coup gelang. Als die
Lynx in die Wohnung des Mannes eindringt, ist er am Telefon und be-
spricht gerade mit dem Verhandlungsführer den Abwurf des Geldes an
der vorgesehenen Stelle. Er zuckt zusammen, als die Lynx ihn umstellt
und er den Satz aus jedem Fernsehkrimi hört: »Polizei. Hände hoch.
Das Spiel ist aus.«

Der Erpresser von Tesco war noch sehr jung, gerade erst 30 Jahre
alt. Er ergab sich widerstandslos und ließ sich von den Mitgliedern der
Spezialeinheit abführen.

Der Sack mit dem Geld wurde wieder zurück zur Bank gebracht. Der
Geschäftsführer der Tesco-Filiale in Banská Bystrica war erleichtert, dass
der Fall ein so positives Ende genommen hatte. Seine Vorgesetzten in

Großbritannien vermutlich auch. Nach der Festnahme verriet der Erpresser der Polizei während der mehrtägigen Verhöre, dass er Teil einer Gruppe war und es noch weitere Tesco-Erpresser gebe. Von vier weiteren Personen war später die Rede. Der Tesco-Erpresser hüllte sich jedoch in Schweigen und hat deren Namen bis heute nicht verraten.

Dramatische Entführung zweier Polizisten – 2010

Es handelte sich um eine Routinekontrolle der Polizei an diesem Dienstagabend im Juli 2010 gegen 22 Uhr auf der Schnellstraße von Nitra nach Bratislava. Nitra befindet sich im Westen der Slowakei. Es ist knapp 80 Kilometer von Bratislava entfernt und zählt zu den ältesten Städten des Landes mit seiner prunkvollen Burg und den vielen Kirchen, die sich auf einem Hügel befinden. Der Mann, der mit einem Freund in einem Škoda Felicia unterwegs war und etwa 18 Kilometer von Nitra entfernt bei Šaľa von einem Polizeibeamten und einer Beamtin gestoppt wurde, war erst 28 Jahre alt. 28 Jahre und ein Strafregister wie ein alter Krimineller. Er war ein über die Grenzen bekannter Dieb und Mörder und hatte schon zwei Mal in Tschechien und mehrere Jahre in der Slowakei im Gefängnis gesessen. Seit seiner Jugend kannte er diese Gegend, er lebte von Gelegenheitsjobs und Diebstählen.

»Nie mehr«, hatte er sich geschworen, »nie mehr gehe ich in ein Gefängnis.« Als er die beiden Polizisten registrierte, die ihn von der Fahrbahn auf den Pannenstreifen winken wollten, sah er seinen Traum von »nie mehr Gefängnis« gefährdet. »Ich will nicht schon wieder dorthin. Bitte nicht schon wieder Gefängnis«, murmelte er und gab Gas. Die Polizisten nahmen die Verfolgung des Škoda auf. Der wurde immer schneller, in einer Kurve rutschte er von der Straße und prallte gegen einen Leitungsmast. Fahrer und Beifahrer überstanden den Unfall unbeschadet, sie verließen eilig den kaputten Škoda und machten sich zu Fuß aus dem Staub. Während die beiden Polizisten mit dem Wagen den

Beifahrer verfolgten, lief der Fahrer zu einem leer stehenden Bauernhaus. In dem Seitenfach der Fahrertür hatte er eine Maschinenpistole versteckt gehabt, die hatte er vor der Flucht noch rasch an sich gerissen. Sein Gesicht war versteinert. Er biss die Zähne zusammen, bereit, für seine Freiheit zu kämpfen. »Kommt nur schön her. Ich muss nicht ins Gefängnis, wenn ich nicht will«, sprach er laut zu sich.

Die Polizisten näherten sich dem Haus. Mit geballter Energie bedrohte er sie mit seiner Waffe. »Nehmen Sie die Hände hoch und steigen Sie sofort wieder in den Polizeiwagen. Wir fahren jetzt eine Runde«, schrie er sie an. »Ich gehe bestimmt nie mehr ins Gefängnis!« In Windeseile entledigte er die beiden Beamten ihrer Pistolen. Mit drei Waffen, die nun auf sie gerichtet waren, schien es ihnen aussichtslos, sich aus dieser Situation zu befreien. Also setzten sich die beiden Beamten wieder in ihr Polizeiauto. Nur keine Aggressionen beim Verdächtigen hervorrufen. Ruhig bleiben, hämmerte es in ihren Köpfen. Das hatten sie auf der Polizeischule in Bratislava gelernt. Während der Polizist mit einer Pistole im Nacken den Einsatzwagen fahren musste, saß seine Kollegin neben ihm auf dem Beifahrersitz. Der Mann hantierte auf dem Rücksitz mit den drei Waffen. Beide Polizeibeamte rechneten mit dem Schlimmsten.

Der junge Mann fühlte wieder dieses berauschende Gefühl von Macht. Ähnlich wie bei seinen Einbrüchen. Doch etwas irritierte ihn. Wohin sollte er mit den beiden fahren? Er dirigierte sie in der Gegend um Nitra umher. Dort fühlte er sich sicher. Der Polizeiwagen hatte einen vollen Tank. So fuhren sie in einem Umkreis von 30 Kilometern lange um Nitra herum.

Währenddessen wurden die beiden entführten Polizisten immer wieder von ihren Kollegen von der Wachstube angefunkt. Doch sie durften nicht antworten. Der junge Mann mit den beiden Pistolen in der Hand, die er auf sie gerichtet hielt, und der Maschinenpistole neben sich auf dem Rücksitz hatte es ihnen untersagt. In der Polizeistation begann man sich Sorgen um die verschwundenen Kollegen zu machen. Während der junge Mann mit ihnen durch die Gegend fuhr, begegnete ihnen an einer Kreuzung ein weiterer Streifenwagen. Diesen Beamten fiel sofort auf, dass in dem soeben vorbeifahrenden Polizeiwagen drei Personen saßen, darunter eine Person auf der Rückbank, die wild gestikulierte. Irgendetwas hatte diese Person in der Hand. Die Polizisten beschlossen, den Kollegen zu folgen, und funkten gleichzeitig an ihre Zentrale: »Einsatzwagen Z 15 gefunden.« Von der Zentrale kam der Hinweis auf die gescheiterte Kontaktaufnahme mit den Kollegen. Nun war klar: Die beiden waren entführt worden. Die Person, die sie entführt hatte, saß offensichtlich auf dem Rücksitz. In dem Augenblick, als die beiden Polizisten sich näherten und bemerkten, dass er eine Waffe in der Hand hielt, begann er auch schon auf sie zu schießen. Diesen Fall konnten sie nicht alleine lösen: Sie brauchten professionelle Unterstützung. Und zwar von ihren Kollegen von der Spezialeinheit Lynx.

Der Erstkontakt zu dem Entführer entstand durch einen Anruf des Verhandlungsführers der Spezialeinheit Lynx. Er rief den entführten und das Auto steuernden Polizisten einfach auf seinem Handy an und bat ihn, das Handy an den Entführer weiterzureichen. Dann begann er mit seiner Verhandlung. Das bedeutet, er verwickelte den Entführer in ein Gespräch und versuchte zu erfahren, warum dieser die Tat beging, was er forderte und ob er nicht doch aufgeben wolle. Doch hier war vieles anders als sonst: Es entstand kein Dialog, der Entführer hatte nicht das geringste Bedürfnis, sich mitzuteilen. Er wollte seine Ruhe und er forderte weder Geld noch ein Flugzeug noch ein schnelleres Fahrzeug. Er wollte nur eines nicht: nie mehr in seinem Leben ins Gefängnis. »Warum, was ist los? Wieso sollte man Sie in ein Gefängnis stecken?«, fragte ihn der Verhandlungsführer. »Weil die Slowakei gegen mich einen Haftbefehl ausgestellt hat«, antwortete der Entführer knapp. Damit beendete er die Kommunikation.

Die beiden Hauptprobleme dieser Entführung bestanden für die Polizei darin, dass zum einen das Polizeiauto niemals stoppte, sondern ständig in der Gegend um Nitra herumfuhr, und zum anderen konnte dem entführten Polizeiauto nicht gefolgt werden, weil der Entführer sofort aus dem Auto auf seine Verfolger schoss.

Nach vier Stunden Autofahrt informierte der den entführten Polizeiwagen steuernde Polizist seine Kollegen plötzlich darüber, dass der Entführer die Polizistin gegen seine Exfreundin ausgetauscht hatte. Auch sie war Polizistin.

Lynx war gefordert, rasch die richtige Strategie zu finden: Der Entführer war gewalttätig und unberechenbar. Er hatte offensichtlich einen Plan, obwohl sein gesamtes Verhalten darauf schließen ließ, dass er keinen Plan hatte. Ein großes Risiko bestand darin, dass der Kidnapper weitere Personen in seine Gewalt bringen könnte, das wusste der Verhandlungsführer. Die Strategie lautete, ein Treffen mit dem Entführer zu arrangieren. Die Rechnung ging auf: Der Kidnapper stellte relativ rasch ein Treffen in Aussicht. Mehrere Plätze kamen dafür infrage, und der Entführer zeigte sich plötzlich zugänglich und ging auf die Vorschläge des Verhandlungsführers ein. Er versprach, sich mit der Polizei zu treffen. Doch dazu kam es dann doch nicht, denn am Ende brach er die Verhandlungen plötzlich ab.

Erschwerend kam hinzu, dass jede Information vom Entführer zeitverzögert via Handy an den Verhandlungsführer weitergeleitet wurde. Sobald der Verhandlungsführer eine Information per Handy erhielt, war sie auch schon veraltet. Der Entführer änderte ständig die Fahrtrichtung und hielt die gesamte Verhandlungstruppe gehörig auf Trab. Es war nicht mehr herauszufinden, wann er wo zu welchem Zeitpunkt vorbeifahren würde. Zwischendurch hielt der entführte Polizeiwagen sogar an einer Tankstelle, damit die Exfreundin ihm eine Flasche Wodka kaufen konnte. Doch auch diese Information kam mit 15 Minuten Verspätung an.

Der Kidnapper nuckelte an seiner Wodkaflasche und lachte. Der Polizist am Steuer sah dies als seine Chance. Er sagte seinem Entführer, dass er müde sei. Immerhin war es nun schon 4 Uhr morgens. »Wir sollten eine Rast machen. Ich fahre bereits seit vielen Stunden. Ich bin müde und kann mich nicht mehr konzentrieren. Ich kann nicht mehr fahren.« Er redete vorsichtig auf den Entführer ein, bis dieser tatsächlich auf dem Weg vom Dorf Nitriansky Hrádok an einer Wiese anhalten ließ. Die Spezialeinheit Lynx konnte sich so etwas näher an das entführte Polizeiauto heranbewegen.

Das Team der Lynx beschloss, Präzisionsschützen einzusetzen, der Wagen sollte nicht wieder entkommen. Die Einsatzzentrale forderte das Team auf, mindestens eine Geisel freizubekommen, derweil hielt der Entführer immer noch eine Pistole auf den Kopf des Polizisten gerichtet, die anderen Waffen lagen neben ihm.

Mit dem Verhandlungsführer vereinbarte er, eine Geisel freizulassen: und zwar den Fahrer. Dieser stieg aus dem Wagen und ging einmal um das Auto herum. Die Exfreundin des Entführers wechselte währenddessen zu ihm auf den Rücksitz. Die Mitglieder der Spezialeinheit Lynx verfolgten im Hintergrund gebannt das Spektakel. Sie hatten sich in einigem Abstand hinter dem entführten Polizeiauto verschanzt und warteten ab, was nun passieren würde.

Plötzlich gab der Kommandant der Präzisionsschützen seinen Leuten den Befehl zu schießen. Wird ein solcher Befehl erteilt, dann zählt ein Mitglied des Einsatzkommandos laut den Countdown: »Fünf«, »Vier«, »Drei«,... bis er schließlich bei »Null« angelangt ist, dem Signal zum Schuss. Als diesmal der Kommandant laut zählte und gerade bei *zwei* angelangt war, rief einer der Präzisionsschützen plötzlich: »Stopp. Stopp. Stopp. Wir können nicht schießen.« Was war passiert? Bei näherem Betrachten erkannte der Kommandant, dass sich das Entführungsopfer gerade in einer Linie mit seinem Entführer befand. Das Risiko, die falsche Person tödlich zu treffen, war zu groß.

Also bediente man sich der Hilfe des Verhandlungsführers: Er sprach mit der Polizei-Geisel, die vor dem Wagen stand. Es war nur ein kurzer Moment und es fiel nur ein einziger Satz: »Gehen Sie zur Seite.« Der Polizist verstand auf der Stelle. In dem Augenblick fing der Countdown von neuem an. Als der Kommandant bei »Null« angelangt war, fielen mehrere Schüsse. Blut spritzte durch das Innere des Wagens. Man sah kaum mehr durch die Scheiben.

Als sich die Mitglieder der Spezialeinheit Lynx dem Wagen näherten, bot sich ihnen ein grauenhafter Anblick: Der Entführer war tödlich in den Kopf getroffen worden, sein Schädel war zerborsten, Blut klebte überall. Auch auf dem Gesicht und der Kleidung der Exfreundin des Entführers. Sie lag zusammengekauert und weinend auf dem Rücksitz des Wagens. Zunächst glaubten die Beamten, sie sei ebenfalls getroffen, doch nach einer raschen Untersuchung der Sanitäter war klar: Sie stand nur unter Schock.

Die Beamten halfen ihr aus dem Wagen. Der Verhandlungsführer, ein studierter Psychologe, reichte ihr eine Tasse heißen Tee und nahm sie beiseite, um mit ihr in Ruhe zu sprechen. Man gab ihr eine Decke, in die sie sich hüllen konnte. Dann setzten ihre Kollegen sie in ein Rettungsauto. Sie hörte noch den letzten Befehl des Lynx-Kommandanten an sein Team: »It's over now. Please go back to the Headquarter.«

4. KAPITEL
LUXEMBURG – Alarm im Großherzogtum

Einheit: Unité Spéciale de la Police
(USP)

Ein Kindergarten als Geisel in Wasserbillig – 2000

Es war 3.40 Uhr, als das Telefon läutete. Jacques, der Verhandlungsführer der Luxemburger Unité Spéciale de la Police, hob den Hörer ab: »USP, bonjour …« Er hatte jedoch keine Zeit, weiterzusprechen. Die Stimme am anderen Ende der Leitung klang aufgeregt: »Jacques, Sie werden dringend zu einem Einsatz gebeten. Eine Geiselnahme im Kindergarten in Wasserbillig.« Und schon hatte der Mann aufgelegt. Der Verhandlungsführer war irritiert. Was war das, ein Testanruf vom neuen Kommandanten?

Im Frühjahr 2000 war in Luxemburg die Fusion von Gendarmerie und Polizei genehmigt und auch gleich durchgeführt worden. Bei der Felderzusammenlegung, wie man das Prozedere im Fachjargon der Polizei nennt, wurde auch das Verhandlungsführerteam erweitert. Alle Kollegen im neuen Team bekamen noch eine zusätzliche viermonatige Spezialausbildung. Diese hatten sie vor genau einem Tag abgeschlossen, auf ihren Tischen lagen die frisch unterzeichneten Urkunden. Deshalb dachte der Verhandlungsführer zunächst, der Anruf an diesem 31. Mai könnte ein Test seitens seines Kommandanten sein. Pflichtbewusst informierte er seine Kollegen. Binnen drei Minuten waren alle abmarschbereit, stiegen in die Verhandlungsfahrzeuge und fuhren in Richtung Wasserbillig, einem Ort im Osten des Landes, etwa 30 Minuten von der Stadt Luxemburg entfernt.

Neiji Bejaoui hatte sich in einem kleinen Raum zurückgezogen. In einer Ecke des Zimmers befand sich ein Waschbecken, in einer anderen stand ein Stapel Kinderstühle. Der 38-jährige Tunesier mit Luxemburgischem Pass hatte einige Jahre als Konditor gearbeitet. Seit vielen Monaten war er arbeitslos. Arbeitslos und ohne Familie. Vor sechs Jahren hatte man ihm das Sorgerecht für seine beiden Kinder entzogen: Er habe sie geprügelt, behauptete der Richter damals. Der örtlichen Polizei war er als gewalttätig und geisteskrank bekannt, zu oft mussten sie einschreiten, wenn er daheim die Familie bedrohte. Heute waren seine Kinder neun und 14 Jahre alt und lebten mit ihrer Mutter in Wasserbillig, während er im Nachbarort Manternach wohnte. Neiji Bejaouis Leben war einfach traurig. Seit er seine Stelle als Konditor verloren hatte, hielt er sich mit Gelegenheitsjobs über Wasser, etwa als Türsteher. Die meiste Zeit spielte der stämmige Mann jedoch Fußball mit seinen Nachbarn. Er galt als unauffälliger Außenseiter, den man nicht provozieren durfte, sagten seine Nachbarn über ihn. Jetzt stand er in dem Zimmer des Kindergartens und schwitzte vor Aufregung. In seiner Hand hielt er ein Messer und bedrohte damit die schlanke junge Frau, die zitternd vor ihm stand. Mit hochrotem Kopf schrie er sie an: »Zieh dir endlich die Bluse aus, du Miststück.«

Jacques bog mit seinem Einsatzwagen in die Rue Duchscher in Wasserbillig ein, als ihm auch schon ein Kollege der örtlichen Polizei entgegenkam. »Salut Jacques, danke, dass du so rasch gekommen bist. Wir brauchen euch heute ganz dringend. Es ist eine Katastrophe passiert«, sagte der Colonel, der vor ihm stand. Immer noch war der Verhandlungsführer der Meinung, es handle sich um einen Test seines Kommandanten. Der Kollege von der Polizei kam jedoch gleich zum Punkt:

Ein Mann hatte gegen 15.35 Uhr an die 47 Kinder und fünf Erzieher im Kindergarten Spatzennascht in dem zweistöckigen, beigefarbenen Haus mit der Nummer 30 als Geiseln genommen. Der Geiselnehmer hatte bereits im Kommissariat angerufen. Er schien von einem enormen Hassgefühl gegenüber der Polizei und dem Personal des Kindergartens getrieben. Da wusste Jacques, dass die Situation kein Test, sondern bitterer Ernst war. Er richtete sich gemeinsam mit seinen Kollegen für die Verhandlung mit dem Geiselnehmer in der Küche der Polizeidienststelle ein. Und wartete ab.

Neiji Bejaoui verließ wütend den Raum. Das Telefon hatte geklingelt und er ließ von der Kindergärtnerin ab. Er lief ins Direktionszimmer, das nur einen Raum weiter lag, und hob den Hörer ab. Am anderen Ende war Jacques, der auch mit seinen Kollegen im Hauptquartier verkabelt war. Er erkundigte sich nach dem Befinden der Geiseln. »Es geht ihnen gut, verdammt noch mal«, antwortete Neiji Bejaoui wütend und schlug mit seiner Waffe auf den Schreibtisch. Er war sehr aufgebracht und erzählte Jacques, dass er eine Pistole, fünf Handgranaten, ein Messer und einen Kanister Benzin bei sich habe. Er sei zu allem bereit. Er drohte zunächst damit, das Gebäude in die Luft zu sprengen, indem er Benzin ausschütten und dann die Granaten zünden würde. Aufgrund seiner körperlichen Fitness trauten ihm die Polizisten alles zu.

Als der Geiselnehmer das Gespräch abrupt beendet, denkt der Verhandlungsführer nach. Eine Stunde später ruft er Neiji Bejaoui wieder an. Dieser stellt eine erste Forderung: Er will am darauffolgenden Tag mit einem Flugzeug nach Libyen gebracht werden. Sein Ultimatum lautet: einen Flieger, dann sei er bereit, alle Geiseln freizulassen. Jacques versichert ihm, dass er mit den Kollegen im Innenministerium reden wird. Doch auch Jacques stellt Forderungen. Im Gespräch mit dem Geiselnehmer erfährt er, dass dieser seit Langem ohne seine Kinder lebt und seit der Trennung in psychiatrischer Behandlung steht. Mit seiner Aktion will er andere Eltern fühlen lassen, wie es ihm selber seit Jahren ergeht. So allein, ohne seine geliebten Kinder. Um »seine Familie zu verteidigen«, schien dem Mann jedes Mittel recht zu sein: »Gebt mir eine Chance, von hier wegzukommen, um meine Kinder aufzuziehen.« Jacques bleibt jedoch hartnäckig: Er will eine Gegenleistung dafür, dass er dem Geiselnehmer einen Flieger organisiert. Flugzeuge kosten viel Geld und ein Flug für eine Person allein in einem Jet noch sehr viel mehr. Geld hat der Mann nicht, aber er kann eines tun, suggeriert ihm Jacques, er kann Geiseln freilassen. Die Verhandlung spitzt sich zu, doch Jacques weiß genau, wie weit er bei dem Mann gehen kann und darf.

Ein Gespräch mit einem Psychopathen wird in der Polizeischule lange trainiert. Es gibt Wörter, die ein Verhandlungsführer vermeiden soll. Dazu zählen Negationen. Auch Versprechen sind nicht zu geben. Ein guter Verhandlungsführer sammelt genügend Informationen über sein Gegenüber – von seiner Krankengeschichte bis hin zu seinen Hobbys –, um dann direkt sein Ziel anzusteuern. Das Ziel ist immer die positive Erledigung des Falles. Wichtig ist: Man muss möglichst viel über sein Gegenüber wissen, um es richtig einschätzen und die nächsten Schritte vorhersagen zu können. Verhandlungsführer dürfen niemals nach einstudierten Parolen vorgehen, sondern müssen immer sie selbst, also authentisch, bleiben. Was so viel bedeutet wie: keine Phrasen, sondern ein »ganz normales, spontanes Telefonat«. Bei Neiji Bejaoui wurde übrigens während der Verhandlung auch sein behandelnder Psychiater zugezogen.

Der Geiselnehmer fühlt sich überlegen. Die Polizei ist bereit, ihm einen Flieger nach Libyen zu organisieren. Das klingt gut. Der Verhandlungsführer hat ihn dazu gebracht, 16 Kinder und zwei Erzieher freizulassen. Immer noch sind drei Erzieher und 31 Kinder in seiner Gewalt. Es ist mittlerweile 20 Uhr und finster in den Gassen von Wasserbillig.

Während Jacques mit dem Geiselnehmer verhandelt, haben die Polizisten die Medien verständigt. Plötzlich war der kleine beschauliche Ort Wasserbillig, der unmittelbar an der Grenze zu Deutschland an der Mündung der beiden Flüsse Sauer und Mosel liegt, zu einem Treffpunkt der internationalen Presse geworden.

Die Eltern der Kinder wurden in einem dafür zur Verfügung gestellten Raum des Kulturzentrums der Gemeinde untergebracht. Dort wurden sie von freiwilligen Helfern und Ärzten versorgt. Es war der Polizei ein großes Anliegen, sie über die Verhandlungen und das Befinden ihrer Kinder laufend zu informieren – ohne Beisein der Medien. Die Angehörigen waren es, die immer zuerst Neuigkeiten erfuhren.

Die wichtigste Eigenschaft eines guten Verhandlungsführers ist es, mit dem Geiselnehmer ständig in Verbindung zu bleiben und quasi nach dem Rechten zu schauen und ein Maximum an Informationen über die Geiseln, deren Verfassung wie die des Geiselnehmers zu sammeln. Dabei ganz wichtig: Ein Verhandlungsführer darf sein Gegenüber niemals anlügen.

Gegen 22 Uhr brachten die Abendnachrichten im Fernsehen und Radio ein erstes Interview zum Stand der Dinge. Ministerpräsident Jean-Claude Juncker informiert die Bevölkerung über die Geiselnahme und die ersten Fortschritte bei den Verhandlungen. Ein übereifriger Journalist eines Radiosenders macht in seinem Beitrag klar, dass der Kidnapper »psychisch krank« sei. Der hört allerdings im Kindergarten ebenfalls diesen Bericht, wird dadurch aus seiner stabilen Lage herausgerissen und beginnt am Telefon zu randalieren. Jacques versucht Neiji Bejaoui zu beruhigen. Und auch sein Psychiater redet auf ihn ein. Der Geiselnehmer fordert ein Gespräch mit einer Jugendrichterin. »Es ist schon sehr spät, versuchen wir es Morgen früh«, meint Jacques gutwillig mit Blick auf die Uhr.

Neiji Bejaoui ist mit seinen Nerven am Ende. Einige Kinder, die im großen Raum untergebracht sind, weinen, andere sind unruhig. Das gefällt ihm nicht. Die Polizei hat ihm versichert, dass es keinen Einsatz in der Nacht geben wird. Doch er ist skeptisch. Er traut dem Frieden nicht. In jeder Polizeiserie, die er im Fernsehen gesehen hat, kamen sie immer nachts und es ist jedes Mal tödlich für den Täter ausgegangen. Er will nicht sterben. Er will seine Kinder bei sich haben und mit ihnen weit weg fliegen. Er will nie mehr an sein Leben in Luxemburg erinnert werden. Die Menschen um ihn herum wissen gar nicht, wie sehr er leidet. Und was er alles in den letzten Jahren durchgemacht hat. Er möchte es am liebsten herausschreien, damit alle Menschen wissen, wie ihm zumute ist. Damit man versteht, warum er das hier tut. Während er an seiner Situation verzweifelt, klingelt plötzlich das Telefon.

Als Jacques knapp vor Mitternacht erneut den Geiselnehmer anruft, bemerkt er dessen Wut und Verzweiflung sofort. Und: Der Geiselnehmer will unbedingt ein Interview geben. Jacques sagt, er wird sich bemühen, ihm dies zu ermöglichen, genügend Medien seien ohnehin in der Gegend. Immer wieder lässt der Geiselnehmer anklingen, dass er panische Angst vor einem Übergriff durch die Polizei hat. Doch Jacques beruhigt ihn: »Wir versuchen die ganze Sache durch Gespräche mit dir zu lösen. Es wird keinen Übergriff geben.« Die ganze Nacht hindurch telefoniert Jacques mit dem Kidnapper. Dieser stellt eine neue Forderung: Er will einen Lieferwagen für die Flucht haben, dann, so verspricht er, wird er den Kindern und den Erziehern auch nichts antun.

Im Hintergrund überlegen Jacques' Kollegen von der Unité Spéciale de la Police, wie sie weitermachen sollen. Der Geiselnehmer ruft seine Verwandten an und sucht immer wieder den Kontakt zu den Medien, weil er mit der Justiz und der Polizei unzufrieden ist. Also vereinbart Jacques mit ihm ein Interview mit dem Fernsehsender RTL am nächsten Morgen.

Gegen 9.30 Uhr wollen die Journalisten von Radio RTL das Gebäude betreten. Doch während der Geiselnehmer ihnen die Tür öffnet, erblickt er auf der anderen Straßenseite Feuerwehrautos und Notarztwagen. Er kombiniert und kommt zu dem Schluss, dass die Polizei bereits Präzisionsschützen auf ihn angesetzt haben muss. Er wirft die Journalisten aus dem Gebäude.

Bis Mittag fordert der Kidnapper wiederholt von der Polizei ein Fluchtauto. Er will endlich weg hier, hält es keine Sekunde länger mehr aus. Wieder ist es dem Geschick des Verhandlungsführers zu verdanken, dass Bejaoui sich überreden lässt, zwei weitere Kinder freizulassen. Es ist schon nach 18 Uhr und der Kidnapper ist mittlerweile müde. Zwei Tage hat er bereits in seine »Aktion« investiert. Er ist angespannt und will nicht mehr verhandeln. Jacques versucht ihn bei Laune zu halten. Da das erste Interview nicht geklappt hat, wird für ihn ein zweites Interview organisiert. Diesmal wird alles funktionieren.

Kurz vor 22 Uhr rollt ein Bus des TV-Senders RTL vor das Eingangstor des Kindergartens. Zwei Journalisten steigen aus und gehen zur Tür. Als sie sich öffnet, steht der Geiselnehmer vor den Journalisten. Er ist grau im Gesicht, kann seine Augen kaum noch offen halten. Man sieht ihm die Müdigkeit und die Anstrengung der letzten beiden Tage an. Er bittet die Journalisten mit einer lässigen Geste in den Kindergarten hinein. In diesem Augenblick fallen zwei Schüsse. Die Präzisionsschützen haben Neiji Bejaoui am Kopf getroffen und schwer verletzt – aber er ist nicht tot. Der Geiselnehmer bleibt in der Eingangstür liegen. Sofort ist das Notarztteam zur Stelle und transportiert ihn ab. Bis zu seiner Genesung wird er in einer Klinik untergebracht.

Die Mitglieder der Unité Spéciale de la Police machen sich auf den Heimweg. Dank ihres Verhandlungsführers Jacques ist dieser Fall zu einem guten Ende gebracht worden.

Neiji Bejaoui wurde im November 2001 der Prozess gemacht. Das Urteil lautete: 22 Jahre Haft wegen Vergewaltigung einer Erzieherin, Körperverletzung und Verstoßes gegen das Waffengesetz. Das Gericht folgte auch dem Antrag seines Verteidigers und erkannte die psychischen Probleme des Geiselnehmers als strafmildernd an. Der Richter ordnete außerdem noch eine Therapie für den Verurteilten an. »Mit der Strafe können wir leben«, wird die Direktorin des betroffenen Kindergartens in den Medien tags darauf zitiert.

Razzia bei einer al-Qaida-Zelle – 2003

Der Mann mit dem Schnurrbart stand neben einem silbernen VW Passat und rauchte eine Gauloises. Er hatte in lässiger Manier seinen linken Fuß auf der Stoßstange des Wagens abgestützt und blickte auf das Haus vor sich. Es war schon die zwölfte Zigarette an diesem Tag. Doch was sollte es? Es war Nachmittag, und es war sehr kalt. Ein typischer 28. Februar, etwas verschneit und ein bisschen sonnig. Mehrere Stunden hatte der Mann bereits im kalten Wagen verbracht, jetzt musste er einmal an die frische Luft. Der Mann mit dem Schnurrbart wusste, dass er noch einige Stunden in der Kälte ausharren musste. Gemeinsam mit seiner Kollegin, die im Wagen auf ihn wartete. Denn Rauchpausen im Dienstfahrzeug waren strengstens untersagt.

Vier Gassen weiter ging ein Pärchen Hand in Hand. Der junge Mann trug eine schwarze Mütze und blickte seine blonde Freundin, die rosa Ohrenschützer trug, verliebt an. Vor dem Eingang des Hauses mit der Nummer 22 in der Rue Louvigny blieben die beiden stehen und küssten sich lange und intensiv. Niemandem fiel auf, dass der junge Mann beim Küssen verstohlen auf das Haus gegenüber, auf die Nummer 21, blickte. So verharrten die beiden eine ganze Weile eng umschlungen.

In der Rue d'Eperney Nummer 8 ist um diese Zeit einiges los, denn vis-à-vis befinden sich der Bahnhof von Luxemburg und auch einige Hotels. Es ist ein Kommen und Gehen. Das Fahrzeug mit dem Aufkleber »Installateur Dupont, immer für Sie da« fällt hier kaum auf. Die beiden Männer, die in ihren blauen Arbeitshosen im Wagen sitzen, reden angeregt miteinander. Ab und zu blickt einer der Männer in Richtung des Gebäudes an der Ecke. Vor ihnen im Wagen liegen Skizzen von Badezimmern.

Unauffällig bleiben, lautet auch an diesem Tag die Devise für die Einsatzteams. Schon vor einem halben Jahr hatten die Mitglieder der Unité Spéciale de la Police den Hinweis für den spannenden und gefährlichen Einsatz erhalten. Der Mann mit dem Schnurrbart, ebenso wie das

Pärchen in der Rue Louvigny oder die beiden Installateure in der Rue d'Epernay, sie alle sind Mitglieder der an diesem Tag anwesenden rund 17 Einsatzgruppen, die Mitglieder einer Zelle der gefährlichsten Terrorgruppe dieser Welt, der al-Qaida, in der Stadt Luxemburg observieren sollen.

20 Einsatzteams hatten bereits während der letzten sechs Monate Zahlen, Daten und Fakten über die zu observierenden Personen zusammengetragen: Wer war verheiratet, wer hatte Kinder, wer verließ wann und wie oft die Wohnung? Was trug die Person an diesem Tag? Welche Tagesabläufe hatten die Oberservierten, wer besuchte sie und wen besuchten sie? Das Alltagsleben der beobachteten Personen füllte mehrere Seiten ihrer Dossiers. Ab und zu verschränkten sich die Dossiers der Einheit, da einige der Observierten sich auch gegenseitig besuchten. Alle Dossiers auf einen Stapel gelegt, hätten wohl eine Wand gefüllt.

Dieser Einsatz zählte zu den schwierigsten der Unité Spéciale de la Police, es ist schon kompliziert, eine Einzelperson über Tage zu observieren und ihr Verhalten zu studieren. Gleichzeitig mehrere Personen zu observieren, ist aber noch mal eine ganz andere Herausforderung. Dazu kam, dass in diesem Fall die Observierten nur selten ihr Haus oder ihre Wohnung verließen. Und wenn, dann meist, um am Freitag in die Moschee zu gehen. Alle observierten Personen waren Männer und sie waren verheiratet – hatten also Ehefrauen und Kinder. Der Grund für diesen Einsatz der Unité Spéciale de la Police war ein besonderer: er hieß »Terrorismusgefahr«.

Bei derart heiklen Observationen müssen die Beamten sehr genau und effizient arbeiten. Wenn sie eine andere Identität annehmen und sich tarnen, muss ihr Auftreten perfekt sein. Ein Fehler, eine Unachtsamkeit kann zu ihrer Enttarnung führen und ihr wie das Leben ihrer Kollegen gefährden. Das Team der luxemburgischen Spezialeinheit wusste, dass die Männer, die Mitglieder einer al-Qaida-Zelle waren, schon über längere Zeit Kontakte ins Ausland hatten und sich mit ihren Gesinnungskollegen ständig austauschten.

Die Tage und Monate vergingen. Das Team der Unité Spéciale de la Police arbeitete sehr präzise. Nach sechs Monaten waren die Observationen abgeschlossen und der Tag X rückte heran. Der Tag, an dem die Zelle auffliegen sollte, war der 1. März 2003.

Bevor ein derartiger Einsatz stattfindet, werden zur Vorbereitung sehr viele Maßnahmen getroffen: Es werden beispielsweise ganze Straßenzüge abgesperrt. Die Passanten werden gebeten, einen anderen Weg zu nehmen, auch zu ihrer eigenen Sicherheit. Polizeiwagen und zivile Beamte haben sich an den 17 Standorten positioniert und warten auf das Zeichen des Kommandanten. Alle Teilnehmer einer entsprechenden Aktion sind an einem solchen Tag sehr konzentriert und aufmerksam, agieren ganz nach einem vorher ausgetüftelten Konzept. Die kleinste Unachtsamkeit kann zu einem fatalen Ende der Aktion führen. Jedes Mitglied der Einheit hat seine Aufgabe und weiß, was zu tun ist. Alle im Team müssen sich aufeinander verlassen können, ansonsten funktioniert der Einsatz nicht.

Es ist kurz nach 5 Uhr morgens. Die Männer und Frauen der Spezialeinheit haben ihre Masken aufgesetzt, tragen Schutzhelme und Schutzwesten, ihre schwarzen Overalls und Stiefel. Sie haben ihre Waffen angelegt und sind in die vereinbarten Straßen gefahren, zu den Gebäuden, in denen die Mitglieder der al-Qaida-Zelle leben. Die Teams dringen unbeobachtet von den Nachbarn der observierten Personen in die Häuser ein, laufen lautlos – so, wie sie es gelernt haben – die Stufen hinauf und stehen in Position vor den Wohnungen der Verdächtigen. Sie warten nun auf ein Zeichen ihres Kommandanten. Der Kommandant sitzt in seinem Dienstfahrzeug, einem Kleinbus, mit Mitgliedern seines Einsatzteams. Er blickt auf seine Uhr, nach einem Telefonat bewegt er seinen Kopf zum Mikrofon vor ihm auf dem Tisch.

»Team, stürmt jetzt«, lautet das Kommando aus den Funkgeräten. Jetzt beginnt für die Männer und Frauen der Unité Spéciale de la Police der eigentliche Einsatz. Sie brechen die Türen auf und sind binnen einer Minute in den Wohnungen der observierten Personen. In den betroffenen 17 Wohnungen und Häusern schlafen die Menschen noch. Umso größer ist das Entsetzen der Männer, als die Spezialeinheit plötzlich eindringt und jeweils sechs bis acht schwarz vermummte Gestalten mit Gewehren in der Hand auf sie zukommen. Erst als der aus jeder Krimiserie bekannte Befehl folgt und sie aufgefordert werden, sich zu ergeben und in die Knie zu gehen, begreifen die Männer die Situation.

»Hände hoch, Polizei. Geben Sie auf. Sie haben keine Chance.« Die Frauen der Verdächtigen realisieren erst jetzt, dass es sich um eine Razzia handelt. Manche Frauen werden hysterisch, schreien, weinen, ballen ihre Fäuste und versuchen damit auf die Mitglieder der Spezialeinheit einzuschlagen. Kinder, die ebenfalls aufgewacht sind, weinen. Die Verdächtigen, die im Schlaf von den Spezialeinheiten überrascht wurden, setzen sich kaum zur Wehr. Mit müden Gesichtern steigen Sie aus ihren Betten, heben die Hände und gehen in die Knie. Manche Verdächtige murmeln Unverständliches vor sich hin. Sie lassen sich widerstandslos Handschellen anlegen und abführen. Auch ihre Frauen werden abgeführt. In allen 17 Wohnungen und Häusern sind neben den Mitgliedern der Spezialeinheit auch Ermittler aus dem Innenministerium und Verhandlungsführer anwesend sowie Beamte des Jugendschutzes, die sich um die verschreckten Kinder kümmern.

Der Einsatz markiert einen Meilenstein beim Aufdecken von radikalen Terrorzellen in Europa. Es war ein perfekt organisierter Einsatz. Die verdächtigen Männer und Frauen werden rasch in Polizeiwagen abgefahren. In 30 Minuten ist die Aktion beendet und die Verdächtigen werden ins Polizeipräsidium zum Verhör gebracht. Ihre Nachbarn haben nur wenig von dem Einsatz mitbekommen. Sie werden von den Beamten informiert, dass nun »alles wieder in Ordnung« sei.

Es ist jetzt 7 Uhr. Der Kommandant der Unité beugt sich erneut über das Mikrofon: »Einsatz beendet, Team zurück zu euren Wagen.« Der Einsatz ist beendet und die Mitglieder der Spezialeinheit gehen zurück zu ihren Einsatzfahrzeugen. Sie sind froh, dass die Operation so gut gelaufen ist.

Die Erpressung eines Schrotthändlers – 2008

Mehr als 45 Jahre lebte der Belgier Albert Seyler nun schon mit Frau und Sohn in Luxemburg. Er war in den späten 1950er-Jahren zusammen mit seinem Vater Michel in einem einfachen Wohnwagen über die Grenze gekommen und hatte mit ihm in der Stadt einen Laden für den »Ankauf und Verkauf von Unfallautos« eröffnet. Schrotthandel nennt man ein solches Geschäft auch. Das Schrottgeschäft hatte sich über die Jahre etabliert. Albert war mittlerweile 70 Jahre und hatte es zu einem kleinen Vermögen gebracht: Er besaß ein schönes Einfamilienhaus mit Garten im Stadtviertel Pfaffenthal in der Nähe des Kirchberg-Plateaus und in seiner Garage standen ein Aston Martin und ein Ferrari, die er jedoch nur für Ausflüge am Wochenende nutzte. Ansonsten lebte seine Familie sehr bescheiden, eher unauffällig. Auf seinen Sohn Antoine war er besonders stolz, denn dieser arbeitete fleißig mit im Unternehmen und war noch dazu mit einer hübschen jungen Adeligen verheiratet. Die Familie fühlte sich in Luxemburg sehr wohl und hatte viele Freunde im Laufe der Jahre gewonnen.

Im September 2008 geschah es. Sie hatten einen arbeitsreichen Tag hinter sich, als Albert und seine Frau Monique wie jeden Abend vom Geschäft nach Hause fuhren. Albert ließ – ganz Gentleman – seine Monique aussteigen, bevor er das Firmenauto in der Garage neben dem Haus parkte. Gemeinsam betraten sie das Haus und Monique ging schnurstracks in die Küche, wo sie den Backofen einschaltete, denn sie wollte noch ein Souffleé zubereiten. Ihr fiel plötzlich auf, dass es zog, Kälte drang aus dem Wohnzimmer herüber. Sie will ihrem Mann gerade sagen, dass er am Morgen das Fenster nicht richtig geschlossen habe, als drei vermummte Gestalten sich ihnen nähern. Lautlos hatten sie sich angeschlichen. Die Täter verlangen von Albert, dass er ihnen den Safe öffnet. Albert gehorcht. Er fürchtet um sein Leben und das seiner Frau. Die Täter stehlen Schmuck und Dokumente aus dem Tresor. Lediglich eine Uhr der Schweizer Marke IWC lassen sie merkwürdigerweise im

Safe liegen. Danach fesseln sie die beiden mit den Kordeln der Vorhänge, schubsen Albert und Monique ins Badezimmer und sperren sie dort ein. Die drei Männer verschwinden durch die Eingangstür. Albert und Monique waren fassungslos. Was soeben passiert war, glich einem Krimi. Nach zwei Stunden hatte Albert sie endlich befreit und rief die Polizei. Die Gendarmen durchsuchten das Haus nach Fingerabdrücken und notierten peinlich genau alle Details des Überfalls: Sie nahmen die eher vage Beschreibung der Täter auf, denn diese waren ja vermummt gewesen und boten so wenig Anhaltspunkte, dann verabschiedeten sie sich wieder. Die Suche nach dem Überfall-Trio verlief in den nächsten Monaten vergeblich.

Anfang Dezember, Albert war mit Monique wieder gerade von der Arbeit nach Hause gekommen, erhielt das Paar einen mysteriösen Anruf. Die Stimme am anderen Ende der Leitung drohte und machte Albert klar: »Du redest zu viel über den Diebstahl.« Das sei nicht gut und Albert solle das lassen, sonst würden er und seine Enkel dafür mit dem Leben bezahlen. Nachdem er aufgelegt hatte, wählte Monique die Nummer der Polizei. Sie übergab Albert den Hörer und sagte: »Du musst ihnen alles im Detail schildern, hörst du, Albert?« Albert gehorchte. Ab diesem Zeitpunkt wurde die Telefonleitung der Familie Seyler von der Polizei abgehört.

Es folgte ein weiterer Anruf, ein paar Tage später, am 10. Dezember, bei dem die Täter von Albert die Summe von 300 000 Euro erpressen. Albert gibt sich geschlagen. Er will das Geld bezahlen, um die Erpresser loszuwerden. Die Polizei schaltet nun die Kollegen der Unité Spéciale de la Police ein. Die Strategen der USP erarbeiten gemeinsam mit der Familie einen Plan, wie man in derartigen Situationen verfährt: Wenn die Täter verlangen, dass Albert das Geld allein übergibt, soll er ihnen erklären, dass er krank sei, ein Herzproblem, er könne deshalb nur sehr langsam gehen und wolle von einem befreundeten Paar begleitet werden. Die Geldübergabe müsse gemeinsam mit den Freunden stattfinden oder gar nicht. Außerdem benötige er das Wochenende, denn seit seiner

Herzoperation verbringe er fast jedes Wochenende in Nizza und absolviere dort spezielle Gesundheitschecks.

Albert war der ideale Verhandlungsführer, er konnte gut reden und überzeugen. Und er hatte überdies gute Ideen, die nicht den leisesten Verdacht aufkommen ließen, dass er in Wirklichkeit von Mitgliedern der Unité Spéciale de la Police gecoacht wurde. Alle Mitglieder der Unité Spéciale de la Police, die mit ihm zu tun hatten, waren von ihm angetan. Er war nicht nur klug und effizient und sprach gerne, vor allen Dingen aber hatte Albert einen sechsten Sinn: Er hatte sich immer schon ähnliche Geschichten ausgedacht wie jene, die die USP ihm dann vortrug. Das war ein seltener Gleichklang zwischen Opfer und Spezialeinheit. Eine letzte Probe stand noch aus, dann kam der Tag X, der 14. Dezember, an dem das Geld außerhalb der Stadt den Erpressern überbracht werden sollte.

Albert ging gleich morgens zur Bankfiliale und hob die 300 000 Euro von seinem Konto ab. Er war in Begleitung der ihm zugeteilten Beamtin der USP, einer gewissen Carla. Carla hatte mit ihm die ganze Zeit diesen Tag und die möglichen Dialoge mit den Erpressern geprobt, Albert war auf diesen Tag gut vorbereitet. Nachdem die beiden die Bank verlassen hatten, meldete sich der Erpresser auf dem Handy von Albert. Er verlangte von ihm, dass er nach Frankreich fahren solle. Doch Albert erwies sich erneut als taktisch kluger Verhandlungsführer und brachte den Erpresser dazu, sich mit ihm auf dem Parkplatz vor einer Tankstelle einige Hundert Meter vor der Grenze zu Frankreich zu treffen. Albert bestätigte den Treffpunkt und erwähnte nebenbei, dass er seit einigen Tagen wieder starke Herzprobleme habe und deshalb von Carla, der besten Freundin der Familie, begleitet werden müsse. Die Erpresser willigten schließlich ein.

Also steigen Carla und Albert in seinen Firmenwagen, der von den Beamten der Spezialeinheit mit Abhörgeräten ausgestattet wurde. Sie fahren los. Verlassen die Stadt Luxemburg und fahren auf die A 3, die auch Diddelenger Autobunn genannt wird. Albert, der den ganzen Tag viel gesprochen hat, wird immer stiller. Sein Gesicht ist plötzlich kreide-bleich. Carla, die ihn nun schon eine ganze Weile kennt und beobachtet hat, bemerkt das und erkundigt sich nach seinem Befinden. Albert hat Angst. Angst, dass er von Mördern verfolgt wird, Angst, dass man seiner Familie etwas antut, und schließlich Angst, dass sein Wagen in die Luft gesprengt wird. Er will umkehren. Carla hat Mühe, ihn davon abzuhalten, und redet ganz ruhig auf ihn ein. Es stimmt, die Aufgabe ist nicht leicht. Die Täter sind unbekannt. Aber das Ziel sei es doch, sie zu fassen. Albert ist unschlüssig, sieht die Argumente aber ein und fährt Richtung Parkplatz vor besagter Tankstelle. Die Kollegen der Spezialeinheit haben vor Ort schon ihre Positionen eingenommen. Sie treten in den verschiedensten Identitäten auf: vom Ehepaar, das für einen Snack den Shop der Tankstelle besucht, bis zum übermüdeten Fernkraftfahrer, der noch schnell ein Red Bull trinkt, während er seinen Lastwagen voll-tankt. Es waren etliche Beamte in Zivil in und um die Tankstelle herum anwesend.

Carla und Albert steigen aus dem Wagen. Albert verzieht den Mund, er ist skeptisch. Wird die Aktion gut gehen? Er hängt sich bei Carla ein. Gemeinsam gehen sie langsamen Schrittes Richtung Tankstelle. Den Sack mit dem Geld haben sie im Wagen gelassen, so, wie es die Er-presser verlangt hatten. Während sie sich auf die Tankstelle zubewegen, beobachten die getarnten Beamten der Spezialeinheit die Gegend und werden rasch fündig. Etwa fünf Minuten, nachdem Carla und Albert das Auto verlassen haben, nähern sich zwei kräftige, ungepflegte Männer in dunklen Lederjacken dem Wagen. Als sie den Sack mit dem Geld aus dem Wagen ziehen wollen, sind sie mit einem Mal von den Mitgliedern der Spezialeinheit umstellt. »Polizei! Auf den Boden!«, schreien diese. Die beiden Männer sind überrascht, gehorchen aber und leisten keinen Widerstand. Die Handschellen klicken und die beiden werden abge-führt. Albert fällt Carla vor Erleichterung um den Hals. Es ist geschafft. Die Erpresser sind überwältigt. Albert und Monique können wieder ru-hig schlafen.

Zwei Jahre später, im September 2010, werden Albert und Monique Seyler erneut von Erpressern bedroht. Die Polizei, die erst Wochen später von der Erpressung erfährt, findet heraus, dass es sich um die Familie der beiden mittlerweile inhaftierten Erpresser handelt. Albert und Monique hatten sich entschieden, das Geld stillschweigend zu bezahlen, ohne die Polizei zu informieren. Dann hatten sie endgültig ihre Ruhe.

5. KAPITEL
UNGARN – Magyarische Machtspiele im Untergrund

Einheit: TEK

Verhaftung der Schwerverbrecher von Miskolc – 2011

Zsolt, László und Márton bereiteten sich bereits seit Langem auf einen großen Raubüberfall vor. Sie hatten jedes Detail geplant: die Anzahl der Waffen und Werkzeuge, die sie benötigten, die Hosen, Jacken und Schuhe, die sie eigens für den Diebstahl tragen würden. Den Wagen, den sie fahren wollten. Die Orte, die sie ausrauben wollten. Lange hatten sie die Örtlichkeiten ausspioniert, hatten sich Pläne der Räume besorgt, in denen sich die Ware befand, die sie interessierte. Heute sollte der Coup stattfinden. Alles war von langer Hand geplant. Es durften keine Fehler passieren, denn sie brauchten das Geld dringend. Mit Ruhe packten sie alles in ihren Geländewagen und machten sich auf den Weg. Bei den Männern handelte es sich um keine Unbekannten. Alle drei waren mehrfach vorbestraft, weil sie immer wieder unerlaubt Schusswaffen bei sich geführt hatten. Auch diesmal hatten sie schwere Waffen dabei.

An der Auchan-Tankstelle in der Soroksári Straße in Budapest mussten sie einen Halt einlegen und ihren Wagen auftanken. Dabei filmte die Sicherheitskamera der Tankstelle das Kennzeichen ihres Wagens. Bei der Übertragung entdeckte der zuständige Sicherheitsbeamte, dass an dem Wagen der drei Männer etwas nicht stimmte. Dieses Kennzeichen erschien ihm nicht plausibel. Es konnte sich nur um eine Fälschung handeln. Er wählte die Nummer seiner Kollegen von der Polizei, damit sie die drei etwas genauer unter die Lupe nahmen. Während die Männer gerade dabei waren, ihren Wagen wieder zu starten, fuhr schon die Polizeistreife an der Tankstelle vor. Die Beamten stiegen aus und gingen zum Wagen der drei: »Kommen Sie bitte aus dem Wagen und zeigen Sie uns Ihre Papiere«, forderten die Polizisten sie mit strenger Miene auf. Ihnen wurden die Papiere gereicht, und die Polizisten leuchteten dann mit einer Handlampe den Männern ins Gesicht. In diesem Augenblick sprangen die drei aus dem Wagen und eröffneten das Feuer, und zwar auf alles, was um sie herum stand oder sich bewegte. Die Polizisten gingen in Deckung. Ebenso alle anderen Personen, die sich gerade in der Nähe befanden. Das Ganze dauerte nur wenige Minuten. Den Schusswechsel nutzten die drei Männer zur Flucht. Mit quietschenden Reifen fuhren sie davon und zurück auf die Soroksari Straße. Dort begann eine wilde Verfolgungsjagd.

Den Männern fiel plötzlich ein, dass ihnen ein grober Fehler unterlaufen war: Sie hatten die Wagenpapiere den Polizisten ausgehändigt, sie aber nicht zurückbekommen. Sie fingen wieder an, wild um sich zu schießen, und entkamen unter lautem Getöse in der Nacht. Die Polizisten blieben zurück und machten sich mit den Wagenpapieren auf den Weg ins Polizeikommissariat. Dort schrieben sie ihren Bericht über den Einsatz und informierten sich mittels des Zentralcomputers über die drei Männer. Was sie über diese flüchtigen Täter herausfanden, bestätigte nur, dass sie schnell handeln mussten. Es kam in Ungarn relativ selten vor, dass auf der Straße skrupellose Verbrecher wild um sich schossen. Das Risiko war zu groß, dass sich diese Situation wiederholte, solange die Männer frei herumliefen. Die Polizisten hatten auch herausgefunden, dass alle drei bereits vorbestraft waren. Einer von ihnen war erst 2009 auf Bewährung aus dem Gefängnis entlassen worden, zu 14 Jahren Haft war er verurteilt gewesen.

Drei Tage nach diesem Vorfall stand einer der drei Männer vor der Polizei und stellte sich den Beamten. Ein erster Erfolg. Doch die zwei anderen Männer blieben für die nächsten Tage wie vom Erdboden verschluckt. Da diese Kriminellen sehr gefährlich erschienen, was sich auch beim Verhör des Mannes zeigte, der sich gestellt hatte, beschlossen die Beamten, die Kollegen von der Spezialeinheit TEK zu Hilfe zu holen. Nach Analyse der Lage und nachdem – unter Mitwirkung der zuständigen lokalen Behörden – entdeckt worden war, wo sich die beiden Männer versteckt hielten, vereinbarte man einen Einsatz in der Nacht des 25. Novembers.

Mit mehreren Einsatzwagen rückten die Mitglieder der Spezialeinheit TEK dann aus und fuhren nach Miskolc, einer Stadt im Nordosten von Budapest. Der Einsatz gestaltete sich insofern schwierig, weil sich die beiden Kriminellen in einer kleinen Wohnung im obersten, dritten Stock eines Wohnhauses in Miskolc verschanzt hatten. Die Wohnung war nicht nur klein, sie war auch finster und sie hatte noch andere Bewohner, die während des Einsatzes auf gar keinen Fall vom Spezialkommando gefährdet werden durften.

Mit Schildern geschützt, begibt sich ein Teil der Mitglieder der Spezialeinheit TEK in den dritten Stock des Wohnhauses und bezieht dort Stellung, während ihre Kollegen zur Rückseite des Gebäudes laufen. Andere Mitglieder der Spezialeinheit beginnen, die Eingangstür aufzubrechen. Das gestaltet sich als schwieriger als vermutet. Mit einer speziellen Fräse wird schließlich ein Loch in die Wand gefräst. Dies erweist sich als der effizientere Weg. Diesmal dauert die Prozedur länger als üblich. Die an der Rückseite des Gebäudes postierten Kollegen entdecken derweil einen der beiden Kriminellen auf der Terrasse. Doch auch er hat die Mitglieder des TEK gesehen und holt seinen Freund auf den Balkon.

»Hier spricht die Polizei. Kommen Sie aus der Wohnung heraus und nehmen Sie die Hände hoch.« Mit einem Megafon macht die Spezialeinheit auf sich und die Situation aufmerksam. Dieser Befehl ist eine klare Ansage, doch die Täter denken nicht im Mindesten daran, sich zu ergeben, sondern eröffnen das Feuer. Widerstand gegen die Staatsgewalt, das kann den Tätern teuer zu stehen kommen. Ein Mitglied der Einsatzgruppe steht bereits von innen vor der Terrassentür und hält die beiden Männer in Schach. Ein Kollege gibt ihm Rückendeckung. Die beiden Kriminellen sollen dazu gebracht werden, sich freiwillig zu ergeben. Doch vergeblich. Mit einer Lampe leuchtet einer der Mitglieder der Einsatzgruppe auf einen der beiden Kriminellen und versucht ihn zu blenden.

Auch die Diensthunde der Spezialeinheit sind diesmal dabei: Ihre Aufgabe ist es, Täter aufzuspüren und zu fassen. Diese Hunde haben weder Angst vor Kriminellen noch vor Waffen, sie sind darauf trainiert, selbst einen bewaffneten Täter anzugreifen.

Weitere Mitglieder des TEK sind nun in die Wohnung eingedrungen. Einer der beiden Männer wird anschließend im Wohnzimmer festgenommen, der andere auf der Terrasse. Sie werden nach Budapest gebracht. In der Wohnung stellt das Spezialkommando TEK etliche Waffen sicher: großkalibrige Feuerwaffen und auch Maschinenpistolen.

Dass die Mitglieder der TEK von Kriminellen mit einer Waffe bedroht werden, gehört zu ihrem täglichen Job. Doch diesmal war die Situation wohl sehr brenzlig. Ein Mitglied der Spezialeinheit wurde von einem der Kriminellen direkt mit einer Waffe bedroht. Angst ist auch den Männern der Spezialeinheit nicht unbekannt: »Ich weiß, wir alle haben irgendwann einmal Angst bei einem Einsatz, wer etwas anderes behauptet, der lügt. Heute konnte ich aber meine Angst überwinden, als der Kriminelle seine Waffe direkt auf meinen Kopf gerichtet hatte«, sagt er zu seinen Kollegen, als sie wieder im Antiterrorzentrum in Budapest sind. Alle im Team verstehen das, sie sind ein eingeschworener Haufen und bei solchen Einsätzen sitzen sie alle in einem Boot.

6. KAPITEL

BELGIEN – Kidnapper unter flämisch-wallonischem Druck

Einheit: Direction des Unités Spéciales
du Commissariat Général (CGSU, früher
DSU)

144 Stunden in der Gewalt der Geiselnehmer – 1989

Der Albtraum für die Bewohner von Tilff, einem romantischen Städtchen in den belgischen Ardennen im Tal der Ourthe gelegen, begann an einem wunderschönen Herbsttag. Es war der 16. September 1989.

Die meisten Bewohner von Tilff arbeiten auf dem Universitätscampus von Sart-Tilman, der zur Universität Lüttich gehört und sich außerhalb des Städtchens auf einem Hügel befindet. Die Menschen genießen die Ruhe und Abgeschiedenheit von Tilff. So auch Guy und Marie-Madeleine Jeuris mit ihren beiden Töchtern Gaëlle, 10, und Françoise, 13. Guy Jeuris ist seit acht Jahren Direktor einer Niederlassung der Belgischen Kommunalkreditbank in Lüttich. Der gelernte Ingenieur interessiert sich sehr für Informatik und Wirtschaft. Die Familie lebt gut in Tilff, hat viele Freunde.

An diesem Samstag, kurz nachdem Marie-Madeleine Jeuris vom Einkaufen zurückgekehrt ist, klingelt es an der Haustür ihrer eleganten Villa an der Avenue des Ardennes Nummer 5. Sie vermutet, es sei ihr Mann. »Keine Gangster hier«, ruft sie fröhlich und weiß in dem Moment nicht, wie sehr sie irrt. Zwei junge Männer mit Faustfeuerwaffen in den Händen haben schnell den Fuß in der Tür und verschaffen sich so Zugang zum Haus. Es sind Edward Dolecki und Tony Wagemans. Ihr Komplize, der in Frankreich via Fahndung gesuchte 28-jährige Philippe Delaire, wird erst später hinzustoßen. Er befindet sich, mit geschminktem Gesicht und falscher Nase, zu diesem Zeitpunkt noch mit Guy Jeuris in der Bankfiliale. Guy Jeuris erklärt ihm gerade, dass er den Banksafe nicht öffnen könne, ohne dass ein Alarm bei der Polizei ausgelöst würde, weil er zwei Schlüssel dazu benötige: Den einen hat er als Direktor der Bankfiliale, den anderen Schlüssel ein Kollege von ihm. Er müsse schon bis Montag warten, erklärt er dem überrumpelten Philippe Delaire.

Delaire hatte zusammen mit seinen beiden Komplizen Guy Jeuris seit drei Wochen beobachtet. Ihnen war aufgefallen, dass Jeuris immer sehr nervös in seinem Wagen saß, und daraus gefolgert, dass er gestresst und verletzlich sei. Doch das Gegenteil ist der Fall, Guy Jeuris ist ein sehr beherrschter, cleverer Mann, ein Techniker. Er schlägt Philippe Delaire und seinen Komplizen vor, das Wochenende bei der Familie zu bleiben, am Montag würde er ihnen dann Zugang zum Safe verschaffen. Gemeinsam wird ein Plan geschmiedet: Er würde zunächst einen der Männer, der selbstverständlich mit Brille und Bart verkleidet sein müsste, um vorzutäuschen, dass es sich dabei um einen Kollegen von Guy Jeuris handelte, die Bank betreten lassen. Dann erst würden die beiden anderen folgen. Selbstverständlich wären die drei mit Waffen, Granaten, Maschinenpistolen, Sprengstoff und Minen bewaffnet. Der Plan sah vor, zunächst die Kollegen von Guy Jeuris in die Bank hineinzulassen und dann auch einige Kunden, um schließlich den Alarm auszulösen. Auch ein Schild, auf dem »Geschlossen wegen Renovierungsarbeiten« steht, wird vorbereitet. Denn so würde niemandem das Detonieren des Sprengstoffes auffallen, wenn sie den Safe sprengten. Delaire ist begeistert von Guy und holt sogar die Schokoladencroissants vom Bäcker fürs Frühstück. Die Familie

Jeuris und die Geiselnehmer haben am Sonntag offensichtlich viel Spaß miteinander. So viel, dass Philippe Delaire sogar ermahnen muss: »Hier gibt es nichts zu lachen, dies ist ein Überfall.« Die Geiselnehmer und die Familie lachen wieder. Doch für Guy ist die gute Stimmung nur Tarnung. Er will die Einbrecher mit seinem Charme ködern.

Die Eindringlinge fühlen sich derart wohl im Haus der Familie Jeuris, dass sie das Ehepaar am Sonntag sogar zeitweise unter sich lassen. Guy Jeuris nutzt die Gelegenheit und setzt sich aufs Fensterbrett im ersten Stock. Er wartet den Lärm des vorbeifahrenden Zuges ab und springt im selben Augenblick in die Freiheit. Mit einer gebrochenen Ferse humpelt er hinüber zu seinen Nachbarn, gemeinsam verständigen sie die Polizei, bevor Guy ins Spital eingeliefert und dort behandelt wird. Er hat der Polizei noch eine genaue Täterbeschreibung von Philippe Delaire gegeben und die Situation, wie sie sich zu Hause darstellt, auf Papier skizziert.

Die drei Verbrecher entdecken erst, dass Guy fort ist, als sie die herannahenden Polizeiwagen bemerken. Die Straße wird abgeriegelt, die Villa umstellt. Die Spezialeinheit Direction des Unités Spéciales (DSU, heute CGSU) kommt hinzu. Der Plan der Verbrecher fällt somit ins Wasser. Sie müssen umdisponieren und verschanzen sich mit Marie-Madeleine und ihren beiden Töchtern im oberen Stockwerk der Villa. Marie-Madeleine muss mit ihren Töchtern in einem Wandschrank auf nur wenigen Quadratmetern fünf Tage lang hausen. Wenig Raum, um zu dritt den Schrecken, den die drei Männer verbreiten, zu verarbeiten.

Während dieser Zeit werden die Verbrecher immer dreister: Sie fordern einen Hubschrauber und ein Flugzeug für ihre Flucht. Zunächst führt der Bürgermeister von Tilff, Doktor Bossuroy, mit ihnen die Gespräche, dann übergibt er an den Verhandlungsführer, Kommissar Jacques Leonard. Verhandelt wird – wie zur damaligen Zeit üblich – via Megafon und Walkie-Talkie. Die Neuigkeit über die Geiselnahme der Familie Jeuris trifft das Städtchen Tilff wie eine Bombe und wird Spuren hinterlassen. Zunächst scheinen die Uhren stillzustehen. Nachbarn der Familie Jeuris bieten sich als Geiseln an, um die Töchter Gaëlle und Françoise abzulösen. Die örtliche Schule wird sogar aus Solidarität geschlossen. Die Geiselnehmer aber verweigern plötzlich die Verhandlungsgespräche. Die Situation scheint sich zuzuspitzen.

Eine unnatürliche Stille herrscht über den wunderschönen Gärten von Tilff. Diese Stille hält bis zum Mittwochmorgen an. Dann beginnen erneut Verhandlungen mit den drei Kriminellen. Die Direktionen der Belgischen Kommunalkreditbank und der Belgischen Nationalbank geben grünes Licht für einen sehr hohen Betrag, den Jacques Leonard mit den Geiselnehmern vereinbart hat: Es handelt sich um 30 Millionen Belgische Francs (743 680 Euro). Im Gegenzug will der Verhandlungsführer die beiden Mädchen haben. Es ist kein einfaches Gespräch. Zwischendurch wird auch Philippe Delaires Vater in den Medien seinen Sohn zur Vernunft aufrufen: »Philippe, ich flehe dich an. Hier spricht dein Vater, und ich bitte dich: Hör auf. Lass die Geiseln frei. Ergib dich. Das wird das Beste sein. Es wird gut sein, fantastisch. Ich flehe dich an, Philippe.«

Am Donnerstag wird alles noch schlimmer. Philippe Delaire erklärt dem Verhandlungsführer, dass Marie-Madeleine einen Selbstmordversuch mit Tabletten unternommen habe und im Koma liege. Am Nachmittag sagt er jedoch, dass sie sich wieder erholt habe. Ein einziger Bluff, erklärt Jacques Leonard seinem Team. Etwas später wird eine neue Vereinbarung mit den Geiselnehmern getroffen. Vor den Medien verkündet der stellvertretende Staatsanwalt Pierre Romeyn an diesem Abend, dass Philippe Delaire sich mit folgenden zwei Punkten einverstanden erklärt hat: Erstens werden die beiden Kinder gegen die Aushändigung von 30 Millionen Belgischen Francs in zwei Etappen freigelassen. Zweitens bekommen die Geiselnehmer nach dem Austausch freies Geleit in einem für sie vorgesehenen Wagen. Der Deal sei für den nächsten Tag, für Freitag, anberaumt.

Am folgenden Tag werden die beiden Mädchen tatsächlich freigelassen, im Gegenzug wird das Geld jedes Mal von Verhandlungsführer Jacques Leonard übergeben, der auch die beiden Mädchen in Empfang nimmt und zu den Rettungswagen geleitet. Alle Straßen in Tilffs werden von den Beamten der Polizei abgesperrt.

Um 20 Uhr ist es schließlich so weit: Ein schwarzer Mercedes 230 flitzt durch die Straßen von Tilffs in Richtung Lüttich. Darin befindet sich Marie-Madeleine Jeuris, gefesselt an ihren Peiniger, Philippe Delaire, auf dem Rücksitz. Zwischen ihnen liegt eine Granate. Auf den Vordersitzen die beiden Komplizen von Delaire mit roten Kapuzenmänteln bekleidet. Fünf Fahrzeuge der Spezialeinheit haben die Verfolgung des schwarzen Mercedes aufgenommen. Kurz vor Erreichen des Pontbarrage de Monsin wird Marie-Madeleine Jeuris freigelassen. Auch die dritte Geisel ist gesund. Mission vollendet, heißt es für die Mitglieder der Spezialeinheit, deren oberstes Ziel die Befreiung der Geiseln war. Doch nun soll es noch zum Showdown kommen. Am Nachmittag hatten nämlich Polizisten zwei Komplizen der Verbrecher gefasst und von ihnen deren Identität erfahren. Die Polizei erfuhr aber auch mögliche Verstecke in Lüttich. Am Freitagabend, während die Spezialeinheit die Verbrecher noch verfolgt, haben sich bereits ihre Kollegen um den Eingang des Hauptverstecks positioniert. Die Geiselnehmer wechseln zweimal das Fahrzeug in dieser Nacht und verstecken sich anschließend in einem Wohnturm, dem »Match«, im Lütticher Bezirk Droixhe. Dort besitzen sie eine Wohnung im fünften Stock. Gegen 22.30 Uhr kommen die drei Verbrecher Edward Dolecki, Tony Wagemans und Philippe Delaire dort an. Als sie von den Mitgliedern der Spezialeinheit überrascht werden, eröffnen sie das Feuer. Und sie flüchten, immer vier Stufen nehmend, über das Treppenhaus Richtung Dach. Den Sack mit dem Geld haben sie dabei, aber auch ein enormes Arsenal an Waffen, darunter eine 9-Millimeter-Faustfeuerwaffe, eine Smith & Wesson, eine Maschinenpistole, zwei Granaten, acht Dynamitstangen, genügend Munition und Werkzeug.

Während sich vor dem Gebäude Medien in Stellung bringen und sich immer mehr Schaulustige versammeln, geht die Verfolgungsjagd im Treppenhaus des Wohnturmes weiter. Im achten Stock stolpern die Mitglieder der Spezialeinheit über einen Mann, dessen Kopf regelrecht explodiert ist. Es handelt sich um Philippe Delaire. Offensichtlich hat er sich selbst hingerichtet mit einem Schuss durch den Hals, die Kugel ist aus dem Schädel ausgetreten.

Im 24. Stockwerk kommt es erneut zu einem Schusswechsel. Ein Schütze schießt zwölfmal auf die beiden Verbrecher, Tony Wagemans wird zweimal getroffen: einmal in den Unterleib und einmal in die Wirbelsäule. Sein Blut verteilt sich überall. Auf dem Dach angekommen, werfen die beiden Verbrecher Geld hinunter zu den Menschen, die sich nicht schämen, es aufzuheben.

»Zeigt euch auf dem Dach. Seid realistisch. Es ist aus. Zeigt uns, dass Ihr aufgebt«, ertönt es von unten aus dem Megafon. Wieder spricht Verhandlungsführer Jacques Leonard zu den beiden Männern. Doch nur mehr Edward Dolecki kann den Beamten der Polizei ein Zeichen geben, Wagemans liegt nunmehr am Boden. Es ist 1 Uhr morgens und der ganze Spuk hat ein Ende. »Legt eure Waffen nieder und legt euch auf den Boden«, haben die Mitglieder der Spezialeinheit ihnen zugerufen. Dann haben sie Wagemans und Dolecki festgenommen und mit einer Augenbinde und einer Kapuze über dem Kopf abtransportiert.

Auch die Leiche von Philippe Delaire wird abtransportiert. Hunderte Lütticher haben an diesem Abend versucht, das nummerierte Geld, einen Teil der 30 Millionen Belgischen Francs, an sich zu reißen. Das ging wirklich in die Geschichte ein.

Farid, der Verrückte – Geiselnehmer der eigenen Familie – 2005

Gelegentlich werden die Mitglieder der Spezialeinheiten auf eine harte Probe gestellt: insbesondere dann, wenn die Täter gegen ihre eigenen Familien vorgehen. Dies betraf auch den Fall des Franco-Algeriers Farid Bamouhammad, den die Journalisten in Belgien abfällig »Farid, der Verrückte« nennen. Dieser Mann hat eine einschlägige Vergangenheit:

Vor jedem Einsatz wird die Waffentasche neu eingeräumt und die Waffen werden überprüft: Victorinox-Messer, Steyr Mannlicher-Gewehr, ausreichend Munition.

Aufmerksames Zuhören: jedes Teammitglied hat seine Funktion zu erfüllen und alle Kollegen beim Einsatz zu schützen.

Lagebesprechung in Wien: das Team des Einsatzkommandos Cobra macht sich bereit für einen Angriff an der Donau.

© GOE

Ein Präzisionsschütze der portugiesischen Spezialeinheit GOE sondiert die Lage im Wohnhaus vis-à-vis.

© GSG 9

© GIS

Einsatz am Firmengelände: Die Präzisions-schützen der GSG 9 sind bereits in Stellung auf dem Dach einer Fabrikhalle in Bonn.

Die Männer der italienischen Spezialein-heit GIS stürmen eine Fabrikhalle in der Nähe von Turin.

Breacher der NOCS am Werk: Über die Fenster, den Balkon und die Türen dringen Spezialeinheiten in Häuser ein, meist verwenden sie Explosive.

Das Team des RAID beim Besteigen des französischen Hochgeschwindigkeitszuges TGV am Bahnhof von Calais.

Tapfere Hunde beim Einsatz der NOCS

Präzise wird der Täter von der russischen Einheit SOBR in Schach gehalten.

Das Team der SCO 19 besteigt eine Maschine der British Airways.

Einsatzteams müssen durch jedes Gitter durch, um gefährliche Täter zu fassen.

Mit Hubschrauber und Schnellboot macht sich die belgische Spezialeinheit CGSU bei Ostende an der Nordsee auf den Weg.

Starker Einsatz der CGSU in der Nordsee: mit über 100 Mann werden Täter, die ein Schiff gekapert haben, gestellt.

Taucher der Antiterroreinheit ARAS klettern an einem Schiff hoch: oben warten gefährliche Diebe.

Taktische Einsatzschilde schützen das Team der russischen Anti-Terroreinheit SOBR bei einem Einsatz in einer Garage in Moskau.

Kidnapper haben sich mit ihrem Opfer in der Umgebung von Dúbravka in einem Abbruchhaus versteckt: das Team der Lynx spürt sie auf.

Hier werden Blendgranaten in Richtung des Täters geworfen und auf ihn gezielt: er hat kurz davor bei seiner Flucht ein Mitglied der TEK-Einheit angeschossen.

Von der Luft aus werden die Täter oftmals leichter aufgespürt als zu Land. Von oben haben die Mitglieder des EKO Cobra die Täter besser im Visier.

Es ist bereits Mitternacht und die Täter sind gefasst und warten auf ihren Abtransport: die holländische Spezialeinheit DSI bei der Arbeit in Amsterdam.

Autorin Judith Grohmann bei der Recherche mit Mitgliedern des Einsatzkommandos Cobra. Direkt nach dem Interview musste das Team zu einem Einsatz.

Aggressionen gegen andere aufgrund seines cholerischen Temperaments, Diebstahl und Mord reihen sich bei ihm aneinander und durchziehen sein Leben wie ein roter Faden.

Im Jahr 2005 beantragt Farid Bamouhammad seine vorzeitige Haftentlassung aus dem Gefängnis von Arlon im Südwesten Belgiens. Er ist nicht nur ein gefährlicher Gauner, er ist auch Vater. Er kämpft um das Besuchsrecht für sein einziges Kind, obwohl er gerade wieder eine Haftstrafe absitzen muss. Diesmal hat er sogar einen kleinen Erfolg. Es wird zwar keine Haftentlassung, aber man genehmigt ihm einen Freigang am 17. August, und er will diesen nutzen, um seine Tochter Farrah zu treffen. Es ist kurz vor Mittag, als er von seiner Mutter Zohra Tennisschuhe abholt, die er seiner Tochter mitbringen will. Gegen 14 Uhr marschiert er dann zum vereinbarten Treffpunkt ins Stadtzentrum nach Saint-Gilles. Das Mädchen empfängt ihn jedoch mit Vorwürfen, es ist sehr zornig auf den Vater, beschimpft ihn als Dummkopf und sagt ihm, dass sie ihn nicht mehr liebe. Die Tennisschuhe wirft sie ihm an den Kopf. So verhält sich kein neunjähriges Kind, wohl eher eine düpierte Freundin. Farid weiß, dass Farrah von seinen Schwiegereltern gegen ihn aufgehetzt wird. Er ist verzweifelt, denn sein Augenstern Farrah meint es bitterernst. Er trinkt ein paar Gläser Wein und kehrt anschließend zu seiner Mutter zurück. Dort bleibt er aber nur kurz. Als er Zohra verlässt, ruft er ihr noch zu, dass er am liebsten sterben wolle. Er geht in Richtung des Café Albertine in die Rue de la Madeleine Nummer 53. Dieses Café wird vom neuen Mann seiner Exfrau geführt. Farid betrinkt sich dort mit Wein und randaliert. Zwischendurch führt er ein paar Telefonate per Handy mit seiner Mutter. Sie bittet ihn, das Café zu verlassen und zu ihr zurückzukehren, damit der Abend friedlich verlaufe. Doch vergeblich.

Es ist nach 18 Uhr als die Polizei alarmiert wird. Gegen 18.30 Uhr betreten zwei Polizistinnen das Café Albertine. Farid Bamouhammad ist in den ersten Stock, in die Wohnung seiner Exschwiegermutter Sylvia, hinaufgegangen. Dort wohnen auch seine Schwägerin Chrystelle, seine Tochter Farrah und deren kleiner Bruder, der aus der neuen Beziehung von Farids Exfrau stammt. Als sich die beiden Polizistinnen der Wohnung im ersten Stock nähern, zieht Farid plötzlich eine Waffe und zielt geradewegs auf die beiden Frauen. Eine Polizistin wird von einer Kugel getroffen.

Farid Bamouhammad ist außer sich vor Zorn. Seine Familie ist zerbrochen, und das treibt ihn in den Wahnsinn. Waffen sind für ihn wie Spielzeuge. Die Geiselnahme beginnt. Er verschanzt sich in der Wohnung mit seinen vier Geiseln. Er hat zwei Pistolen und eine Handgranate bei sich. Keiner weiß, woher er die Waffen hat. Ein Fall für die belgische Spezialeinheit DSU, die mit Einsatzfahrzeugen und mehreren Männern ausrückt. Die Straßen um das Viertel der Grande Place werden abgesperrt, das Café Albertine wird von der belgischen Polizei und der DSU evakuiert und dann besetzt. Der Verhandlungsführer sitzt mit seinen Kollegen in einem Kastenwagen vor dem Café und beginnt, mit Farid Bamouhammad zu telefonieren. Er erfährt, dass dieser eine jugoslawische Handgranate mit 50 Gramm Sprengstoff bei sich trägt und außerdem eine Schreckschuss- und eine 6,35-Kaliber-Pistole. Der Verhandlungsführer diskutiert mit Farid über seine Beweggründe. Er schärft ihm ein, dass er seiner Tochter nichts antun soll, sie sei doch noch ein Kind, »ein sehr irritiertes Kind, das sich über das Leben seines Vaters Gedanken mache«. Besser sei es, die beiden Kinder freizulassen, meint der Verhandlungsführer. Er macht Vorschläge, übt jedoch keine Kritik am Geiselnehmer und lässt auch ihn ausreichend zu Wort kommen. Denn er weiß in diesem Augenblick, dass jeder Überrumplungsversuch fatal wäre. Auch das Verhandlungsteam weiß, dass Farid Bamouhammad eine tickende Zeitbombe ist. Er kann sehr rasch wütend werden und neigt dann zu Kurzschlusshandlungen. Dass er einen Menschen aus Eifersucht und reiner Wut töten kann, hat er schon einmal bewiesen. Präzisionsschützen beziehen daher gegen 21 Uhr Position in den Fenstern des gegenüberliegenden Hotels Le Méridien und auf der Seite des Palais des Congrès. Elitepolizisten postieren sich Ecke Rue de la Madeleine und Rue Duquesnoy. Die DSU rechnet bei Farid Bamouhammad mit allem. Fotos von einem erzürnten Farid und seiner Familie, die er als Geisel genommen hat und die mit schmerzverzerrten, ängstlichen Gesichtern am Fenster stehen, gehen in den nächsten Tagen um die Welt. Die Medien halten jedes Detail fest.

Ein erster Erfolg für die Mitglieder der Spezialeinheit und deren Verhandlungsteam kündigt sich gegen 22 Uhr an: Die beiden Kinder, Farrah und ihr kleiner Bruder, werden freigelassen. Sie werden von der Polizei ins nahe gelegene Hotel Windsor gebracht, wo sich mittlerweile ein Rettungsteam und Notärzte aufhalten. Die Kinder werden untersucht. Es geht ihnen gut.

Farid Bamouhammad ist immer noch wütend, doch er ist auch müde und muss jetzt schlafen. So vergeht die Nacht. Gegen 8 Uhr morgens meldet er sich wieder beim DSU-Team. Sein cholerisches Temperament geht wieder mit ihm durch. Er steht am Fenster und hält eine Handgranate hoch. Er schreit und beschimpft die Polizei, die auf der Straße steht und das Spektakel beobachtet. Zwei Stunden später kommen auch Sylvia und Chrystelle ans Fenster. Sie sind noch am Leben, sehen aber sehr verzweifelt aus.

Das Verhandlungsteam berät sich immer wieder. Während der Verhandlungsführer mit Farid am Telefon spricht, hört sein Stellvertreter das Gespräch mit und analysiert gleichzeitig die Antworten Farids. Die beiden Verhandlungsführer arbeiten immer gemeinsam. Denn die Situation muss ständig neu beurteilt werden. Manchmal gibt der Stellvertreter spezielle Fragen an den Verhandlungsführer weiter, der diese dann dem Geiselnehmer stellt, ohne ihm Zeit zu lassen, sich die Antworten überlegen zu können. Spontaneität heißt das Zauberwort. Beide Verhandlungsführer haben ihr Metier gelernt, und zwar bei den Besten der Besten: beim FBI. Mittlerweile vergeht auch der Donnerstag. Der Geiselnehmer ist gegen 19.40 Uhr wieder am Fenster zu sehen. Er hält eine Pistole in der Hand und schreit wirres Zeug. Dann schießt er plötzlich in die Luft. Schließlich ist es wieder still in der Wohnung in der Rue de la Madeleine Nummer 53. Während eines Telefonats mit dem Verhandlungsführer verlangt Farid Bamouhammad Essen und Getränke für sich und seine Geiseln. »Sicher, Farid. Wir schicken dir gleich etwas hinauf.« Der Verhandlungsführer lächelt seinen Kollegen zu. Er hat gerade eine Idee, wie das Team der DSU Farid fassen könnte, ohne von den Waffen Gebrauch zu machen. Eine halbe Stunde später sind die beiden Verhandlungsführer auf dem Weg zur Wohnung, wo Farid und die Geiseln auf die Verpflegung warten. In einem Korb tragen sie Sandwiches, Getränke und eine große Kaffeekanne.

Es ist kurz nach 3.30 Uhr in der Nacht, als 20 schwarz gekleidete Mitglieder der Spezialeinheit DSU das Treppenhaus des Hauses betreten. Leisen Schrittes bewegen sie sich in den ersten Stock hinauf. Davor hatten der Verhandlungsführer und sein Team den Einsatz genau bedacht und berechnet. Die Männer in den schwarzen Uniformen und mit den Maschinenpistolen sind derart leise, dass man von ihnen nicht einen Mucks im ganzen Haus hört. Den Zweitschlüssel für die Wohnung im ersten Stock, in der sich die Tragödie abspielt, haben sie vom Besitzer des Apartments erhalten. Mit einem schnellen Griff haben sie die Tür aufgeschlossen und betreten die Wohnung. Von draußen dringen nun ihre Kollegen über ihre Einsatz-Teleskopleitern durch die Fenster in die Wohnung.

Farid Bamouhammad hat keine Chance zu flüchten, er bemerkt die »Eindringlinge« viel zu spät, er wurde im Schlaf überrascht. Auch die beiden Geiseln schlafen noch. Das Mittel hatte seine Wirkung nicht verfehlt, freut sich der Verhandlungsführer. In die Getränke hatte er ein Schlafmittel gegeben, um den Geiselnehmer kampfunfähig zu machen, außerdem war in der Kaffeekanne ein Mikrofon montiert. Bei Farid tritt nun das typische Symptom auf, das man meist nach Gebrauch von Mitteln dieser Art beobachten kann, die nur sehr langsam abgebaut werden: Es treten Müdigkeit und Abgeschlagenheit auf, im Fachjargon Hangover genannt. Das war die Chance für die Mitglieder der Spezialeinheit, Farid zu fassen, ohne von der Waffe Gebrauch zu machen. »Farid Bamouhammad, wir verhaften Sie wegen Freiheitsberaubung von vier

Menschen. Nehmen Sie die Hände hoch und folgen Sie uns. Es ist aus«, schreit ihn das Mitglied der Spezialeinheit an. Farid Bamouhammad ist müde und ergibt sich kommentarlos. Zwei Mitglieder der DSU drehen dem Geiselnehmer die Arme auf den Rücken und führen ihn ab.

Auf der Straße wartet eine Ambulanz auf die beiden Geiseln. Alles geht sehr schnell. Als die Mitglieder der Spezialeinheit DSU mit Farid Bamouhammad, der jetzt Handschellen und eine Augenbinde trägt, unten ankommen, ist einer der DSU-Leute bereits am Funken. »War's das?«, fragt er den Kommandanten. »Okay Jungs, Ihr könnt abziehen. Back to the Headquarter, please«, lautet der vertraute Befehl.

Farid Bamouhammad wird im April 2008 von einem belgischen Gericht zu einer 21-jährigen Gefängnisstrafe verurteilt. Während seiner Zeit in belgischen Gefängnissen hat er – aufgrund seines cholerischen Temperaments – bisher 34-mal die Justizanstalt gewechselt.

7. KAPITEL

ISRAEL – Zoff in der Stadt an der Grenze

Einheit: Jamam

Zerstörung des Terrornetzwerks von Tayyibe – 2000

Die israelische Spezialeinheit Jamam muss jährlich an die 900 Einsätze absolvieren, viele davon in den unterschiedlichsten Gebieten Israels, oftmals finden mehrere Einsätze am gleichen Tag zur selben Zeit statt. Taktisches und strategisches Gespür ist bei derartigen Interventionen vom Kommandanten und seinen Leuten gefordert, ebenso viel Kraft und Ausdauer. Der Zusammenarbeit mit den verschiedensten Geheimdiensten des Landes (Mossad, Aman, Shabak) kommt dabei eine besondere Bedeutung zu: Viele Informationen über Terrorzellen landen zunächst dort, werden gefiltert, auf ihren Wahrheitsgehalt analysiert und aufbereitet, um dann an die Kollegen der Spezialeinheit weitergeleitet zu werden. So auch in diesem Fall.

Der März des Jahres 2000 war ruhig – es gab keine besonderen Vorkommnisse zwischen Israelis und Palästinensern. Es war zu jener Zeit, als Bill Clinton sich persönlich für einen Neuanfang im Nahen Osten starkmachte und in Genf den syrischen Präsidenten Hafis al-Assad treffen wollte. Clinton versuchte, den Weg für ernsthafte Verhandlungen zwischen Israel und Syrien zu ebnen. Am Tag nachdem Clinton die Welt über seine Reisepläne nach Genf informiert hatte, es war der 20. März, läutete gegen 0.30 Uhr in der Nacht das Telefon im Wohnhaus des Kommandanten der Jamam. Am anderen Ende der Leitung war sein Einsatzleiter. Er informierte seinen Chef darüber, dass der Geheimdienst Shabak, der verantwortlich für die innere Sicherheit Israels und die Spionageabwehr zeichnet, offensichtlich Informationen darüber besaß, dass eine Gruppe Palästinenser den Gazastreifen vor drei Tagen verlassen habe, um weiter ins Land vorzudringen. Man sei sich nicht sicher, ob es sich dabei um illegale Arbeiter handele, die kriminelle Plattformen nuzten. Die Informationen stammten von einer jungen Soldatin, die in der Gegend um Tayyibe ihre Beobachtungen gemacht hatte. Tayyibe ist eine arabische Stadt im Zentrum von Israel, die sich in einem kleinen Dreieck aus israelisch-arabischen Städten befindet.

Der Kommandant war derartige Telefonanrufe gewohnt: Er bekommt sie etwa fünfmal am Tag. Also verließ er sein Haus und fuhr in die Einsatzzentrale. Dort erwarteten ihn bereits der Polizeidirektor und der Rest seiner Mannschaft. Um 1.30 Uhr fand eine Besprechung statt, an deren Ende sie feststellen mussten, dass die Möglichkeit nicht ausgeschlossen werden konnte, dass die Hamas Selbstmordtrupps in fünf verschiedene Richtungen innerhalb des Landes ausgeschickt haben könnte. Die Hamas ist eine sunnitisch-islamistische Palästinenserorganisation, die den Staat Israel mit terroristischen Mitteln zu beseitigen versucht.

Nun beschloss der Kommandant, zunächst einen Immobilienmakler in Tayyibe zu kontaktieren, um über ihn zu erfahren, ob es dort ein größeres leer stehendes Haus gebe, das von der Gruppe vorübergehend angemietet worden sein könnte. Das Haus war rasch gefunden, und so wurden ganze Straßenzüge in einem Umkreis von 150 Metern abgesperrt sowie Häuser evakuiert, um die Bevölkerung durch etwaige Schusswechsel oder Bombenexplosionen nicht zu gefährden. Man musste mit allem rechnen. Zentral war, die Bande in ihrer Tätigkeit zu blockieren, und zwar mit allen zur Verfügung stehenden Mitteln.

Immer mehr Informationen dringen nun an die Einsatzleitung und den Kommandanten der Jamam: Die Anzeichen dafür verdichten sich, dass die Gruppe im Haus, bestehend aus fünf Männern, einen terroristischen Hintergrund hat. Also nimmt der Einsatzleiter das Megafon in die Hand und schreit in Richtung Haus: »Hier ist die Polizei. Wir haben Ihr Haus umstellt. Kommen Sie mit erhobenen Händen vor die Tür.« Er wiederholt diese Sätze mehrmals. Nach 15 Minuten verlässt ein Mann das Haus und wird von den Mitgliedern der Spezialeinheit zum Verhör geführt. Dort erklärt der Mann, dass er zwar ein illegaler Einwanderer, aber kein Terrorist sei. Der Kommandant gibt seinen Leuten daraufhin den Befehl, besonders achtsam zu sein, da sich im Haus offensichtlich sowohl illegale Einwanderer wie auch Terroristen befinden. Es sollten keine unschuldigen Menschen zu Schaden kommen.

Nun verlässt ein weiterer Mann das Haus, er trägt eine Tasche und rennt los. Ab jetzt weiß jeder im Team, dass die Geschichte heiß ist. Die Straßensperren werden verstärkt, die gesamte Stadt ist mittlerweile unter Alarmbereitschaft. Die Einsatzleitung beschließt, einen ihrer Einsatzhunde zum Haus zu schicken, er soll erschnüffeln, ob es dort Sprengstoff gibt, und eventuell Komplizen fassen. Doch wenige Sekunden nachdem der Hund die Eingangstür erreicht hat, explodiert diese. »Das ist eine unglaublich heikle Situation. Wir müssen uns etwas Besseres einfallen lassen, um diese Leute da herauszukriegen, ohne dass ein weiterer Hund oder einer aus unserem Team zu Schaden kommt«, stellt der Kommandant fest.

Nach weiteren Überlegungen beschließt der Kommandant, mehrere IDF-Caterpillar-D9-Bulldozer anzufordern. Er will, dass das Haus komplett demoliert wird. Nur so kann er sichergehen, dass er das Leben seiner Mitarbeiter nicht aufs Spiel setzt. Während die Spezialeinheit auf die Einsatzgeräte wartet, muss sie die Menschenmenge zurückdrängen, die sich – mittlerweile ist es Tag – vor dem Einsatzort neugierig versammelt hat. Die Schaulustigen sind kaum zu bändigen, sie wollen fotografieren und fragen die Polizisten, was los sei. Auch Journalisten haben sich eingefunden, denn wo die Jamam operiert, da ist mit Sicherheit eine lohnende Story drin. Alle warten gespannt, was auf der Straße geschehen wird.

Aus der Einsatzzentrale kommt schließlich die Information, dass sich an fünf anderen Plätzen in Israel weitere Mitglieder dieser terroristischen Vereinigung versteckt halten und auf Selbstmordattentate vorbereiten. Der Kommandant muss nun rasch handeln, um ein Unglück zu verhindern. Er beschließt, Mitglieder seiner Einheit an die fünf Orte, die man ihm mitgeteilt hat, zu entsenden. Das wird einer der größten Einsätze gegen Selbstmordattentäter in Israel werden, das ahnt er schon.

Das Innenministerium informiert ihn, dass sich in der Stadt Shefar'am, die sich im Norden Israels und östlich von Haifa befindet, der Kommandant der Selbstmordattentäter versteckt halten könnte. Mit Hubschraubern und mit der Unterstützung von Kollegen der Marine werden die fünf verdächtigen Stellen in Israel von der Spezialeinheit Jamam besetzt und die Täter ausspioniert. Wieder werden rund um alle Gebäude ganze Straßenzüge abgesperrt und die Bewohner der Wohnhäuser evakuiert.

Die Bulldozer für den Einsatz in Tayyibe werden gegen Mittag angeliefert. Das Team freut sich, dass es nach der langen Wartezeit endlich weitergeht. Die Einsätze an den verschiedenen Orten in Israel dauern unterschiedlich lange. Während die Bulldozer an der Zerstörung des Hauses in Tayyibe arbeiten, sind in den anderen Wohnhäusern Präzisionsschützen in Position gegangen und das jeweilige Einsatzteam hat das Wohnhaus umstellt. Helikopter kreisen und beobachten von oben etwaige Veränderungen an den und rund um die Einsatzorte.

Die Zerstörung eines Hauses dauert manchmal, das hängt von der Größe des Hauses ab und von dessen Beschaffenheit. Gemeinsam mit dem Einsatzteam wartet die Bevölkerung ab, was oder wer sich hinter den Mauern zeigen wird. Manche helfen auf ihre eigene Art, indem sie auf einen möglichen Attentäter Steine werfen.

In Tayyibe ist die Aktion um 18 Uhr beendet und es werden noch zwei Leute festgenommen, die zum Kreis der Terrorverdächtigen zählen.

An den anderen Orten wird teilweise bis in die frühen Morgenstunden an der Festnahme der Mitglieder der Terrorgruppe gearbeitet. Dort ist gegen 4 Uhr früh die Mission fürs Erste beendet. Insgesamt wurden fünf Selbstmordattentäter gefasst, vier Mitglieder der Hamas werden getötet. Der Kopf der Gruppe hatte sich in einem Haus der Hamas in Shefar'am versteckt und wird ebenfalls gefasst und sofort ins Verhör genommen. Die Hamas hat eine ganz besondere Taktik, sie versucht meist, Verhandlungen zu unterbrechen und die Gesprächspartner vor vollendete Tatsachen zu stellen. Das ist natürlich nicht die feine englische Art, aber eine Strategie, die immer aufgeht.

Die terroristische Zelle wurde gefasst, doch damit ist der Einsatz noch nicht beendet. Denn in den folgenden zwei Tagen ist das Team der Spezialeinheit Jamam damit beschäftigt, weitere Verstecke von terroristischen Zellen, die ebenfalls zu dieser Gruppe von Selbstmordattentätern gehören, mithilfe der Kollegen aus dem Innenministerium ausfindig zu machen und die betreffenden Leute festzunehmen. Die Jamam hat Glück: Bei all diesen Einsätzen in den Folgetagen werden noch eine ganze Reihe weiterer Kommandanten der Terrorzelle ausfindig gemacht und zum Verhör abgeführt. Die Mitglieder der Jamam atmen auf, denn hier ist ihnen ein wichtiger Coup gegen eines der teuflischsten Netzwerke aus Selbstmordattentätern gelungen.

8. KAPITEL
FRANKREICH – Die Grande Nation im Spiegel des Terrors

Erick Schmitt: Die menschliche Bombe von Neuilly – 1993

Eine Stunde schon stand der Mann mit den dunklen Haaren und den dichten dunklen Augenbrauen in der Rue de la Ferme, im noblen 16. Bezirk von Paris, und beobachtete das Gebäude gegenüber mit der Nummer 15. Darin befand sich eine Schule, die nach dem berühmten Polarforscher Jean-Baptiste Charcot benannt wurde. Es ist ein Donnerstag, der 13. Mai 1993. Punkt 9 Uhr zieht sich der Mann eine schwarze Sturmhaube über und setzt sich außerdem einen Motorradhelm auf den Kopf, bevor er eiligen Schrittes die Straße überquert und mitten hineingeht in eine Vorschulklasse. Die Lehrerin, Laurence Dreyfus, erschrickt, als der maskierte Mann in der Tür erscheint. Doch er macht gleich klar, worum es geht. »Das ist eine Geiselnahme. Informieren Sie sofort die Schulleitung.« Entsetzt schaut ihn die junge Frau an, dann begibt sie sich wortlos in das Büro der Direktorin, Suzanne Souilhé, und teilt ihr die entsetzliche Nachricht mit. Beide Frauen laufen zu der Klasse zurück, denn 21 Kinder im Alter zwischen drei und vier-Jahren sind mit dem Geiselnehmer allein geblieben. Dieser gibt nun erste Anweisungen: er verlangt von den beiden Frauen, Fenster und Türen zu schließen und auf das große Fenster zum Gang hin eine Nachricht anzubringen. Auf dem Blatt Papier steht: »Eintritt verboten, sonst fliegt hier alles in die Luft.«

Suzanne Souilhé informiert die Polizei. 15 Minuten später kommt der Polizeidirektor der Hauts-de-Seine, Aimé Touitou, und beginnt, mit dem Geiselnehmer zu verhandeln. Sein Ziel ist es, die Freilassung der Kinder zu erreichen. Zur Antwort erhält er jedoch nur Briefe, die stets mit den Initialen »H.B.« unterschrieben sind.

In Windeseile spricht sich die Nachricht über die Geiselnahme in der Vorschulklasse in Neuilly herum. Eltern und auch die Medien treffen nun vor der Rue de la Ferme ein, die mittlerweile von der Polizei abgesperrt wurde. Abseits des Wirbels verhandelt Aimé Touitou weiter mit dem Geiselnehmer: Der Polizeidirektor will Zeit gewinnen, damit die herbeigerufene Spezialeinheit RAID ihren Einsatz gezielt vorbereiten kann. Die Mitglieder des RAID entdecken, dass der Geiselnehmer seinen Coup minutiös geplant hat. H.B. hat mehrere Briefe an Regierungsmitglieder verfasst, selbst ein Brief an den amtierenden Innenminister, Charles Pasqua, zählt dazu. Alle Briefe hat er sorgfältig mit einem Computer geschrieben. Für die Verhandlungsführer des RAID wird rasch klar, dass der Mann gebildet sein muss, denn in seinen Briefen ist kein einziger Fehler zu finden und er ist peinlich genau. Die Psychologen erkennen darin Hinweise für eine Paranoia, also eine verzerrte Wahrnehmung der Realität.

Der Täter, der sich H.B. nennt, trägt, nach eigenen Angaben, einen Gürtel mit Sprengstoff und hat damit auch sämtliche Türen, die zur Klasse führen, ausgestattet. Der Sprengstoff sei mit einem Zündungsmechanismus verbunden, den er über seine Hand bedienen kann. Er hat selbst für die Klasse ein Sicherheitssystem eingerichtet, sodass niemand des Klassenzimmers betreten kann. Eine Intervention der Polizei will er um jeden Preis verhindern. Die Techniker des RAID stellen fest, dass niemand diese Menge an Sprengstoff, die bei einer Detonation einen Radius über fünf Metern hätte, überleben würde. Die nächste große Schwierigkeit für das Verhandlungsteam besteht darin, dass der Mann nichts von sich erzählt. Er bleibt die ganze Zeit über stumm und verständigt sich nur über Briefe und einige wenige Zeichen. Somit erfahren die Beamten nichts über ihn oder seine Familie, um ihn identifizieren zu können.

Gegen Mittag darf der Vater eines der festgehaltenen Kinder, Pierre Narboni, in die Nähe der Klasse kommen und wird vom Verhandlungsteam gebeten, sie bei der Verhandlung mit H.B. zu unterstützen. Als Narbonis dreijähriger Sohn Lucas die Stimme seines Vaters hört, ist er nicht mehr zu halten und entwischt dem Geiselnehmer. Lucas wird das erste befreite Kind der Gruppe sein. Pierre Narboni unterstützt die Verhandlungsführer und schafft die Befreiung von drei weiteren Kindern. Dann wird er vom damaligen Bürgermeister, Regierungssprecher und Budgetminister Nicolas Sarkozy abgelöst. H.B. wird ebenfalls darüber informiert, dass er es jetzt mit einem neuen Gesprächspartner zu tun hat. Noch immer sind 16 Kinder in der Klasse. Sarkozy ist in seiner Verhandlungstaktik mit H.B. sehr effizient und erzielt die Befreiung von weiteren Kindern. Er wird höchstpersönlich ins Klassenzimmer gehen und jedes Kind einzeln aus der Klasse führen, manche, die ganz verschreckt sind, werden von ihm aus der Klasse getragen.

H.B. erhält ein Radio, im Gegenzug lässt er wieder ein Kind frei. Er verfolgt die Berichte der Medien. Gegen Abend verlangt der Geiselnehmer, mit einem Journalisten des staatlichen Fernsehsenders TF1 zu sprechen. Sonderberichterstatter Jean-Pierre About wird diese Aufgabe übernehmen. Vom RAID gebrieft, betritt er wenige Minuten später das Klassenzimmer und spricht kurz mit dem Geiselnehmer. Dieser verlangt 100 Millionen Francs in Goldbarren und Devisen, außerdem will er die Schule vor laufender Fernsehkamera verlassen. Das Gespräch wird vom RAID mittels versteckter Mikrofone genau verfolgt und analysiert. Das

Team des RAID findet heraus, dass die Stimme zu einem Mann gehört, der einige Wochen zuvor ein Bombenattentat in einer Parkgarage verübt hat. Er hatte einen Brief hinterlegt, in dem stand, dass er demnächst ein weiteres Attentat verüben würde, das mehr als zehn Opfer fordern werde. Auch dieser Brief war mit den Initialen H.B. unterschrieben.

Es wird langsam Nacht über Paris und bis 1 Uhr werden immer wieder Kinder aus der Klasse freigelassen, der Geiselnehmer erhält Geld und Essen. Es sind noch sechs Kinder beim Geiselnehmer sowie deren Lehrerin Laurence Dreyfus, die sie nicht alleine lassen wollte, und Evelyne Lambert, eine Feuerwehrärztin.

Am Morgen des 14. Mai ist H.B. sehr angespannt: Er hat die ganze Nacht über kein Auge zugetan und weist nun typische Anzeichen der Erschöpfung auf. Er wünscht zunächst einen neuen Verhandlungsführer, und so wird Nicolas Sarkozy durch Catherine Ferracci und sie anschließend durch Pierre Lyon-Caen ausgetauscht. Doch H.B. will nicht mehr verhandeln. Er sagt dem RAID und auch dem Staatsanwalt, dass sein Ende nahe sei. Er will einfach nicht mehr. Für die Spezialeinheit ist klar, dass nun etwas geschehen muss. Pierre Lyon-Caen schlägt H.B. vor, mit ihm gemeinsam aus der Schule zu gehen und in einem Auto zu flüchten. Gegen 16 Uhr antwortet der Geiselnehmer, er werde sich nicht stellen. Er wolle mit dem erhaltenen Geld flüchten. Zwei Stunden später revidiert er seine Forderung: Er will eine Waffe und mit einem Kind flüchten. Eine Forderung, der die Mitglieder des RAID unmöglich nachkommen können. Kein Kind wird mit H.B. allein irgendwohin gehen.

Was die Medien nie erfahren haben, ist, dass der Geiselnehmer zu diesem Zeitpunkt die Mitglieder der Spezialeinheit sehr beunruhigt, denn er wird zusehends verwirrter, erzählt von Visionen, die er hat, von Gestalten, die aus der Mauer kommen. Er halluziniert und wird immer aggressiver. Der Grund dafür lag wohl einerseits in der enormen Anspannung, andererseits im Schlafmangel. Das Team des RAID plant einen Ansturm in den frühen Morgenstunden. Im Kaffee, der H.B. serviert wird, ist ein Schlafmittel. Es wird eine ruhige Nacht. Auch die sechs kleinen Mädchen und Evelyne Lambert, die sich in der Gewalt von H.B. befinden, schlafen friedlich.

Am Samstag, um 7.25 Uhr ist es so weit. Evelyne Lambert wurde in die Aktion eingeweiht. Sie soll der Spezialeinheit durch Öffnen mehrerer Knöpfe ihrer Weste, übertragen von einer versteckten Kamera in der Wand, das Zeichen zur Intervention geben. Der Plan gelingt. Die Kinder werden von einem Teil des Teams des RAID aus dem Raum getragen. Zwei Mädchen fangen jedoch an zu weinen. In diesem Augenblick wacht H.B. auf und will den Zündungsmechanismus aktivieren. Da fallen drei Schüsse. H.B. ist tot. Als die Spezialeinheit seine Papiere findet, wird seine Identität bekannt: Es handelt sich um den 42-jährigen Erick Schmitt, einen arbeitslosen Informatiker. Die Initialen H.B. stehen für Human Bomb.

Erick Schmitt stammt aus Béziers, wo seine Nachbarn ihn als ruhigen, reservierten jungen Mann ohne besondere Auffälligkeiten beschreiben. Mit 16 Jahren tritt er ins Heer ein, dort lernt er mit Waffen und Sprengstoff umzugehen. Nach einer Stelle in den 1970er-Jahren in der SSI, dem damals größten auf Informatik spezialisierten Unternehmen, macht er sich zusammen mit Freunden selbstständig. Doch nach vier Jahren wird die Firma geschlossen. Erick Schmitt ist ein Jahr lang arbeitslos. Hinzu kommen die Scheidung von seiner Frau und eine starke depressive Verstimmung. Alle drei Faktoren führten ihn in einen Teufelskreis, aus dem er alleine nicht mehr herauskam.

Mohammed Merah: Der Attentäter auf dem Motorrad – 2012

Ein Montag gegen 6 Uhr früh, der Chefverhandler der französischen Spezialeinheit RAID war bereits in seinem Büro, als das Telefon läutete. Er nahm das Gespräch entgegen. Es meldete sich ein Kollege aus dem

Innenministerium: »Du musst so schnell wie möglich nach Toulouse kommen. Nimm eine größere Anzahl Kollegen mit.« Eine Stunde später saßen 35 Männer des RAID in einer Maschine der Air France Richtung Toulouse, nicht ahnend, dass sie bald mit einem der schlimmsten Terrorfälle Frankreichs konfrontiert werden sollten. Der 19. März 2012 sollte sich nicht nur den an diesem Einsatz beteiligten Männern einprägen.

Dieser Fall begann brutaler als jede US-Krimiserie: Am 11. März wird Imad Ibn-Ziaten, ein 30-jähriger Franzose mit marokkanischen Wurzeln, der Fallschirmjäger des 1er régiment du train parachutiste in Toulouse ist, von einem schwarz gekleideten, maskierten Motorradfahrer, der eine gestohlene Yamaha T-Max 500cc fährt, einen dunklen Helm mit Visier und eine Waffe bei sich trägt, angehalten. Der Mann auf dem Motorrad fragt ihn: »Bist du in der Armee? Bist du Soldat?« Dann befiehlt ihm der Unbekannte, sich hinzulegen, mit dem Gesicht auf dem Boden. Doch Imad Ibn-Ziaten verweigert dies: »Ich werde mich nicht mit dem Gesicht auf den Boden legen. Ich bleibe hier stehen. Du willst schießen? Dann schieß doch.« Es folgte ein Schuss. Tödlich getroffen sinkt Imad Ibn-Ziaten zu Boden. Mit den Worten »Das ist der Islam, mein Bruder: Du tötest meine Brüder, ich töte dich«, verschwindet der Täter auf dem Motorrad. Die Ermordung des Fallschirmjägers hat er mit einer GoPro-Kamera gefilmt. Doch damit war es nicht genug. Nur wenige Tage später, am 15. März, schlägt der Mann erneut zu. Diesmal in Montauban, einer Stadt im Südwesten Frankreichs, 50 Kilometer nördlich von Toulouse. Dort erschießt der Maskierte gegen 2 Uhr am Nachmittag zwei Luftlandepioniere, Abel Chennouf, 24 Jahre, und Mohamed Legouad, 26 Jahre alt, als sie mit ihrem Kollegen Loïc Liber vor einem Geldautomaten vor ihrer Kaserne stehen. Die Männer gehören der Compagnie du 17ème régiment du génie parachutiste, der größten Teilstreitkraft des französischen Militärs, an. Beide Einheiten, sowohl jene in Toulouse als auch jene in Montauban, sind für Frankreich in Afghanistan-Einsätzen tätig. Etliche Zeugen beobachten an diesem Tag den Vorfall. Der Täter schiebt noch eine alte Frau, die neben ihm steht, zur Seite, bevor er abdrückt. Nach der Tat verschwindet er auf seinem Motorroller.

Am 19. März, zu jenem Zeitpunkt, als die Männer des RAID gerade im Flieger nach Toulouse sitzen, fährt gegen 8 Uhr morgens ein schwarz gekleideter Mann mit einem Motorrad und einem schwarzen Sturzhelm vor die jüdische Ozar-Hatorah-Schule in die Rue Jules-Dalou. Dort feuert er zunächst auf den 30-jährigen Jonathan Sandler, einen Rabbiner und Lehrer, der mit Eltern vor dem Schulgebäude steht. Dann stellt der Attentäter seinen Motorroller ab, betritt die Schule und schießt wild um sich. Dabei tötet er die beiden Kinder von Sandler, den dreijährigen Gabriel und die sechsjährige Ayreh, sowie die Tochter des Schuldirektors, Myriam Monsonégo. Myriam hatte er brutal an den Haaren gepackt. Doch als er auf sie schießen will, klemmt die Waffe. Er zieht eine 45 Kaliber ACP und schießt dem Mädchen direkt in die Schläfe. Dann flüchtet er auf seinem Motorroller. Alle Opfer sind französisch-israelische Doppelstaatsbürger. Ein Schüler namens Aaron Bijaoui wird schwer verletzt, entkommt aber dem Täter. Brutalere Morde hat man in Frankreich bislang nicht gesehen.

Als die Maschine in Toulouse landet, wird das Team des RAID mit den schockierenden Neuigkeiten konfrontiert. Es handelt sich offensichtlich um einen Terrorakt von enormer Tragweite. Denn es sind sogar Kinder involviert. Zu diesem Zeitpunkt ist noch nicht klar, wer der Mörder ist. Sofort machen sich die Männer an die Arbeit. Gemeinsam mit den Kollegen in Toulouse beginnen sie mit ihren Recherchen, durchforsten Polizeibericht über Polizeibericht, befragen Zeugen, alles in Zusammenarbeit mit dem französischen Inlands- und dem Auslandsgeheimdienst. Im Zuge der Recherchen kommen die Experten auf zwei Möglichkeiten: Entweder ist der Mörder ein Einzelgänger, ein sogenannter einsamer Wolf, oder er ist ein Terrorist und entstammt entweder dem Rechtsextremen- oder dem Islamisten-Lager. Noch am selben Tag wird in ganz Frankreich der »plan Vigipirate« ausgerufen. Dabei handelt es sich um spezielle Sicherheitsmaßnahmen, die zum Schutz der Bevölkerung in

Frankreich gegen Terrorismus durchgeführt werden. So patrouillieren etwa Sicherheitskräfte, Militärs und Polizei mit Maschinenpistolen an Bahnhöfen und Orten, wo viele Touristen anzutreffen sind. Frankreich befindet sich gerade in der Endphase des Präsidentschaftswahlkampfes. Es ist mittlerweile Dienstag, der 20. März 2012. Das Team des RAID hat die ganze Nacht über gemeinsam mit den Kollegen in Toulouse, dem Geheimdienst und dem Innenministerium fieberhaft an der Suche nach dem Täter gearbeitet. Die Spur, die vor Kurzem noch zu Neonazikreisen führte, wird am Vormittag verworfen. Drei Fallschirmspringer, die einem Neonazikreis angehören, waren zunächst verdächtigt worden, kommen aber dann aufgrund ihrer Alibis – bestätigte Auslandsaufenthalte zum Zeitpunkt der Morde in Frankreich – nicht mehr als Täter in Betracht. Doch plötzlich gibt es eine erste Spur zur Auflösung des Falles. Im Laufe des Tages befragt das Team einen Yamaha-Händler in Toulouse. Er erzählt den Beamten von einem jungen Mann, der vor etwa 15 Tagen, also am 6. März, bei ihm eine Sturmhaube gekauft hatte und ihn fragte, wie man den Chip für die Ortung seines Motorrads deaktivieren könne. Der Yamaha-Händler kann der Polizei sowohl den Vornamen als auch den Namen des Mannes nennen. Sogleich wird der Name von den zuständigen Stellen überprüft. Dies sind der Inlandsgeheimdienst und die nationale Antiterrorismusstelle im Innenministerium. Die Beamten finden in Windeseile heraus, dass der Verdächtige den Computer seiner Mutter benutzt hat, um sich per Annonce einen Motorroller zu kaufen. Gegen 18.30 Uhr wird den Beamten klar, dass Mohammed Merah der Täter ist.

Die Mitglieder des RAID beschließen, Mohammed Merah in der Nacht festzunehmen. Als Uhrzeit wird 3 Uhr gewählt. Die Beamten hoffen, dass Merah noch schläft, wenn sie ihn aufsuchen, zwei Stunden später, um 5 Uhr morgens, würde er sich zum Gebet fertig machen.

Die Mitglieder des RAID und die Kollegen der Toulouser Polizei fahren noch in der Nacht in die Rue du Sergent-Vigné im Viertel Côte Pavée und nehmen Stellung ein. Gegen 3.10 Uhr hören die Nachbarn von

Mohammed Merah laute Stimmen im Gang: »Öffnen, öffnen …« Plötzlich fallen Schüsse. Mohammed Merah hatte offensichtlich die Spezialeinheit erwartet. Er schießt wie wild um sich. Eines der Mitglieder der Antiterroreinheit wird verwundet und liegt bewusstlos im Treppenhaus. Merah schießt weiterhin wild um sich. Der Chefverhandler verschanzt sich hinter einem Ramses, das ist ein Schild, um einiges größer als das Schild der Ritter. Er steht jetzt in der Nähe der ebenerdigen Wohnung von Mohammed Merah. Mit einem Megafon in der Hand beginnt er auf den jungen Mann einzureden: »Mohammed Merah. Wir sind vom RAID. Komm heraus aus deiner Wohnung. Komm ganz ruhig heraus.« Unaufhörlich werden diese Sätze wiederholt, man ist zu diesem Zeitpunkt um Deeskalation bemüht. Die Nachbarn bekommen es mit der Angst zu tun. Schnell wird die Tür zur Wohnung Merahs wieder geschlossen. Der Schusswechsel hört auf. Nun werden die ersten Bewohner des Hauses über das Treppenhaus und die Fenster in die nahegelegene Kaserne Pérignon evakuiert.

»Komm aus deiner Wohnung. Komm ganz ruhig heraus.« Merah schreit zurück: »Weißt du eigentlich, wer ich bin? Ich bin ein Mujahedin und ich bin hier, um zu kämpfen. Was wollt ihr von mir? Ich werde meine Wohnung nicht verlassen.« Das Ziel des RAID ist es, Mohammed Merah zum Verlassen der Wohnung zu bewegen. »Ist schon klar, wir verstehen dich. Bitte komm jetzt aus deiner Wohnung heraus. Wir tun dir nichts. Komm einfach heraus.« Merah antwortet: »Nur damit ihr es wisst, ich habe keine Angst vor euch, ich habe keine Angst.« Das ist die erste Phase des Einsatzes in Toulouse. Sie wird Stabilisierungsphase genannt und dauert bis etwa 7 Uhr am nächsten Morgen.

Mittwoch, der 21. März, gegen 5.10 Uhr hört Mohammed Merah einen Laut, in Panik schießt er durch die geschlossene Tür. Er trifft ein Mitglied des RAID, das sich am unteren Eingang des Kellers verschanzt hält, am Kopf und in der Schulter mit zwei Schüssen, die er rasch hintereinander abfeuert. Das getroffene Mitglied der Spezialeinheit RAID ruft seinen Kollegen zu: »Dieser Mann schießt, um zu morden. Ich habe

Kopfschmerzen und ich blute«, bevor auch er in Ohnmacht fällt. Merah hat Angst, das wird spätestens jetzt klar: »Ich habe gedacht, dass Ihr meine Wohnung stürmen wollt.« Vom RAID hört man via Megafon: »Ganz und gar nicht. Im Gegenteil, wir wollen, dass du jetzt herauskommst und dich ruhig ergibst.« Die Spezialeinheit hatte in der Zwischenzeit versucht, einen Roboter zur Wohnungstür von Merah zu senden, um die Tür leise zu öffnen. Offenbar hatte Merah den Roboter aber im Hausflur gehört. Der Täter ist auf der Hut. Er wird immer vorsichtiger in seinen Aussagen. Die Mitarbeiter der Spezialeinheit wissen, was man in derartigen Situationen macht: Man versucht, den Täter weiterhin zu beruhigen. Gegen 7 Uhr verlangt Mohammed Merah ein Handy, um mit seiner Mutter zu telefonieren. Das wird ihm nicht genehmigt, aber er erhält stattdessen ein Walkie-Talkie, um mit dem RAID zu sprechen.

Es folgt die zweite Phase, in der Mohammed Merah der Spezialeinheit erklären wird, warum er die Attentate begangen hat. Er erzählt, welche Waffen er in der Wohnung versteckt hält, gibt genau die Orte an, wo er sie deponiert hat, und er wirft – als Zeichen seines guten Willens – eine Waffe nach draußen vor die Tür, einen Colt 45. Er sagt, er liebe automatische Waffen. »Gebt mir Zeit. Ich weiß, dass ich lebenslänglich ins Gefängnis muss. Ich werde aus meiner Wohnung herauskommen, aber gebt mir Zeit.« Der hinzugezogene Psychologe des RAID erkennt die Fatalität der Situation und warnt seine Kollegen: »Jungs, dieser Mann macht gerade sein Testament. Das ist ähnlich wie bei einem Selbstmörder: Er bekennt sich zu seinen Taten.«

Die Spezialeinheit versucht Mohammed Merah davon zu überzeugen, seine Wohnung zu verlassen: »Bist du nun bereit aufzugeben? Bist du bereit, aus deiner Wohnung herauszukommen?« Für den Psychologen der Einheit steht fest, dass Mohammed Merah als Märtyrer sterben und so eine Spur in der Geschichte hinterlassen will. Persönlichkeiten, die ihre Minderwertigkeitsgefühle mit übermäßiger Geltungssucht überdecken wollen, leiden unter dem »Herostratos-Syndrom«. Herostratos versuchte, im antiken Griechenland mit seinem Namen in die Geschichte einzugehen, indem er eines der sieben Weltwunder, den Tempel der Artemis in Ephesos, anzündete und damit vernichtete. Mohammed Merahs Lebenslauf hat nicht viel aufzuweisen, es war bislang die Karriere eines Kleinkriminellen.

Gegen 11 Uhr beginnt Mohammed Merah über zwei bekannte französische Mörder zu sprechen, die seine Vorbilder seien. Bei dem einen handelt es sich um Jacques Mesrine, dem Gewaltverbrecher und Staatsfeind Nummer eins im Frankreich der 1970er-Jahre. Danach erzählt er von der »Gang von Roubaix«, einer Gruppe Islamisten, die mit al-Qaida sympathisierte und 1996 nach diversen Attentaten von Mitgliedern des RAID gefasst und getötet wurde. Immer wieder betont er: »Ihr bekommt mich auf keinen Fall lebendig.« Für die Polizei und die Mitglieder des RAID steht fest, dass Merah sie verbal zu manipulieren versucht. Die Gespräche mit ihm dauern bis in den Abend hinein. Gegen 23 Uhr hört man über das Megafon: »Mohammed Merah, wir warten hier auf dich. Wir sind hier.« Die Antwort von Merah kommt rasch: »Nein, nein. Ich will gar nicht aus meiner Wohnung herauskommen. Ich habe euch einen riesengroßen Blödsinn erzählt. Ich werde nicht aus meiner Wohnung kommen.« Merah will wissen, wie viele Mitglieder des RAID er getötet habe, doch man entgegnet ihm: »Unsere Leute sind am Leben.« – »Schade«, antwortet Merah, »ich hätte gerne ein paar von euch getötet.« Und er warnt: Bei der nächsten Konfrontation mit der Spezialeinheit will er einige Männer anschießen, aber nicht töten. Er erklärt auch, dass er dies alles tue, nicht »um im Gefängnis zu landen, sondern um ans Ende der Mission zu kommen«. Der junge Mann will – koste es, was es wolle – seinen Dschihad fortsetzen. »Komm aus deiner Wohnung heraus«, hört man die Stimme aus dem Megafon. Doch Merah hat ein kleines Problem in der Wohnung: »Schrei nicht so laut. Wenn du wüsstest, wie nass es hier in meiner Wohnung ist.« Durch den Schusswechsel waren Wasserrohre getroffen worden und die Wohnung von Mohammed Merah stand bereits unter Wasser. »Ein Grund mehr. Komm aus deiner Wohnung«, hört man über das Megafon. Es ist bald Mitternacht und für die Mitglieder des RAID Zeit, sich etwas auszuruhen. Über Nacht werden einige Schockgranaten in die Wohnung geworfen, um Mohammed Merah wach zu halten. Doch Merah hat plötzlich aufgehört zu kommunizieren. Vermutlich ruht auch er sich aus.

Nun ist Donnerstag, der 22. März 2012, morgens. Mohammed Merah meldet sich nicht. Im Inneren der Wohnung sitzt der junge Täter auf der Toilette und schläft seinen letzten Schlaf. Sein Trommelfell ist durch die Schockgranaten verletzt. Der Obduktionsbericht wird später bestätigen, dass Merah durchaus noch Stimmen hören konnte, trotz des verletzten Trommelfells. Um 10.30 Uhr kommt der Befehl, die Wohnung von Mohammed Merah zu stürmen. Eine Entscheidung, die geprüft wurde und aufgrund von juristischen und administrativen Beschlüssen der Regierung nun gefällt wird. Unterdessen haben über 100 Soldaten um den Wohnblock Stellung bezogen.

Die Wohnung wird vom RAID gestürmt, und zwar sowohl von außen, über den Balkon, als auch von innen über die Eingangstür. Die Spezialeinheit betritt die Wohnung des jungen Mannes, Zimmer für Zimmer: zunächst den Flur, die Küche, das Schlafzimmer. Ein Schusswechsel beginnt. Mohammed Merah schießt und trifft zwei Mitglieder des RAID. Als die Männer mit einer speziellen Kleinvideokamera das Badezimmer inspizieren, läuft der bewaffnete Merah in Windeseile aus der Toilette und springt über das Geländer des Balkons. Zahlreiche Schüsse fallen. Sowohl Merah schießt um sich als auch Mitglieder des RAID, die vor dem Haus postiert sind. Merah wird dabei tödlich getroffen. Er liegt auf der Wiese, während ein Arzt und ein Sanitäter versuchen, ihn wieder ins Leben zurückzubringen. Doch vergeblich. Die Spezialeinheit versammelt sich um den Leichnam. Der Chef des RAID sagt die üblichen finalen Worte bei einem derartigen Einsatz: »Neutralisiert.« Die Männer des RAID werden zu einer Kaserne gebracht. Dort will der französische Innenminister persönlich mit ihnen sprechen. Die Verletzten werden versorgt, der tote Mohammed Merah wird zur Untersuchung in die Pathologie gebracht.

Über diesen Fall wurde weltweit sehr viel in den Medien berichtet. Mohammed Merah, geboren im Oktober 1988, war der Sohn einer Algerierin und eines Franzosen. Seine alleinerziehende Mutter hatte ihn und seine vier Geschwister – zwei Mädchen und zwei Buben – nach streng islamischen Regeln erzogen. Auffällig wird er erstmals im Jahr 2002, als er eine Sozialarbeiterin ohrfeigt. 2007 schießt er auf den Fernseher seines Bruders und bedroht ihn und seine Schwägerin, danach folgen Einbrüche und ein Diebstahl mit Gewaltanwendung. Er muss für fünf Monate ins Gefängnis, kommt aber rasch wieder frei. Im Dezember 2008 weigert er sich, bei einer Polizeikontrolle anzuhalten, und muss erneut ins Gefängnis. Wenig später, um die Weihnachtszeit, unternimmt er einen Selbstmordversuch und wird in die Psychiatrie eingewiesen. Als seine Familie ihn besucht, lacht er nur: »Ich habe Theater gespielt. Ihr wisst doch, dass man laut dem Koran keinen Selbstmord begehen darf.« Nach seiner Rückkehr ins Gefängnis Ende Januar 2009 wendet er sich dem radikalen Islam zu. Ab 2006 wird der zentrale Nachrichtendienst Frankreichs ein Dossier über ihn führen. Es enthält verschiedenste Informationen: Merah hat sich bei der Fremdenlegion beworben, aber letztlich nicht an den Auswahltests teilgenommen. Zweimal reist er nach Pakistan und nach Afghanistan. Er behauptet bis zuletzt, er habe eine Terrorausbildung erhalten. Im Juli 2010 wird er von der Mutter eines 15-jährigen aus Toulouse angezeigt, weil er ihrem Sohn Videos von brutalsten Tötungen gezeigt habe. Unerklärlich ist auch sein Telefonverhalten: Zwischen September 2010 und Februar 2011 führt er 1863 Telefonate, darunter mit Ägypten, Algerien, Marokko, der Elfenbeinküste, Kenia, England, Spanien, Kroatien, Rumänien, Bolivien, Thailand, Russland, Laos, Kasachstan, der Türkei, Saudi-Arabien, Taiwan, Israel, den Arabischen Emiraten und mit Bhutan. Im Dezember 2011 heiratet er eine junge Algerierin aus der Umgebung von Toulouse und trennt sich bereits im Januar 2012 wieder von ihr. Die Scheidung wird am 20. März 2012 ausgesprochen. Im Februar 2012 beginnt er seinen teuflischen Plan schrittweise in die Tat umzusetzen. Zunächst hebt er sein letztes Geld, 1,83 Euro, von seinem Konto ab. Tags darauf kauft er eine GoPro-Kamera. Am 6. März stiehlt er mit zwei Freunden einen Motorroller und geht am selben Tag noch zum Yamaha-Händler, um bei ihm eine Sturmhaube zu kaufen. An diesem Tag nahm die Tragödie ihren Lauf.

9. KAPITEL

NIEDERLANDE – Terrorgefahr in der Heimat der Oranjes

Einheit: Dienst Speziale Interventies (DSI)

MOTTO: PRAEPARATUS ESTO (= SEIEN SIE VORBEREITET)

Hausbesetzung durch Terroristen in Den Haag – 2004

Der niederländische Filmregisseur Theo van Gogh galt als Enfant terrible der Filmbranche. Seine kritische Haltung gegenüber dem Islam und seine kritischen Filme wurden ihm schließlich an einem Novembermorgen des Jahres 2004 zum Verhängnis. Vor wenigen Tagen erst hatte sein letzter Kurzfilm *Submission*, in dem er die Unterdrückung der Frau durch den Islam thematisierte, Premiere. Van Gogh erhielt plötzlich Morddrohungen. Er verlangte jedoch keinen Personenschutz für sich, da er bis zuletzt der Meinung war, dass man ihm nichts antun würde. »Keiner tötet den Dorftrottel«, lautete seine Devise. Am 2. November, er hatte sich gerade auf den Weg ins Filmstudio gemacht, wurde er von einem Mann auf einem Fahrrad verfolgt. Dieser Mann beginnt plötzlich auf Theo van Gogh zu schießen und schneidet ihm dann noch brutal die Kehle durch. Zuletzt befestigt er mit einem Messer ein fünfseitiges Bekennerschreiben an den leblosen Körper – und das um 8.45 Uhr, mitten im Zentrum von Amsterdam. Der Mörder, Mohammed Bouyeri, gehört zu einer radikal-islamistischen Zelle und wird zu lebenslanger Haft verurteilt. Er ist Teil eines Netzwerkes, das sich »Hofstad-Gruppe« nennt und aus jungen niederländischen Muslimen besteht, die meist marokkanischer Abstammung sind. Einige Personen dieses Netzwerkes hat die Polizei ausgeforscht. Die Mitglieder sind meist Anfang bis Mitte 20, haben eine kriminelle Vorgeschichte und auch schon Bekanntschaft mit der Polizei gemacht. Der geistige Führer dieser Terrorzelle ist ein Syrer, der über Verbindungen zu einer ägyptischen Terrorgruppe verfügen soll und sich ständig auf der Flucht befindet.

Neben Mohammed Bouyeri stehen noch zwei weitere Mitglieder der Hofstad-Gruppe seit Längerem bereits unter Beobachtung des holländischen Geheimdienstes AIVD (Algemene Inlichtingen en Veiligheidsdienst). Jason Walters und Ismail Akhnikh zählen zu den Gründungsmitgliedern dieser Zelle, beide haben in afghanischen und pakistanischen Terrorcamps Spezialausbildungen und Schießtrainings für Terroristen absolviert. Die beiden jungen Männer werden observiert. So weiß man beim AIVD, dass sich die beiden derzeit in einem Haus in der Antheunisstraat im Laakkwartier in Den Haag eingemietet haben und dort eher unauffällig leben. Doch der Schein trügt: In Wahrheit planen die beiden Terroristen bereits ihren nächsten Anschlag.

Das entgeht auch den Mitgliedern des Geheimdienstes nicht. Eines Tages kommt der Befehl, die beiden Männer aufgrund eines dringenden Terroranschlagverdachtes festzunehmen. Es ist 2 Uhr morgens, als die Mitglieder der DSI vor Ort in der Antheunisstraat ankommen und vor dem Haus in Stellung gehen. Bei gefährlichen Terroristen ist die Spezialeinheit besonders gefordert, alle Fachleute zum Einsatz mitzunehmen: Techniker, Informatiker, Explosiv- und Munitionsexperten.

Präzisionsschützen werden auf den Dächern der gegenüberliegenden Häuser postiert, zahlreiche Polizisten nehmen Aufstellung, kein Auto darf sich dem Tatort für die nächsten Stunden nähern. Alle Mitglieder der Spezialeinheit und auch die Kollegen der Polizei sind in Alarmbereitschaft, da man nicht genau weiß, welche Art von Waffen und Sprengsätzen die Terroristen in ihrer Wohnung gelagert haben. Man muss mit allem rechnen, wenn man in diesem Job ist. Gegen 2.30 Uhr, als die DSI gerade vor der Haustür steht und sich darauf vorbereitet, in das Haus einzudringen, ist eine laute Detonation zu hören. Vier Polizisten werden verletzt. Es sieht zunächst so aus, als ob die Eingangstür mit einer Sprengfalle versehen war. Doch in Wahrheit hatte einer der beiden Terroristen eine Handgranate auf die Beamten geworfen. Die verletzten Beamten werden sofort von den Sanitätern abtransportiert. Langsam wird die Situation heiß. Der Kommandant beschließt zusammen mit der Einsatzleitung, die Anwohner sofort an einen anderen Ort bringen zu lassen.

Die Polizei beginnt nun mit der Evakuierung der Bewohner des Hauses und auch der Nachbarhäuser. Über Leitern und über die Treppenhäuser müssen die Menschen schnell aus der Schusslinie gebracht werden. Die Anwohner werden im Auditorium der Den Haager Universität untergebracht, wo sie das Einsatzende abwarten müssen. Der Kommandant beschließt, den Luftraum für den gesamten Flugverkehr zu schließen – und zwar bis zu einer Höhe von 700 Metern und einem Radius von 7400 Metern rund um das Viertel. Nur einige Hubschrauber der Polizei dürfen um den Tatort kreisen und registrieren jede Bewegung und Auffälligkeit.

Die Straßen um den Häuserblock werden ebenfalls großräumig abgesperrt, damit es zu keinen Verletzten kommt bei einer möglichen weiteren Explosion. Dann werden noch zusätzliche Präzisionsschützen angefordert. Diesmal geht der Kommandant aufs Ganze. Er lässt nun mithilfe aller angeforderten Experten das Haus stürmen, doch vergeblich: Die Terroristen werfen wieder mit Handgranaten um sich und schießen auf die Beamten.

Die Mission wird zu einem Ritt auf dem Vulkan. Währenddessen äußert sich nun auch die Politik zu dem Ereignis. Im Fernsehen gibt der Ministerpräsident der Niederlande, Jan Peter Balkenende, bekannt, dass die zahlreichen Brandstiftungen der letzten Wochen in mehreren Schulen und Kirchen von diesen Terroristen verübt wurden. Deshalb müsse man nun schnellstens handeln, bevor die Männer noch mehr Schaden anrichteten.

Zahlreiche Fernsehstationen aus der ganzen Welt haben ihre Reporter nach Den Haag entsendet, um live vom Einsatz der DSI zu berichten. Die Wagen der Journalisten versperren einigen Schaulustigen die Sicht auf das Haus, in dem sich die Terroristen immer noch verschanzt halten. Die Journalisten mokieren sich über die gescheiterte Razzia. Besonders die spanischen Kollegen vergleichen den Einsatz mit einer gescheiterten Invasion der spanischen Polizei nach den Anschlägen von Madrid.

Immer mehr Menschen versammeln sich nun vor den Absperrungen der Polizei. Tausende Bewohner sind in das Viertel gekommen, um live mitzuerleben, was die Spezialeinheit mit den Terroristen machen wird. In der Zwischenzeit tagt der Einsatzstab in einem Polizeisonderwagen und berät, wie man das Spektakel rasch beenden könnte. Die Täter sind bewaffnet, sie haben Handgranaten und Handfeuerwaffen bei sich, aber auch Maschinenpistolen. Sie sind höchst aggressiv und zu allem bereit. Und sie schießen ständig auf die Mitglieder der Spezialeinheit, haben zwei Teammitglieder der DSI bereits verletzt.

Nun bedient sich der Einsatzstab eines einfachen Mittels, das auch bei Großdemonstrationen immer wieder zum Einsatz kommt: nämlich Tränengas. Der neuerliche Einsatz findet um 16.30 Uhr statt. Das Haus, in dem sich die Terroristen befinden, wird von mehreren Seiten von der DSI gestürmt, damit keine Fluchtgefahr besteht. Jason Walters und Ismail Akhnikh haben diesmal nur geringe Chancen, die DSI zu attackieren: Sie sind vom Tränengas derart mitgenommen, dass sie aus der Wohnung auf die Straße flüchten wollen. Doch dazu kommt es nicht mehr: Die DSI ist schneller und fasst die beiden Männer. Einer von ihnen wird dabei an der Schulter angeschossen. Während die beiden Männer von den Mitgliedern der Spezialeinheit abgeführt werden, spielen sich unter den Schaulustigen auf der Straße wilde Szenen ab: Muslime und Den

Haager Bürger prügeln sich. Die Polizei muss auch hier eingreifen und etliche Streitigkeiten schlichten.

Wenige Tage nach der Festnahme der Terroristen wird von offizieller Seite bestätigt, dass die beiden Männer geplant hatten, die beiden Abgeordneten Ayaan Hirsi Ali und Geert Wilders umzubringen. Die Politologin Ayaan Hirsi Ali hatte mit Theo van Gogh den Film *Submission* gedreht und ist eine Frauenrechtlerin und Islamkritikerin. Geert Wilders ist ein niederländischer Politiker und Vorsitzender der Freiheitspartei: Er ist ein ausgesprochener Islamgegner. Am 10. März 2006 werden die beiden Mitglieder der Hofstad-Gruppe verurteilt: Jason Walters erhält 15 Jahre und Ismail Akhnikh 13 Jahre Haft.

Erst einige Zeit später wird bekannt, dass das Haus in der Antheunisstraat von einem Mann, der sich Ed Aarts nannte, an die beiden Terroristen vermietet wurde. Die wahre Identität von Ed Aarts wurde nie öffentlich gemacht. Was aber dennoch bekannt wurde, war, dass auf der Visitenkarte dieses Mannes eine Telefonnummer des Geheimdienstes AIVD stand.

10. KAPITEL

ITALIEN – Kidnapper im Land von Leonardo da Vinci

Einheit: Nucleo Operativo Centrale di
Sicurezza (NOCS)
MOTTO: SICUT NOX SILENTES (= SO STILL
WIE DIE NACHT)

Ein NATO-General entführt von den Roten Brigaden – 1982

Die vier Männer trugen blaue Anzüge und blaue Kappen mit einem undefinierbaren Logo darauf. Einer von ihnen betrachtete die Wasserstandsuhr. Auf den ersten Blick sahen die Männer aus wie Installateure bei der Arbeit, als sie sich am 17. Dezember 1981 in dem noblen Penthouse in Verona zu schaffen machten. Doch der Schein trog. General James Lee Dozier, der ranghöchste General des NATO-Bereichs Südeuropa, wich vor ihnen zurück, denn er erkannte mit einem Mal, dass sie nicht ihre Werkzeuge in der Hand hielten, sondern Maschinenpistolen, mit denen sie auf ihn und seine Frau Judy zielten. Ihre Absicht war eindeutig und sie hatte nichts mit der Reparatur des Wasserschadens zu tun, wie sie zunächst vorgegeben hatten, um sich Eintritt in die Wohnung zu verschaffen. Denn die vier Männer zählten zu den gefährlichsten Terroristen Italiens: Sie waren Mitglieder der Roten Brigaden, einer kommunistischen Untergrundorganisation, die in den 1970er-Jahren in Mailand gegründet wurde.

Alles ging sehr schnell: Judy wurde an einen Sessel mit Seilen und Ketten gefesselt und musste alleine in der Wohnung zurückbleiben. Ihr Mann wurde von den Männern an den Händen gefesselt und über das Treppenhaus abtransportiert. Vor dem Haus warteten bereits mehrere Autos der Roten Brigaden. Sie fuhren im Konvoi aus Verona hinaus und nach Padua. Dort wurde der General in einer Wohnung in einen Raum eingesperrt, in dem sich ein Zelt befand. In diesem Zelt würde er für die nächsten Tage wohnen. Man brachte ihm Kopfhörer und spielte laute Hardrock-Musik, damit er die Gespräche der Terroristen nicht verfolgen konnte. Ein Albtraum begann.

Während die Tage damit vergingen, dass die Roten Brigaden ihn über NATO-Operationen ausfragten und ihm laute Musik vorspielten, löste sein Kidnapping weltweit Erstaunen aus. Im Pentagon machte man die Stimmung des Kalten Krieges dafür verantwortlich: Eben erst hatte die NATO öffentlich Pläne zugegeben, wonach die Streitkräfte in Westeuropa – darunter auch in Sizilien – Pershing-II-Raketen stationieren wollten, um damit den sowjetischen SS-20-Raketen entgegenzutreten. Aussagen wie diese könnten der Auslöser für die Entführung des Generals gewesen sein, vermutete man in Amerika. Allen war klar: Der Nato-General war einer der dicksten Fische, den die Roten Brigaden sich bislang schnappen konnten. Es musste etwas geschehen, er musste schleunigst aus der Hand der Terroristen befreit werden.

Täglich versendeten die Roten Brigaden Kopien mit dem Konterfei von General James Lee Dozier und ihrem Zeichen, dem roten fünfzackigen Stern, an die Medien in Italien. Währenddessen begann der General mit seinen Entführern zu verhandeln, wenn auch auf seine Art: Er erbat Gnade in Sachen Musik. Die Roten Brigaden ließen sich von dem Mann, den sie entführt hatten, umstimmen, er durfte fortan George Gershwin hören.

Er erbat des Weiteren tägliche Informationen über seine Frau und animierte seine Entführer, sich umzuhören. Sie brachten ihm dafür Neuigkeiten über seine Frau, manchmal auch Fotos, die sie von ihr gemacht hatten, als sie beim Einkaufen war oder auf der Straße ging.

In der Zwischenzeit lief die Maschinerie für die Suche nach dem General auf Hochtouren. Die italienische Polizei ging jeder Spur nach, um das Versteck der Roten Brigaden aufzustöbern. Tage vergingen. Ein Monat verging.

Dann kam der entscheidende Hinweis, wo sich die Terroristen möglicherweise mit ihrem Entführungsopfer versteckt hielten. Es war von Anfang an klar, dass diesen Einsatz die Mitglieder der italienischen Spezialeinheit NOCS übernehmen würden, da man nicht genau wusste, mit welchen Waffen die Terroristen ausgestattet waren, ob es Sprengsätze in der Wohnung gab und in welcher Verfassung die Geisel war. Es musste eine gut geplante Aktion sein, einen Fehler durfte man sich nicht leisten: Das Entführungsopfer war US-Staatsbürger und die USA hatten bereits einen eigenen Kommandotrupp nach Europa entsendet, um ihren Staatsbürger aus den Fängen der Terroristen zu befreien.

Also saßen die Einsatzleitung und der Krisenstab der NOCS beisammen in einem abhörsicheren Raum und beratschlagten, wie sich der Einsatz gestalten könnte. Am nächsten Morgen, dem 28. Januar 1982, fuhren die Mitglieder der Spezialeinheit mit einem Möbeltransporter vor das Haus, in dem die Geisel vermutet wurde. Unbeachtet von den Passanten und den Bewohnern stiegen die als Möbelpacker verkleideten Mitglieder der NOCS aus und benahmen sich völlig unauffällig. Zunächst musste das Team herausfinden, ob die Eingangstür zur Wohnung der Roten Brigaden mit Sprengstoff ausgestattet war.

Aus diesem Grund wurden ein NOCS-Mitglied und eine weibliche Kollegin der italienischen Polizei als verdeckte Ermittler in das Haus geschickt. Ihre Aufgabe war es, sich als Pärchen auszugeben, das den Zahnarzt aufsuchen wollte, der in dem Haus ebenfalls seine Praxis hatte. Die Eingangstür zur Arztpraxis befand sich im selben Stockwerk wie die

Wohnung der Terroristen. Als die beiden Mitarbeiter der Spezialeinheit endlich im richtigen Stockwerk waren, hatten sie die Chance zu prüfen, ob die Tür mit Sprengstoff versehen war. Sie war es glücklicherweise nicht. Die beiden teilten dies sofort ihren Kollegen mit. Der Einsatz konnte starten.

Ein zwölfköpfiges Einsatzteam begann leise die Treppen zur Wohnung der Roten Brigaden hinaufzusteigen. Im Team des NOCS befanden sich ein Boxweltmeister und ein Kampfsportweltmeister. Höchste Vorsicht war geboten, man durfte nichts dem Zufall überlassen. Mit einem Satz drang die Spezialeinheit in die Wohnung ein. Der Einsatz verlief blitzartig: Ein Mitglied der Spezialeinheit brach die Eingangstür mit einem Schlag auf und verwendete eine Terroristin als Schild, um zu den anderen Terroristen vorzudringen. Die Roten Brigaden waren mit schweren Waffen, Bomben und Gewehren ausgestattet. Doch sie hatten keine Gelegenheit mehr, zu ihren Waffen zu greifen, so schnell werden sie von den Mitgliedern der Spezialeinheit entwaffnet. Einer der Terroristen hält ein Gewehr auf die Geisel gerichtet. Ein Mitglied der NOCS schlägt ihm jedoch mit dem Gewehrkolben ins Gesicht. Im selben Moment ist ein Kollege von ihm schon bei General James Lee Dozier, der im Zelt sitzt und nicht versteht, was um ihn herum geschieht. Dozier ist der irrtümlichen Meinung, dass gerade eine rivalisierende Terrorgruppe die Roten Brigaden überfällt und ihn entführen will. Als sich die Mitglieder der NOCS zu erkennen geben und ihm klarmachen, dass er soeben befreit wurde, ist er überglücklich: »Wonderful. The police«, sind seine ersten Worte, die anschließend um die Welt gehen. Für die Mitglieder der Spezialeinheit ist die Befreiung des Generals eine der wichtigsten Einsätze und wird noch heute als eine Glanzleistung gehandelt. Und zwar vor allem deshalb, weil der Einsatz ohne die Tötung eines der fünf Terroristen der Roten Brigaden vonstattenging.

General James Lee Dozier wird in Windeseile zum Polizeihauptquartier gebracht und muss dort gemeinsam mit der Polizei eine Pressekonferenz geben. Die Neuigkeit über seine Befreiung verbreitet sich wie ein Lauffeuer und die Medien überschlagen sich mit der positiven Eilmeldung. Den Mitgliedern der NOCS, die an diesem Einsatz beteiligt waren, wird von der US-Regierung die Silbermedaille der Vereinigten Staaten verliehen. Der amtierende US-Präsident Ronald Reagan gratuliert via Telefon seinem General zur Freilassung. Er hatte zeitgleich mit den NOCS den texanischen Unternehmer und Präsidentschaftskandidaten Ross Perrot gebeten, seine persönliche Security nach Europa zu senden, um den General zu befreien. Das Team von Perrot war noch auf dem Flug von Texas nach Italien, da war der Einsatz der NOCS bereits erfolgreich abgeschlossen.

Die fünf gestellten Terroristen, unter ihnen Antonio Savasta, wurden zu jeweils 16 Jahren Haft verurteilt. Nach zehn Jahren wurde Savasta jedoch begnadigt. Als man General James Lee Dozier fragte, wie er auf diese Begnadigung reagiere, antwortete er in seiner betont diplomatischen Art: »Wenn dieser Mann in den Augen der italienischen Behörden ausreichend bestraft wurde, dann ist das in Ordnung für mich.«

General James Lee Dozier ist heute in Pension. Er lebt in Florida und arbeitet immer noch mit der US Air Force zusammen. Er hat lange Zeit Kurse zum Umgang mit Geiselnehmern und dem Verhalten bei Entführungen gegeben.

Augusto de Megni: 112 Tage in der Hand von Kidnappern – 1990

Es war schon Abend. Dino de Megni und sein zehnjähriger Sohn Augusto waren alleine zu Hause in ihrer Villa, die sich auf einem Hügel gegenüber der Stadt Perugia, der Hauptstadt Umbriens, befindet. Man schrieb den 3. Oktober 1990. Dinos Vater, der ebenfalls Augusto hieß, war ein bekannter Rechtsanwalt und Bankier und Gründer der Bank von Perugia und einiger anderer Finanzinstitute in Italien. Und er war außerdem bekennender Freimaurer. Die Familie war als fleißig und strebsam bekannt und genoss in Perugia einen sehr guten Ruf. Dino arbeitete in einem der Bankinstitute seines Vaters.

Das Feuer flackerte im Kamin, Dino saß an seinem Schreibtisch und arbeitete an einer Kundendatei, während der kleine Augusto in einem Buch las. Plötzlich bekamen die beiden unerwarteten Besuch. Die vier bewaffneten und maskierten Männer wünschten auch keinen »Guten Abend«, sondern fesselten Dino an einen Sessel und klebten ihm den Mund zu. Einer hielt Augusto mit einer Waffe in Schach. »Den Kleinen hier, den nehmen wir mit«, waren ihre letzten Worte. Dann schnappten sie sich vor den Augen des verzweifelten Vaters den Jungen und entflohen in der Nacht.

Dino de Megni konnte seine Tränen nur schwer verbergen. Mit letzter Kraft versuchte er mit dem Sessel zu seinem Schreibtisch vorzurücken, denn er erinnerte sich, dass er dort eine Schere hatte liegen lassen, und er hoffte, sich damit befreien zu können. Langsam bewegte er den Sessel nach vorne. Es gelang. Nachdem er sich von den zahlreichen Schnüren und Drähten, die um ihn gewickelt waren, befreit hatte, griff er sofort zum Telefon und rief die Polizei an, um die Entführung seines Sohnes zu melden. Die Beamten der Polizeiwachstube Perugia waren in wenigen Minuten bei ihm und nahmen alle Details auf. »Konnten Sie irgendetwas erkennen, Herr de Megni? Ein Detail würde uns schon helfen.« Doch so sehr sich Dino de Megni auch bemühte, er stand noch zu sehr unter Schock. Das Einzige, woran er sich erinnerte, war die sonore Stimme des einen Entführers und das entsetzte Gesicht seines Kindes. »Wenn wir uns beeilen, dann besteht vielleicht noch die Chance, dass wir sie auf der Straße finden.«

Noch in der Nacht errichtete die Polizei in der Umgebung mehrere Straßensperren und kontrollierte die Fahrzeuge. Darunter war auch der Wagen der Entführer. Doch diese passierten die Kontrolle unbemerkt mit Augusto, der hinten im Wagen auf dem Boden lag. Die Männer fuhren mit dem entführten Kind über 160 Kilometer weit. Sie wollten

Augusto de Megni aus der Nähe seiner Familie und stattdessen an einen Ort bringen, wo man ihn nicht kannte.

In der Zwischenzeit überprüften zahlreiche Polizeibeamte die Umgebung auf der Suche nach dem Fahrzeug mit den Entführern. Doch vergeblich. Weder der Wagen noch das Kind wurden in den nächsten 24 Stunden gefunden. Für den Vater von Augusto war das ein schwerer Schlag.

Die Tage vergingen wie im Flug und man hörte weder etwas von Augusto noch von den Entführern. Die de Megnis waren ein starker Clan, doch sie vermissten ihren Jüngsten und machten sich große Sorgen um das zehnjährige Kind. Auch ein Verbrechen schlossen sie nicht aus. Und je länger das Kind entführt war, desto schlechter fühlte sich seine Familie. Nach 27 Tagen kam plötzlich eine Nachricht ins Haus mit der Aufforderung, 20 Milliarden Lire – das sind 10 Millionen Euro – auf ein Konto der Bank von Rom einzubezahlen. Die Familie von Augusto wäre der Aufforderung der Entführer sofort nachgekommen, wenn sie es gekonnt hätte. Doch just zu diesem Zeitpunkt trat in Italien ein neues Gesetz in Kraft, welches den Familien von Entführungsopfern verbot, Lösegeld an die Entführer zu zahlen. Der Hintergrund war klar: Die Regierung wollte Entführern so das Handwerk legen.

Die italienische Regierung bedient sich bei einer Entführung mit Lösegeldforderung eines ganz besonderen Mittels: Das Geld der Familie des Opfers wird per Gesetzesbeschluss eingefroren. Dadurch versucht man in Italien, die zahlreichen Entführungen einzudämmen und es den Entführern so schwer wie möglich zu machen. So geschah es auch mit dem Konto der Familie de Megni. Nun hatten die de Megnis keine Möglichkeit mehr, an ihr eigenes Geld zu kommen. Das Ganze diente natürlich zu ihrem eigenen Schutz. Doch das interessierte die Familie de Megni nicht, sie wollte unbedingt den kleinen Augusto freibekommen und dafür war ihr jedes Mittel recht. Traurig saßen sie abends beisammen und überlegten eine neue Taktik, bis sie schließlich über die Polizei Kontakt zur Spezialeinheit NOCS aufnahmen.

Die Entführung des kleinen Augusto beschäftigte aber nicht nur seine eigene Familie, auch die Schüler seiner Klasse waren traurig und wollten der Familie auf besondere Weise beistehen. Eines Tages organisierten sie eine Großkundgebung mitten in Perugia, bei der sie öffentlich die Freilassung des Jungen forderten. An diesem Tag gingen Tausende Kinder und ihre Familien auf die Straße für Augusto und seine Familie.

Die Suche nach Augusto hielt ganz Italien in Atem. Eines Tages erhielt die Spezialeinheit NOCS den entscheidenden Hinweis, dass das Kind möglicherweise in einem Versteck in der Provinz Pisa, in Volterra, sei. Die Mitglieder der Spezialeinheit machen sich auf den Weg. Sie fliegen mit vier Hubschraubern die Gegend ab und werden schließlich fündig. Es ist der 112. Entführungstag von Augusto de Megni und endlich gibt es Licht am Ende des Tunnels. Als die Hubschrauber in der Nähe des Gutes mit dem Namen Poggio la Rocca landen, ist es früher Morgen. An diesem Tag werden sie von rund 200 Polizisten bei der Suche nach dem kleinen Jungen unterstützt. Bei Poggio la Rocca entdecken sie einen Wald. Eigentlich ein perfekter Platz, um sich zu verstecken. Die Mitglieder der NOCS gehen in den Wald, während die Kollegen von der Polizei das Gut absuchen. Die Männer durchkämmen endlos lange den Wald, bis sie zu einem Platz kommen: einem Felsen mit einer – offensichtlich – selbst gebauten Höhle darunter, rundherum üppige Vegetation und daher von der Ferne kaum zu erkennen. Vor der Höhle stehen zwei Männer. Es handelt sich um zwei der Entführer. Nun wird es den Männern der NOCS immer klarer: In dieser Höhle wird der kleine Augusto de Megni gefangen gehalten.

Die beiden Entführer werden überwältigt und festgenommen. Doch dann entdeckt eines der Mitglieder der Spezialeinheit einen weiteren Entführer in der Höhle, deren Eingang von der üppigen Vegetation ganz verdeckt ist. Der kleine Augusto steht neben dem dritten Entführer. Der Mann, ein gewisser Antonio Staffa, ist der Polizei bereits bekannt. Er hat schon oft Entführungen geplant und war seit Jahren untergetaucht. Während die festgenommenen Entführer zu einem Wagen der Polizei geführt werden, spielen sich in der Höhle unter dem Felsvorsprung erschütternde Szenen ab. Die Mitglieder des NOCS haben den Eingang zur Höhle blockiert und beginnen mit dem Entführer zu verhandeln. Antonio Staffa zielt mit einer Waffe auf Augustos Kopf. Er spricht über das Gefängnis, dort will er nicht hin. Er verlangt einen Fluchtwagen. Die Spezialeinheit und auch die hinzugezogene Kriminalpolizei bleiben streng. Zuerst muss Augusto de Megni freikommen, dann kann über ein Fluchtauto verhandelt werden. Mit der Zeit gestaltet sich die Verhandlung immer schwieriger, sie wird mehrmals vom Kidnapper abgebrochen.

Dann debattiert der Entführer eine Stunde lang mit dem Verhandlungsführer der Spezialeinheit. Irgendwann kann Antonio Staffa den Verhandlungskünsten der NOCS nicht mehr standhalten. Er lässt die Waffe sinken und ergibt sich. Während Antonio Staffa festgenommen und zu einem Polizeiwagen geführt wird, befreien die NOCS den kleinen Augusto aus der Höhle. Er umarmt die Mitglieder der Spezialeinheit vor lauter Freude. Die Fotos von dem kleinen Augusto, eingewickelt in eine viel zu große Jacke und umringt von maskierten Mitgliedern der Spezialeinheit NOCS, gehen später um die ganze Welt.

Insgesamt hat die NOCS vier Entführer gefasst, die alle aus Sardinien stammten. Darunter befand sich ein Entführer, den Augusto den »guten Ganoven« nannte, weil dieser dagegen war, als die anderen vorhatten, ihm ein Ohr abzuschneiden, um es der Familie zu senden. Die Männer wurden zu 20 und 30 Jahren Freiheitsstrafe verurteilt.

Augusto de Megni hat die Entführung gut überwunden. Mit 15 Jahren verließ er seine Familie, um alleine zu leben und Fußballer zu werden. Jahre später, im Jahr 2004, nimmt er an einem Casting der Fernsehshow *Big Brother* teil, wird aber nicht ausgewählt. Dennoch startet er daraufhin eine Karriere beim Fernsehen, spielt in zahlreichen Serien mit und studiert nebenbei Kommunikationswissenschaften.

11. KAPITEL

USA – Die Prätorianer des Präsidenten

Einheiten: Special Weapons and Tactics
(SWAT) und US Secret Service

Der US-Präsident, ein Terrorziel in Österreich – 2006

US-Präsidenten leben gefährlich. Das Risiko, bei einem Attentat ums Leben zu kommen, ist für sie um ein Vielfaches größer als beispielsweise an Herzversagen zu sterben. 21-mal wurde bislang ein Mordanschlag auf einen amtierenden US-Präsidenten verübt. Tatort war meist Washington D.C., die Stadt des Amtssitzes. Vier Präsidenten starben. So wurde Abraham Lincoln am 15. April 1865 im Ford's Theatre während der Vorstellung von *Our American Cousin* von dem bekannten Schauspieler John Wilkes Booth in seiner Loge, in der er ohne Personenschutz saß, von hinten mit einer 44er Derringer erschossen. James A. Garfield wurde vier Monate nach seinem Amtsantritt am 19. September 1881 von einem verwirrten Charles J. Guiteau mit einem 442 Webley British Bulldog Revolver ermordet, als er in einen Zug einsteigen wollte. Der polnische Anarchist Leon Czolgosz erschoss mit einer Pistole am 14. September 1901 William McKinley beim Besuch der Weltausstellung in Buffalo, New York. John F. Kennedy wurde am 22. November 1963 bei seiner Fahrt im offenen Wagen in Dallas von Lee Harvey

Oswald mit einem 6,5-Millimeter-Mannlicher-Carcano-Gewehr durch mehrere Schüsse tödlich getroffen.

Fast alle US-Präsidenten haben Mordversuche erlebt. Meistens wurde das Attentat überlebt, oft kam es auch erst gar nicht dazu, weil der Secret Service den oder die Täter noch rechtzeitig überwältigen konnte. Aus diesem Grund ist der Schutz eines US-Präsidenten rund um die Uhr durch die Special Agents des Secret Service und bei seinen Reisen zusätzlich durch eigene Teams der Spezialeinheit SWAT unabdingbar. Wenn ein US-Präsident einem anderen Land einen Staatsbesuch abstattet, bedeutet das für die örtliche Polizei, die Sicherheitsdienste, die Geheimdienste, die Spezialeinheiten und die Mitglieder des Secret Service höchste Alarmbereitschaft. Der Präsident der Vereinigten Staaten von Amerika rangiert in der Skala der schutzwürdigen Politiker auf Platz eins. Ein Attentat oder ein Terroranschlag auf ihn und seine Mitarbeiter ist jederzeit möglich. Aus diesem Grund wird bei jedem Staatsbesuch im Ausland nichts dem Zufall überlassen.

George W. Bush war das fünfte Staatsoberhaupt, das nach Österreich reiste, nach John F. Kennedy im Jahr 1961, Richard Nixon 1972 und 1974, Gerald Ford 1975 und Jimmy Carter 1979. Bush sollte vom 21. bis 22. Juni 2006 dem EU-USA-Gipfel in der Wiener Hofburg beiwohnen. Dieser Besuch galt als Höhepunkt für Österreich, das damals den EU-Ratsvorsitz innehatte. Bush zählt zu den am meisten gefährdeten Menschen der Welt. Laut Bedrohungsanalyse des österreichischen Innenministeriums gab es für ihn eine »abstrakte, aber keine konkrete Gefährdung«.

Die Vorbereitungen für den Besuch des prominenten Staatsgastes beginnen vier Monate vor dem Termin. Zunächst treffen sich der Sicherheitsattaché der US-Botschaft in Wien mit hohen Beamten des Innen-, Außen- und des Verteidigungsministeriums, den Politoffizieren und dem zuständigen Protokollchef. Sie besprechen alle Details für die Organisation des EU-USA-Gipfels. So zum Beispiel, wo die verschiedenen Konferenzen stattfinden werden, wer welchen Konferenzen beiwohnen wird, wie man zu den Konferenzorten und den danach stattfindenden Staatsbanketts gelangt. Dabei erarbeiten sie den »roten Faden« und besichtigen gemeinsam alle Konferenz- und Veranstaltungsorte. Jede ihrer Besprechungen wird protokolliert. In den folgenden Wochen treffen sich diese Beamten noch sehr häufig. Immer wieder verändert sich der eine oder andere Baustein, und stets wird alles schriftlich fixiert.

Etwa sechs Wochen vor der Ankunft des US-Präsidenten trifft die Einsatzleitung der Präzisionsschützen der US-Spezialeinheit SWAT (Special Weapons and Tactics) in Wien ein. Diese Männer planen gemeinsam mit ihren Kollegen des EKO Cobra den Ablauf an den beiden Tagen im Juni, besichtigen ihre Einsatzplätze auf den Dächern in unmittelbarer Nähe der Konferenzorte und die umliegenden Straßenzüge. Zweieinhalb Wochen vor dem 21. Juni treffen erste US-Präzisionsschützenteams in Österreich ein. Es kommen immer an einem Tag vier bis zehn Präzisionsschützen an und bereiten sich dann gemeinsam mit den österreichischen Kollegen auf den besonderen Tag vor. Später werden sie gemeinsam auf den Dächern stehen und das US-Staatsoberhaupt beschützen, ein Präzisionsschütze der SWAT und einer des EKO Cobra.

Ebenso trifft ein erstes kleines Team des Secret Service ein und besichtigt mit den österreichischen Kollegen aus dem Innenministerium Konferenzorte wie die Hofburg, aber auch jene Orte, die Bush oder seine Frau besichtigen wollen, wie etwa das Rokoko-Schloss Schönbrunn, den Stephansdom, die Staatsoper. Ebenso werden die beiden Hotels, in denen der Präsident, seine Frau und die rund 900 Mitarbeiter aus dem Weißen Haus unterkommen werden, genau inspiziert. Das Hotel Intercontinental wird George Bush und seine Frau beherbergen und einen Großteil seiner Mannschaft. Es ist für andere Hotelgäste in dieser Zeit gesperrt. Im nahe gelegenen Hotel Hilton wird der Rest des Bush-Teams untergebracht. Traditionell werden in Österreich Staatsoberhäupter sonst im Fünfsternehotel Imperial untergebracht. Doch zur gleichen Zeit wie George W. Bush sind die Rolling Stones in Wien und Mick Jagger und seine Bandmitglieder logieren bereits im Imperial. Für den

US-Präsidenten werden im Hotel Intercontinental zusätzliche Sicherheitsmaßnahmen getroffen. So werden etwa schusssichere Zusatzfenster in der Präsidentensuite eingebaut. Ein Ding der Unmöglichkeit im Hotel Imperial, einem Palais aus dem Jahr 1882.

Vier Tage vor der Ankunft von George W. checkt ein Teil der Mannschaft des Pressestabs des Weißen Hauses bereits im Hotel Intercontinental ein. Das Team installiert seine Computer – und auf dem Hoteldach mehrere riesige Satellitenschüsseln. Außerdem werden Kilometer von Kabeln verlegt, um die abhörsicheren Telefonleitungen des Weißen Hauses zu installieren. Und zwar mit denselben Durchwahlnummern, die das Team auch in Washington hat.

Insgesamt 2600 Kilometer Kanal gelten in Wien als begehbar. Teile des gigantischen Kanal-Netzwerkes werden von der Wiener Polizei-Spezialeinheit WEGA gesichert: Ein Team von Spezialisten wird auch während des Besuches des Staatsgastes kritische Bereiche systematisch durchkämmen. Aufgabe ist es, verdächtige Gegenstände, Bomben oder Waffendepots auszuforschen, Zugänge zur Kanalisation zu sichern und Verdächtige zu stellen. Auch die geheimen Katakomben der Hofburg werden gemeinsam mit Mitarbeitern der Burghauptmannschaft inspiziert, der zuständigen Behörde für die Verwaltung und Baubetreuung historischer Gebäude, die sich im Besitz der Republik Österreich befinden. Das Verschweißen von Kanaldeckeln, wie es in Deutschland gefordert wurde, ist in Österreich nämlich kein Thema.

Einer der Vorteile, US-Präsident zu sein, ist es, niemals im Stau zu stehen und eine angenehme Dienstlimousine zu haben. Der Cadillac One, die fahrbare Festung des US-Präsidenten, ist laut Bill Clinton »fast so groß wie das Oval Office.« Der »Caddy« wird von den Insidern im Weißen Haus auch The Beast genannt: für mehr als 3 Millionen Dollar hat O'Gara-Hess & Eisenhart die Limousine zur fahrbaren Festung umfunktioniert. Die Türen sind 10 Zentimeter dick und können Panzerabwehrraketen standhalten, die Fenster sind aus kugelsicherem Glas – will der Präsident im Wagen arbeiten, muss er das Licht einschalten – und die Reifen können nicht platzen. Das sind nur wenige Details aus der langen Liste der Sicherheitsvorkehrungen. Auf jeden Fall wird der »Caddy« ebenfalls ein paar Tage vor dem Eintreffen George W. Bushs in drei Versionen am Wiener Flughafen angeliefert. Die Chauffeure testen – gemeinsam mit den Beamten der Wiener Polizei – drei verschiedene Routen vom Flughafen in die Wiener Innenstadt: Route A, B und C. Der Tag der Ankunft des amerikanischen Präsidenten naht nun mit Riesenschritten.

Am 20. Juni 2006 erwartet ihn dann ein ganz besonderes »Gastgeschenk«. Die Beamten der Wiener Polizei stoßen in den frühen Morgenstunden auf vier Bombenattrappen, platziert an neuralgischen Punkten in der Wiener Innenstadt: Eine Bombe befindet sich vor dem Hotel, in dem Bush nächtigen wird, eine weitere im Stadtpark, der sich vor dem Hotel Intercontinental befindet, eine dritte auf einer der Fahrtrouten und die vierte am Burgring. Alle vier Bombenattrappen sind mit dem Hinweis »Gastgeschenk für George W.« versehen. Noch rechtzeitig vor der Ankunft des Staatsgastes können die Bombenattrappen von Experten des Entminungsdienstes gesichert werden.

Rund 2000 Polizei- und WEGA-Beamte aus Österreich sind seit Stunden in Position, hinzu kommen 200 Mitglieder des EKO Cobra, 600 Mitarbeiter des Secret Service sowie SWAT-Präzisionsschützen. Die Luftraumüberwachung übernimmt das österreichische Bundesheer mit F-SE-Tiger II, die mit »Sidewinder« bewaffnet sind.

Während über dem Rollfeld mehrere Hubschrauber kreisen, in denen mit Gewehren bewaffnete Mitglieder des EKO Cobra zu sehen sind, gerät das Blut der österreichischen Politiker in Wallungen, als eine mit weiß-blauer Bemalung und der Aufschrift »United States of America« versehene Maschine auf der Landebahn am Flughafen Wien-Schwechat aufsetzt. Doch zu früh: Diesmal handelt es sich noch nicht um die Maschine des US-Präsidenten, sondern um das Protokollflugzeug, einem Vorboten für die Präsidentenmaschine. Die Air Force One, mit George W. und seiner Frau an Bord folgt kurz darauf.

Viel zu früh, eine Viertelstunde vor Termin, um 21.15 Uhr , landet die Air Force One auf österreichischem Boden. Bush und seine Frau Laura entsteigen der Maschine und werden vom Bundeskanzler begrüßt. Es folgt ein angeregter Small Talk. Auch Außenministerin Condoleeza Rice ist mitgekommen. Danach geht alles blitzschnell: Unter Bewachung von allen Seiten formiert sich ein Trupp, der die Staatsgäste zu drei gleichen Cadillacs – ausgestattet mit Präsidentenwappen und US- sowie österreichischer Beflaggung – führt. Sichtlich gut gelaunt steigt George W. Bush in eine der Limousinen. Seine Frau und die US-Außenministerin nehmen in einer anderen Platz. Die Gäste werden nach Wien gebracht. Vor und hinter den Limousinen fahren Hunderte Personenschützer und Delegationsmitglieder. Selbst ein Krankenwagen begleitet den Tross. Auch Hubschrauber mit dem EKO Cobra an Bord folgen dem Konvoi. Dieser besteht aus 46 Fahrzeugen, darunter ein technisches Fahrzeug mit Berge- und Dekontaminationsmöglichkeit, SWAT-Teams aus dem Entschärfungsbereich und Mitarbeitern des Weißen Hauses.

Die Fahrt nach Wien verläuft problemlos. An strategischen Punkten der Flughafenautobahn sind alle 100 Meter Polizisten platziert, um zu verhindern, dass sich jemand vor den Wagen des Präsidenten wirft. Die Polizisten funken weiter an ihre Kollegen, dass »George W. gerade vorbeigefahren« sei. Während der US-Präsident nach Wien chauffiert wird, hören Mitglieder des Secret Service, die ihn vor dem Hotel Intercontinental erwarten, plötzlich einen lauten Knall aus dem nahen Stadtpark. Dort feiert gerade eine Hochzeitsgesellschaft. Die Brautleute hatten sich vor Monaten ein Feuerwerk genehmigen lassen, das auch vor dem Eintreffen Bushs gezündet wurde – sehr zum Entsetzen der Mitglieder des Secret Service, die darüber nicht informiert worden waren.

Gleichzeitig wird in der Präsidentensuite Feueralarm ausgelöst. »Das darf doch nicht wahr sein«, ruft ein Mitglied des Secret Service über sein Kopfmikrofon seinen Kollegen zu, die beim Hoteleingang stehen. Panik beim Secret Service. Als der Kollege noch einmal die Suite betritt, kommt ihm der Gestank von verbranntem Plastik entgegen. Dann sieht er das Malheur: Ein anderer Kollege hatte nach einem letzten Rundgang in der Suite auch die Herdplatten in der kleinen Küche ausprobiert. Dabei hatte er vergessen, sie wieder abzudrehen. Eine auf dem Herd abgestellte Plastiktasche hatte zu schmoren begonnen und das Zimmer verqualmt. Der Alarm ging zwar bei der Wiener Feuerwehr ein, aufgrund der eingebauten Zusatzfenster konnte man jedoch die Suite nicht mehr rechtzeitig lüften. George W. und seine Frau müssen nun in einem Raum mit beißendem Plastikgestank nächtigen.

Nach einer viertelstündigen Fahrt sind der US-Präsident und seine Mitarbeiter im Hotel Intercontinental und im Hotel Hilton gelandet und beziehen ihre Zimmer. Es ist bekannt, dass der Präsident gerne früh schlafen geht. Dieser Tag wäre – mit kleinen Pannen – geschafft. Doch während hinter verschlossenen Türen der Präsident und seine Frau entspannen, wachen Hunderte Mitglieder des Secret Service und der österreichischen Polizei über ihren Schlaf. Das Hotel Intercontinental wurde zu einer Festung ausgebaut: Rund um das Hotel ist eine Sperrzone errichtet worden, die mit Betonblöcken gegen durchpreschende Autos abgesichert ist. Davor patrouilliert die Polizei.

Am nächsten Morgen, gleich nach dem Frühstück, verlässt George W. sein Hotel in seinem Cadillac. Die beiden anderen Cadillacs folgen ihm und biegen ebenso Richtung Hofburg ab. Im mittleren Wagen sitzt der US-Präsident, er wird flankiert von 46 Autos, in denen seine Secret-Service-Mannschaft mitfährt, dicht gefolgt von 18 Polizisten auf Motorrädern. Um Fernzündungen von Bomben per Mobiltelefon oder Funk zu verhindern, werden über ein Spezialfahrzeug der Spezialeinheit Observation, das im Konvoi des Präsidenten mitfährt, Frequenzen kontrolliert.

Auf den Dächern wachen zu diesem Zeitpunkt die US-Präzisionsschützen und des EKO Cobra über George W. und beobachten jeden Passanten auf der Straße. Alle Ampeln auf dem Ring sind auf Grün geschaltet: Die Wiener Innenstadt gleicht zu diesem Zeitpunkt einer Geisterstadt. Währenddessen empfängt in der Hofburg Bundespräsident

Heinz Fischer seinen Gast, eine halbe Stunde später ist der nächste Termin mit Bundeskanzler Wolfgang Schüssel und schließlich findet der EU-USA-Gipfel statt. Während George W. Bush in Wien Weltpolitik macht, besichtigt seine Frau Laura den Stephansdom. Dafür wurde eigens die gesamte Wiener Innenstadt abgeriegelt. Sie wird von Hunderten Polizisten bewacht. Auch Museen und Geschäfte sind an diesem Tag geschlossen. Ein großräumiges Flugverbot über Wien für Privat- und Sportflugzeuge wurde außerdem verhängt.

Währenddessen finden in Wien am Vormittag und erneut am Nachmittag Demonstrationen mit rund 15 000 Teilnehmern gegen den US-Gast und seine Politik statt. Auch hier leisten die Beamten der Polizei Unglaubliches und überwachen die beiden Großkundgebungen mit Hunderten Kollegen. Doch George W. ist schon mit seinem Cadillac auf dem Weg zur Nationalbibliothek, wo er sich Studenten einer Diskussion stellt. Anschließend trifft er noch die Wiener Sängerknaben. Dann fährt der Konvoi mit dem Präsidenten, seiner Frau und der US-Außenministerin wieder Richtung Flughafen. Dort werden die Staatsgäste vom Bundespräsidenten verabschiedet. Als die Air Force One sich in die Luft erhebt und den österreichischen Luftraum verlassen hat, atmen nicht nur Österreichs Sicherheitsverantwortliche auf. Als Zeichen der Dankbarkeit organisiert die US-Botschaft in Wien für die Mitglieder der Spezialeinheit, der Polizei und im Beisein der zuständigen Minister die traditionelle »Wheels up«-Party im Hotel Hilton. An diesem Abend wird in Wien ausgiebig gefeiert, während in Ungarn, wo George W. bereits gelandet ist, derselbe Sicherheitsrummel gerade von vorne beginnt.

12. KAPITEL
JORDANIEN – Verbrecherjagd im Königreich

Einheit: Special Gendarmerie Unit 14

Festnahme gefährlicher Drogenhändler – Dezember 2012

Der 28. Dezember 2012 war ein Freitag. Noch vier Tage bis Neujahr. In Jordanien ist es – wie in Europa auch – zu dieser Zeit überwiegend ruhig auf den Straßen. Dennoch sind die Ordnungskräfte gerade dann besonders wachsam. Der Kommandant der Unit 14, der Spezialeinheit der jordanischen Gendarmerie, erhielt in den frühen Morgenstunden per Telefon von seinem Kollegen aus dem Antidrogen-Dezernat den Hinweis, dass eine Gruppe gefährlicher Drogenhändler gerade dabei sei, einen Drogentransport in der Nähe der Hauptstadt Amman vorzubereiten. Sie müssten so rasch wie möglich gefasst werden, denn diese Drogen durften nicht in Umlauf kommen, lautete der Auftrag der zuständigen Behörde.

Die Kollegen vom Inlandsgeheimdienst hatten bereits ein Haus außerhalb von Amman lokalisiert, in dem die Drogenhändler wohnten. In einer Farm, die neben diesem Haus lag, wurden von den Drogendealern Hanf-, Kokain- und Opiumplantagen angelegt. Außerdem gab es eine zweite Farm, die etwa einen Kilometer entfernt lag, die ebenfalls als Drogenplantage diente.

Zunächst wurden das Haus und die beiden Farmen gefilmt und fotografiert. Das ermöglichte es der Spezialeinheit, die Gebäude genau zu analysieren, wie viele Stockwerke es in dem Haus gab, wie viele Fenster, welcher Drogenhändler in welchem Raum agierte und wo er nächtigte, wer sich wann an der Eingangstür aufhielt. Es wurden einfach alle Informationen über die verdächtigen Drogenhändler und die Gebäude, in denen sie lebten, und jene, in denen sie arbeiteten, zusammengetragen. Nachdem das ganze Material analysiert worden war, bereitete die Spezialeinheit einen Angriffsplan vor.

Dieser Plan sah vor, Präzisionsschützen an strategisch höher liegenden Punkten rund um das Haus zu positionieren. Von dort aus sollten die Präzisionsschützen auch darauf achten, dass die Truppe, die am Boden agieren würde, nicht von den Drogenhändlern überrascht und unter Beschuss genommen werden könnte. Des Weiteren sollten Spezialisten rund um das Haus positioniert werden, die dann zeitgleich in das Haus wie in die beiden Farmen eindringen würden. Den Drogenhändlern sollte keine Möglichkeit zum Schuss oder zur Flucht gegeben werden. Das war das Ziel des Einsatzes.

Während des Einsatzes sollte ein Mitglied alles filmen, ein weiteres Mitglied der Spezialeinheit fotografierte. Als der Einsatzplan stand, legte der Kommandant den Tag fest und koordinierte den Einsatz mit den Kollegen vom Antidrogen-Dezernat. Er sollte drei Tage vor Beginn des neuen Jahres stattfinden, um 6.30 Uhr morgens.

An besagtem Tag und zu besagter Uhrzeit, es war noch vor Sonnenaufgang, hatten sich die Mitglieder der Unit 14 in Position gebracht: Die Präzisionsschützen lauerten auf den gegenüberliegenden Häusern und beobachteten jede Bewegung in und rund um das Haus und die Farm. Währenddessen pirschte sich die Einsatzleitung gemeinsam mit den Männern, die in das Haus und die Farm einbrechen sollten, Richtung Gebäude voran.

Plötzlich hört das Team Schüsse in der Nachbarschaft des Hauses und der Farm. Die Schüsse kamen von einem anderen Haus, in dem der Cousin eines der Drogenhändler wohnte. Er schießt in den Himmel. Es sind Warnschüsse, er will die Spezialeinheit damit zum Aufgeben bringen. Doch die Mitglieder der Unit 14 lassen sich von den Warnschüssen nicht beeindrucken. Die Präzisionsschützen beobachten den Vorfall und kommunizieren den Kollegen, die am Boden agieren, jede Bewegung in den umliegenden Häusern. Die Kommunikation innerhalb der Einheit ist deshalb so wichtig, weil die Kollegen im Team arbeiten und sich jede Bewegung in und um den Einsatzort mitteilen müssen, um niemanden während des Einsatzes zu gefährden. Während der Cousin eines der Drogenhändler weiterhin in die Luft schießt, sind die Männer von der Unit 14 bereits im Haus und in der Farm und arbeiten sich langsam vorwärts.

Alles ist genauestens geplant: Jedes Mitglied der Spezialeinheit weiß, wie weit es gehen darf, bis zu welchem Raum, bis zu welcher Tür, bis zu welchem Täter. Jeder hat genaue Order erhalten, was er wie wann tun darf. Dazu zählt auch die Fotodokumentation; sie veranschaulicht, wie der Tatort aussieht: Das hilft den Mitgliedern der Spezialeinheit bei der Operation sehr.

Im Inneren des Hauses nimmt die Unit 14 gleich sieben Drogenhändler im Alter zwischen 23 und 35 Jahren fest. In den verschiedenen Räumlichkeiten im Haus werden zahlreiche Waffen sichergestellt, darunter Kalaschnikow-Sturmgewehre und eine ganze Menge an Munition. In den beiden Farmen findet das Antidrogen-Dezernat etliche Drogenpflanzen, die die Beamten gleich mitnehmen. Insgesamt wird 750 Kilogramm Marihuana sichergestellt.

Der Einsatz hat insgesamt 45 Minuten gedauert, verletzt wurde dabei niemand. Frauen und Kinder, die sich zum Zeitpunkt des Einsatzes im Haus befanden, werden von den Verdächtigen isoliert, um sie keiner Gefahr auszusetzen. Die Spezialeinheit ist darauf trainiert, die Täter zu stellen und nicht zu richten. Derartige Einsätze sollen nach humanitären Kriterien stattfinden und nicht als brutale Überfallaktion.

Als der Einsatz beendet ist, gibt der Kommandant den Befehl, wieder in die Einsatzzentrale zurückzukehren. Das Team springt in die Einsatzfahrzeuge. Der Einsatz ist gut gelaufen, die Drogenhändler konnten noch rechtzeitig aufgehalten werden. Das ist die Hauptsache. Ihnen wird in den nächsten Monaten der Prozess gemacht.

Verhaftung eines Schwerverbrechers in Amman – 2013

Der Mann war gefährlicher als die meisten Verbrecher, mit denen es die Spezialeinheit bislang zu tun gehabt hatte. Er hatte mehrere Morde begangen, er handelte mit Drogen, er stahl Autos und demolierte sie, er kaufte und verkaufte schwere Waffen, er handelte mit allem, nur um zu Geld zu kommen. Er war einer der brutalsten Menschen, die in Jordanien frei herumliefen. Er war verrückt und in seinem Wahn unkontrollierbar. Der Polizei gegenüber hatte er so wenig Respekt wie vor jedem anderen Menschen, der seinen Weg kreuzte. Er war eine Gefahr für sich und für andere. Als der Geheimdienst in der Zentrale der Spezialeinheit Unit 14 am 20. Februar dieses Jahres anrief, glaubte schon niemand mehr daran, dass man ihn jemals zu fassen bekäme. »Macht euch bereit, wir haben ihn gefunden«, lautete die knappe Information an die Kollegen.

Seit fünf Monaten war der jordanische Geheimdienst ihm schon auf den Fersen. Es war immer dasselbe Spiel: Kaum hatte man ihn ausgeforscht, war er auch schon wieder abgetaucht. Es verging kein Tag, an dem nicht ein Hinweis aus der Bevölkerung einging, wo der gesuchte Verbrecher sich gerade versteckte. Wann immer die Polizei dann zur genannten Adresse kam, wurde ihr mitgeteilt, dass der Mann sich bereits mit unbekanntem Ziel davongemacht hätte.

Mit der Zeit gewann das Spiel an System. Der Mann, er war etwa 45 Jahre alt, führte die Beamten an der Nase herum. Immer wenn sie ihn fast hatten, entwischte er ihnen. Anfang Februar hatte er erneut zwei Menschen, die sich ihm widersetzt hatten, brutal umgebracht.

Nun verfolgte ihn der Geheimdienst über seine Telefonnummer und zeichnete seine Wege auf, um daraus eine Strategie abzuleiten. Doch auch dies brachte nicht weiter. Er war einfach nicht zu greifen. Der Mann war überall und nirgends: Er legte weite Strecken zurück und dann wieder kurze. Ein System war nicht zu erkennen. Er war spontan, und das machte es den Beamten so schwer. Obwohl sie ihm innerhalb eines Umkreises von einem Kilometer folgten.

Am 20. Februar 2013 schien sich jedoch ein erster Erfolg bei der Verfolgung dieses Mannes abzuzeichnen. Der jordanische Geheimdienst hatte mitten in Amman ein Haus ausfindig gemacht, in dem er angeblich lebte. Also machte sich ein Team des Geheimdienstes gemeinsam mit den Kollegen von der Unit 14 auf den Weg zu dieser Adresse. Das Haus und die Umgebung wurden fotografiert und gefilmt.

Das Datenmaterial wurde in der Einsatzzentrale der Unit 14 analysiert, anschließend wurde beratschlagt, was nun zu tun sei. Noch am gleichen Tag erfährt die Truppe jedoch, dass der Verdächtige sich schon wieder aus dem Staub gemacht hat. »Ich wusste es, den werden wir nie fassen. Er ist zu geschickt und wir sind zu langsam«, lauteten die Kommentare der Mitglieder der Spezialeinheit.

Am Donnerstag darauf erhält der Kommandant der Unit 14 aus dem Innenministerium die Information, dass der Mann einen neuen Standort habe: Er befinde sich zwar in derselben Gegend, aber in einem anderen Haus. Er sei im Haus seines Bruders, sagt der Geheimdienst diesmal. Der Kommandant der Unit 14 beschließt, umgehend zu reagieren und den Mann endlich festzunehmen.

Also trommelt er seine Eingreiftruppe zusammen und ordnet an, bereits in der Nacht Stellung zu beziehen. Sicherheitshalber verteilt der Kommandant die Mitglieder der Spezialeinheit auf beide Gebäude. Gegen 1 Uhr morgens haben sich die Mitglieder der Spezialeinheit rund um die beiden Gebäude postiert. Die Präzisionsschützen sind ebenfalls in Position und informieren ihre Kollegen über die Situation in den umliegenden Häusern. Amman schläft, keine suspekten Bewegungen.

Am Freitag gegen 3 Uhr morgens führt der Verdächtige ein Telefonat. Er unternimmt aber keinen Fluchtversuch. Etwa zwei Stunden später gibt der Kommandant den Befehl, den Verdächtigen zu fassen. Die Unit 14 dringt also um 5 Uhr früh zeitgleich in beide Gebäude ein. Diesmal haben die Mitglieder der Spezialeinheit gute Arbeit geleistet; sie nehmen beide Männer fest, den Verdächtigen und seinen Bruder. Beide hatten geschlafen und bemerkten die eindringenden Beamten zu spät.

Bei der Überprüfung beider Häuser entdecken die Mitglieder der Spezialeinheit verstecktes Geld und Waffen. Die beiden Männer hatten ein ganzes Arsenal an Kalaschnikows versteckt. Als die Spezialeinheit sie fasst, sind beide Männer keineswegs reumütig. Sie treten nach den Mitgliedern der Unit 14 und beschimpfen sie lauthals. Mit dem Geld aus den Überfällen haben die beiden sich ein Luxusleben aufbauen wollen: schöne Autos, schöne Frauen und vieles mehr.

Die Nachbarn, die durch den Einsatz wach geworden sind, beglückwünschen die Mitglieder der Spezialeinheit jedoch. Sie sind froh, dass diese Verbrecher, die so lange schon ihr Unwesen getrieben hatten, endlich gefasst wurden. Die Männer werden abgeführt, der Prozess wird ihnen in Kürze gemacht.

13. KAPITEL

GROSSBRITANNIEN – Tatort an der Themse

Einheit: Central Operation Specialist
Firearms Command (SCO19, früher SO19 und
CO19)
MOTTO: LEGIBUS ET ARMIS (= DURCH RECHT
UND WAFFEN)

Razzia bei den IRA Provisionals – 1996

Es regnete schon seit Stunden, trotz der milden Temperaturen. Ein warmer Regen in Großbritannien, typisch April. In der Lugard Road waren alle Parkplätze besetzt. Doch in einem der vielen Autos, die vom Regen gewaschen wurden, regte sich etwas. Langsam ging vorne links das Seitenfenster des hellen, aber unscheinbaren Kleinwagens herunter. Ein Mann in schwarzer Lederjacke und mit schwarzer Mütze blickte vorsichtig, aber konzentriert nach oben, hinauf zu einem lang gezogenen Backsteinbau. Als plötzlich ein Kopf aus dem obersten Fenster herausschaute, zückte der Mann seinen Fotoapparat und drückte mehrmals auf den Auslöser. Das Klicken des Auslösers vermischte sich mit dem Geräusch des Regens, der auf die Windschutzscheibe prasselte. »Das war's. Wir können jetzt«, sagte der Mann zu seinem Kollegen, der am Steuer saß. Der Fahrer nickte und startete den Motor. Der Kleinwagen bewegte sich zügig von der Lugard Road 61 im Londoner Bezirk Southwark in Richtung A 202 und weiter hinüber zur Peckham High Street. Im selben Augenblick fuhr ein dunkler Kleinwagen in die Lugard Road und parkte genau an der Stelle, wo eben noch der helle Kleinwagen gestanden hatte.

Schon seit Monaten hatten Scotland Yard und der britische Geheimdienst MI5 immer wieder Observationsteams zu dieser Adresse geschickt, um die Bande, die sich dort verschanzt hielt, unauffällig zu beschatten und so viele Informationen wie möglich zu sammeln. Nun war es endlich Frühling, genauer gesagt der 14. April 1996. Die Beamten von Scotland Yard und dem MI5 hatten ganze Arbeit geleistet und eine umfangreiche Akte zusammengestellt, die Aufzeichnungen aller Bewegungen in und um den observierten Ort enthielt und auch viele Informationen über die sechs Männer, die hier wohnten. Sie wussten, dass in der Lugard Road mit der Nummer 61, diesem länglichen Backsteinbau mit zwei Stockwerken und einem begrünten Vorgarten, Mitglieder einer der radikalsten Terroristengruppen dieser Zeit lebten und ihren nächsten Coup planten. Die sechs Männer, alle etwa Mitte 30, verließen ihre Wohnung mit den drei Schlafzimmern und einer Terrasse eher selten. Sie verhielten sich sehr ruhig, was die Arbeit der Observationstruppe nicht gerade erleichterte. Dennoch gab es Wege und Mittel für die Observationsteams, um herauszufinden, was die sechs Männer hinter verschlossenen Türen austüftelten.

Auch das Team der Spezialeinheit SCO19 war bereits seit sechs Wochen in die Observationen mit eingebunden und wechselte sich mit den Kollegen aus der »Zentrale« im Stundenrhythmus ab. Die Männer der bekannten britischen Spezialeinheit waren zu dem Fall hinzugezogen worden, nachdem herausgefunden worden war, dass hier, im Süden der Stadt, der nächste Anschlag der Provisional Irish Republican Army – jener linken paramilitärischen Organisation, die aus der Spaltung der IRA im Jahr 1969 hervorgegangen war –, und zwar das Lahmlegen der gesamten Energieinfrastruktur von Südengland mithilfe mehrerer Bombenattentate, geplant wurde. Dieses gewaltige Attentat musste verhindert werden.

Der Plan der Mitglieder der Spezialeinheit sah vor, so rasch wie möglich in die Wohnung der Terroristen einzudringen und die sechs Männer zu fassen. Größte Vorsicht war bei diesem Einsatz geboten, denn niemand wusste, wie viel Sprengstoff man am Einsatzort finden würde und schon gar nicht, in welcher Form. Des Weiteren gab es keine Informationen darüber, ob Sprengstofffallen in der Wohnung gelagert wurden. Die konkrete Vorbereitung für diesen Einsatz erfolgte in der Nacht zum 14. April. Zu diesem Zeitpunkt machten sich 50 Mitglieder der Spezialeinheit bereit, die sechs Terroristen der IRA Provisionals, die von ihren Anhängern auch als »The Army« glorifiziert wurden, zu fassen. Im Team der SCO19 befanden sich neben den Voraus- und den Interventionsteams auch Sprengstoffexperten, Techniker und die Diensthundeführer mit ihren Sprengstoffspürhunden.

Der Plan der SCO19 sah vor, aus Sicherheitsgründen die Wohnung nicht durch die Eingangstür, sondern durch die Fenster zu betreten, denn es galt als wahrscheinlich, dass die Terroristen Sprengfallen an der Eingangstür angebracht hatten. Die Bombenexperten gaben ihren Kollegen schließlich den wichtigsten Hinweis für den Einsatz: nämlich keine Blendgranaten zu verwenden, da keiner wusste, auf welche unkonventionellen Sprengsätze man in der Wohnung stoßen würde und inwieweit die Wohnung mit Sprengstoff präpariert und gesichert war. Und so einigte sich die Einsatzleitung mit dem Team, die Terroristen in den frühen Morgenstunden zu überraschen und zunächst mit Tränengas zu betäuben.

In den frühen Morgenstunden des 15. April 1996 ist es schließlich so weit. Es ist 4 Uhr, als die Mitglieder der Spezialeinheit SCO19 in voller Montur mit Gesichtsmasken und bewaffnet mit Glock-Pistolen und Schrotflinten die Außenmauer des Hauses in der Lugard Road 61 hochklettern und dann die zweifach verglasten Fenster mit lautem Knall zerbersten lassen. Anschließend werden Tränengasgranaten ins Innere der Wohnung geworfen. Schnell bewegen sich die Männer der Spezialeinheit in Richtung der Schlafzimmer vorwärts, nicht ohne sich gegenseitig abzusichern, während unten auf der Straße und rund um das Backsteingebäude die Kollegen stehen und den Einsatzort bewachen und abriegeln.

Die sechs Terroristen der IRA schlafen noch, als die SCO19 in ihre Wohnung eindringt. Als die Männer durch den Lärm aufwachen, sind sie benommen, denn das Tränengas verfehlt seine Wirkung nicht: ihre Augen sind derart gereizt, dass die sechs Männer vor Tränen nahezu blind sind. Auch ihre oberen Atemwege sind durch den Wirkstoff gereizt. Den sechs IRA-Attentätern wird übel und sie haben Koordinationsstörungen, sie können sich kaum fortbewegen. Es ist ein Leichtes für die SCO19, die sechs Terroristen in diesem Zustand festzunehmen. Sie werden sofort abgeführt und ins Hauptquartier der Metropolitan Police zum Verhör gebracht.

Gemeinsam mit einem Bombenentschärfungsdienst, den Bombenexperten der Einheit und den Sprengstoffspürhunden durchkämmen die Mitglieder der Spezialeinheit das gesamte Haus und die Kellerabteile auf der Suche nach dem Sprengstoff, der laut den Attentatsplänen der IRA den Süden Londons in die Luft jagen sollte. In einem Kellergeschoss, das sich direkt unter der Wohnung der sechs Männer befindet, stellt die Spezialeinheit 37 breite Holzboxen, die Material zur Bombenherstellung enthalten, sicher: darunter Batterien und elektrische Drähte sowie Zündaggregate.

Nach dem 133 Kilo Plastiksprengstoff, der vermutlich die gesamte Elektrizität und Energieversorgung Londons lahmgelegt hätte, suchen die Beamten der Polizei tagelang in 7000 verschlossenen Garagen und ähnlichen Gebäuden im Süden Londons vergebens. Der Plastiksprengstoff wird niemals gefunden. Was die Polizisten jedoch finden, ist ebenso heiß: rund 40 gestohlene Autos und Diebesgut sowie Drogen im Wert von 1 Million Pfund (1 168 429 Euro).

Bei der Gerichtsverhandlung, die im Juni 1997 stattfand, erklärte einer der Angeklagten IRA-Köpfe, der 38-jährige Gerard Hanratty, warum die Polizei im April 1996 keinen Sprengstoff finden konnte. Schlicht und einfach: weil es keinen Sprengstoff gab. Der Plan der IRA-Zelle sah vor, Bombenattrappen mit geeistem Zucker anzufertigen, der, wenn man ihn durchleuchtete, aussah wie Plastiksprengstoff. Die Idee war, dass die britischen Behörden selber die Stromversorgung kappen würden, damit Bombenexperten die Attrappen untersuchen und auch gleich entschärfen konnten. Gerard Hanratty erklärte, dass die IRA keinen Grund hatte, die Öffentlichkeit während der heiklen Phase der Friedensgespräche zwischen Großbritannien und Nordirland mit massiven Explosionen zu beeinträchtigen. Hanrattys Verteidigungsplädoyer war nicht überzeugend genug, und so entschied der Richter nach einer 56 Tage dauernden Verhandlung, dass die Mitglieder der IRA eine Strafe in Höhe von 210 Jahren verbüßen sollten.

Der Raub der Millenium-Dome-Diamanten – 2000

Es sollte der größte Diamantenraub aller Zeiten werden, mit dem perfekten Plan und einem eingespielten Team. Doch daraus wurde dann der größte Einsatz der britischen Spezialeinheit SCO19.

Die britische Regierung hatte in den 1990er-Jahren unter Premierminister John Major den weltgrößten Kuppelbau Londons in Auftrag gegeben, den Millenium Dome, um die Feierlichkeiten zum neuen Jahrtausend würdevoll zu begehen. Auf der Greenwich Peninsula, einer Landzunge, die sich im Süden der britischen Hauptstadt befindet und von drei Seiten von der Themse umflossen wird, entstand ein feudales UFO-artiges Gebäude, welches bis heute zu den größten Kuppelbauten weltweit zählt. Am ersten Januar 2000 wurde das moderne Gebäude mit der »Millenium Experience«-Ausstellung eröffnet. In 14 verschiedenen Zonen zeigten zahlreiche Sponsoren eigens angefertigte Produkte in Ausstellungen: darunter L'Oréal, Marks and Spencer, BAE Systems, Manpower, Tesco, die Ford Motor Company und viele andere mehr.

De Beers, der größte Diamantenhändler und Diamantenproduzent der Welt, hatte extra für diese Ausstellung eine Glaswand anfertigen lassen, hinter der sich viele große und kleine Diamanten befanden – darunter der Millenium Star, mit seinen 203,04 Karat der zweitgrößte Diamant der Welt und mit einem geschätzten Wert von rund 200 Millionen Pfund. Diese Glaswand wurde mit dem größten Sicherheitsaufwand hergestellt, der jemals betrieben wurde: Sie bestand aus bruchsicherem Glas, das selbst der Wucht eines Schlages von mehr als 60 Tonnen standhalten sollte.

Im Spätsommer 2000 erhielten die Beamten von Scotland Yard eines Tages von einem Informanten den Hinweis, dass eine sehr gut organisierte Räuberbande plane, den Millenium Dome zu überfallen. Ein Jahr zuvor hatte die Polizei bereits zwei schwere Raubüberfälle in Nine Elms im Süden Londons und einen weiteren in Kent vereiteln können. Jedes Mal gingen die Räuber brachial vor: Sie waren schwer bewaffnet und benutzten Lastkraftwagen, in denen sie mit Eisenteilen präparierte Christbäume, die sie als Rammböcke verwendeten, transportierten. Die Bande konnte jedoch vor der Polizei mit Speedbooten über die Themse fliehen. Aufgrund der beiden Raubversuche wurden seither die Grundstücke in Kent, auf denen die Polizei wenig später die Lastwagen der Verbrecher identifizieren konnte, unter Beobachtung gestellt. Bei einer Sitzung der Kriminalpolizei diskutierten die Beamten über diese Räuberbande und den neuen Hinweis ihres Informanten. Einer ihrer Kollegen hatte erst unlängst den Millenium Dome besichtigt und warf die berechtigte Frage auf: »Vielleicht planen die Räuber ja, den Millenium Star zu stehlen.« Aufgrund der nicht ganz unbegründeten Vermutung begannen die Beamten mit ihren Ermittlungen.

Am 1. September 2000 identifizierten die Beamten des Kriminaldezernats drei der verdächtigen Räuber, als diese im Millenium Dome herumstreiften: Lee Wenham, Raymond Betson und William Cockram. Die drei Männer wurden dabei beobachtet, wie sie die Ausstellung besichtigten und Videos von den Exponaten machten. Damit war für die

Beamten mit einem Schlag klar, dass die Ausstellung – und vor allem die De-Beers-Glaswand – der Hauptanziehungspunkt war und der Grund für den nächsten Einbruch der Bande sein würde. Die drei Verdächtigen und auch der Millenium Dome wurden ab diesem Tag unter 24-stündige Beobachtung gestellt. Ebenso informierte die Kriminalpolizei De Beers und bat darum, die Diamanten rasch gegen wertlose Imitationen auszutauschen.

Während der Überwachung der Verdächtigen entdeckten die Kriminalbeamten einen weiteren Komplizen: Terry Millman. Millman war für die Beschaffung des Speedbootes verantwortlich. Willam Cockram und Raymond Betson wurden dabei beobachtet, wie sie die Themse und die darauf fahrenden Boote filmten, die Überwachung der Bande wurde intensiviert. Die Verbrecher wurden von den Kriminalbeamten öfter bei Rundgängen im Millenium Dome beobachtet und bei ihren Foto-Touren durch das Gebäude observiert. Ende September wurden die Räuber sogar dabei beobachtet, als sie eine Testfahrt mit einem Speedboot im Hafen von Kent machten.

Es verging nicht viel Zeit, und die Londoner Kriminalpolizei fand heraus, für welchen Tag die Verbrecher ihren großen Coup planten. Sie kommunizierten das voraussichtliche Datum für den Überfall, einen Tag im Oktober, an De Beers und das Management des Millenium Domes. Doch die Aktion wurde von den Verbrechern wieder abgeblasen. Denn an besagtem Tag im Oktober gab es eine Störung am Speedboot. Ein nächster Termin platzte knapp darauf, denn die Räuber fanden heraus, dass die Strömung in der Themse zur geplanten Tageszeit viel zu gering war, um mit dem Speedboot schnell flüchten zu können. Die Kriminalpolizei blieb nicht inaktiv in dieser Zeit: Aufgrund des bevorstehenden Coups tauschte die Metropolitan Police vorsichtshalber alle Mitarbeiter des Millenium Domes durch bewaffnete, verdeckt arbeitende Polizeibeamte aus. Einige Mitglieder der Verbrecherbande wurden dabei beobachtet, als sie Anfang November das Speedboot bereits am vorgesehenen Platz ankerten. Das war für die Polizei ein Indiz dafür, dass der Coup bald stattfinden würde. Des weiteren fanden die Beamten heraus, dass die Verbrecher sich nicht nur an der Strömung, sondern auch an der Höhe des Wasserstandes orientierten. Der Raub des Jahrhunderts sollte erst stattfinden, wenn der Wasserstand hoch genug war. So fanden die Beamten schließlich den Tag heraus: Es sollte der 7. November 2000 sein.

Der Einsatz der Kriminalpolizei trug den Namen »Operation Zauberer« und wurde von Detective Superintendent Jon Shatford von der Metropolitan Police geleitet. Insgesamt waren an diesem Tag 200 Polizisten im Millenium Dome und vor dem Gebäude im Einsatz, davon waren rund 40 Beamte von der Spezialeinheit SCO19 sowie weitere 60 bewaffnete Spezialisten vom Kriminaldezernat, das intern »Fliegende Truppe« genannt wird und sich mit der Bekämpfung von schwerer und organisierter Kriminalität beschäftigt. Etwa 20 Beamte waren direkt auf der Themse stationiert, um eine Flucht zu Wasser zu vereiteln. Weitere Beamte waren im Millenium Dome als Mitarbeiter im Einsatz. Währenddessen wurde der Kontrollraum des Millenium Domes von der Polizei zum taktischen und strategischen Einsatzraum umfunktioniert.

Die Mitglieder der Kriminalpolizei und der Spezialeinheit SCO19 wurden um 3 Uhr morgens am 7. November über den Ablauf des Einsatzes informiert, dann machten sie sich bereit. Einige von ihnen arbeiteten in dem Trakt, der die wertvolle, aber inzwischen ausgetauschte De-Beers-Sammlung hinter der Glaswand enthielt, als Reinigungskräfte. Ihre Waffen hatten die verkleideten Beamten in Müllbeuteln versteckt. Andere wiederum waren als Millenium-Dome-Mitarbeiter unterwegs. Jeder hatte eine bestimmte Funktion zu erfüllen, stand an einem bestimmten Platz im Dome und beobachtete. Das Team funktionierte perfekt, ergänzte sich mit jedem Schritt, kommunizierte über Mikrofone im Ohr und gab sich die Lage ständig durch.

Um 9.30 Uhr war der Startschuss für den größten Raubüberfall der Welt. Vier Mitglieder der Bande saßen in Schutzbekleidung und Gasmasken auf einem Bagger, sie waren mit Rauchbomben, Vorschlaghammer und Nagelpistolen bewaffnet und drangen gewaltsam in den Millenium Dome ein. Den Bagger verwendeten sie, um den Einfassungszaun und das Tor zum Millenium Dome zu durchbrechen und um in Richtung der »Geld-Zone«, in der sich die De Beers' Kollektion befand, vorzudringen. Die Eindringlinge warfen Rauchbomben vor sich auf den Boden und verschütteten eine Ammoniaklösung, um die Mitarbeiter des Dome zu betäuben.

William Cockrans Ziel war es, die De-Beers-Glaswand mit einer Hilti-Nagelpistole anzuschießen, danach sollte sein Kumpel Robert Adams einen Vorschlaghammer benutzen, um das angeschossene Glas gänzlich zu brechen und schließlich die Diamanten zu stehlen. Doch dazu kam es nicht. Die Mitglieder der Spezialeinheit SCO19 umzingelten die Bande und gaben den Männern den Befehl, sofort aus dem Bagger zu steigen und ihnen mit erhobenen Händen entgegenzutreten. »Euer Spiel ist aus, meine Herren. Kommen Sie sofort herunter und stellen Sie sich«, rief ihnen ein Mitglied der SCO19 zu.

Die vier Räuber waren derart perplex, als sie die 20 dunkelblau gekleideten Männer mit den Schutzhelmen und den Gewehren vor sich stehen sahen, dass sie zunächst ihren Augen nicht trauen wollten. Sie erstarrten für einen Augenblick, doch dann ergaben sie sich willenlos, stiegen von dem Bagger hinunter und legten sich auf Anordnung der Spezialeinheit vor den Beamten auf den Boden. Die Mitglieder der SCO19 lächelten unter ihren Masken. »Na, mit uns habt ihr nicht gerechnet, was?« sagte einer zu den Räubern. Die Mitglieder der SCO19 kamen nun näher und hielten ihre Waffen auf die vier vor ihnen Liegenden. Robert Adams konnte sich in diesem Augenblick vor den Beamten folgenden Satz nicht verkneifen: »Ich war nur zwölf inches entfernt vom Zahltag. Das wäre ein schönes Weihnachten geworden.« – »Pech gehabt, mein Lieber«, konterte ein Mitglied der Spezialeinheit. Die Mitglieder der SCO19 verhafteten die vier Männer und brachten sie nach draußen vor den Millenium Dome. Ein weiterer Räuber wurde auf dem Speedboot verhaftet, das auf der Themse auf die Bande wartete. Ein anderer Räuber wurde verhaftet, als er in einem Wagen, der auf der Nordküste gegenüber des Domes stand, die Polizeifrequenz verfolgte. Alle Bandenmitglieder wurden von den Beamten in Gewahrsam genommen, auch Terry Millman wurde in seinem Van gestoppt und auf die Polizeiwache im Süden Londons mitgenommen. Dort wurde die Bande in den folgenden Tagen verhört. Der Millenium Dome wurde gegen Mittag wieder für die Besucher freigegeben.

Aufgrund der Angaben der Inhaftierten konnten weitere sechs Bandenmitglieder wenig später im kleinen Städtchen Collier Street in der Nähe von Kent und in Horsmonden festgenommen werden, da gegen sie der Verdacht der Beihilfe zum Diebstahl bestand. Die Männer waren zwischen 38 und 62 Jahre alt.

Liz Lynch, Sprecherin von De Beers, stellte in einer Bekanntmachung klar, dass De Beers sofort nach Verständigung durch die Kriminalpolizei die Diamanten gegen Kristalle ausgetauscht hatte. Für die Bande wäre es, so Liz Lynch, allerdings auch schwierig gewesen, die echten Diamanten überhaupt an den Mann zu bringen, denn »der internationale Diamantenhandel ist sehr klein und überschaubar, dort kennt jeder jeden. Diese Juwelen haben den Gegenwert einer Mona Lisa oder eines Van-Gogh-Bildes und keiner hätte sie gekauft, denn es handelt sich um eine unbezahlbare Kollektion.«

Das Kidnapping von Victoria Beckham – 2002

Es geschah in jenem Jahr, in dem die britische Sängerin Victoria Beckham, ehemaliges Spice Girl und besser bekannt unter dem Namen »Posh Spice«, ihren 1,5-Millionen-Pfund-Vertrag mit Telstar Records unterschrieb, um ihrer ins Stocken geratenen Solokarriere einen neuen Auftrieb zu verschaffen. 2002 sollte ein super Jahr werden. Victoria Beckham arbeitete fieberhaft an ihrer letzten Single mit dem erfolgreichen Titel »Let Your Head Go/This Groove«, während ihr Mann, der Fußball-Superstar David Beckham, mit 16 Toren in 48 Spielen seine beste Saison bei Manchester United hatte.

Das Ehepaar Beckham war nach dem Tod von Prinzessin Diana zum meistfotografierten Promi-Ehepaar Großbritanniens aufgestiegen. Jeder ihrer Schritte wurde von zahlreichen Paparazzi verfolgt. Je erfolgreicher die beiden Beckhams wurden, desto mehr wollten die Journalisten über sie wissen und jagten ihnen schließlich durch ganz England hinterher. Die beiden Superstars hatten keine einzige freie Minute mehr. Sie engagierten zwar zwei Bodyguards, lieferten sich dennoch weiterhin mit den britischen Medien Verfolgungsjagden. Sie bekamen manchmal Morddrohungen und wurden ständig von Verehrern belästigt.

Ende Oktober erhielt Mazher Mahmood, Investigativreporter der Boulevardzeitung *News of the World*, den Hinweis, dass eine Verbrecherbande aus Osteuropa eine prominente Britin und ihre Kinder entführen wolle. Mahmood, der sich bei seinen verdeckten Recherchen gern als Scheich Mahmood ausgab und in England verantwortlich für die Strafverfolgung von knapp 100 Waffen- und Drogenhändlern sowie Pädophilen und Killern war, warf sich mit einem Team aus Reportern auf die Story. Gleichzeitig informierte er Scotland Yard. Der Reporter war bekannt dafür, mit der Polizei eng zusammenzuarbeiten. Er vereinbarte mit seinen Mitarbeitern, dass sie sich als Gauner ausgeben sollten, um so die Verbrecherbande aus Osteuropa infiltrieren zu können. Das erforderte eine gewisse Vorarbeit. Die Reporter schufen sich spezielle Lebensläufe, die ihre fiktive Laufbahn als »Kriminelle« aufzeigten. In diesen Lebensläufen kam auch der Name eines Mannes vor, der eine lebenslange Strafe im Hochsicherheitsgefängnis von Manchester absaß, er diente als Referenz. Dieser Häftling war ein Kontaktmann der Zeitung *News of the World,* er war eingeweiht und sollte im Falle eines Testanrufs der Verbrecherbande die nötigen Informationen über die Reporter bestätigen. Außerdem wurde im Lebenslauf eines Reporters erwähnt, dass er ein versierter Fahrer von Fluchtautos sei. Ein anderer Reporter erhielt den Hinweis, dass er ein »wohlhabender Ganove« sei.

Mazher Mahmood war darüber informiert worden, dass ein Mitglied der Verbrecherbande immer bewaffnet sei. Jedes Zusammentreffen mit dieser Bande konnte also für die Kollegen in einem Desaster enden. Das kommunizierte er ihnen und warnte sie eindringlich, wachsam gegenüber den Kidnappern zu sein und ja keinen Verdacht über ihre wahre Identität aufkommen zu lassen.

Die Verbrecherbande bestand aus zwei Gruppen: vier Männer und eine Frau aus Rumänien sowie eine weitere Bande, bestehend aus drei Männern und einer Frau aus Albanien. Die sich als Ganoven ausgebenden Reporter trafen sich mehrmals mit den Anführern der beiden Banden, um die Details des Kidnappings zu besprechen. Sie sprachen mit dem Albaner Luli Azem Krifsha und dem Rumänen Jay Sorin. Bei der Kontaktaufnahme zu den Kidnappern wurde sofort klar, dass es den Männern sehr ernst war mit der Entführung des Ex-Spice-Girls: »Wir bringen Victoria und ihre beiden Söhne Brooklyn und Romeo in ein sicheres Haus nach Brixton und warten, bis das Geld auf unserem Konto in Übersee ist«, erklärte Luli Azem Krifsha. Auch Jay Sorin briefte die beiden eingeschleusten Reporter: »Wenn die Kinder bei ihr sind, dann ist es viel besser, dann können wir von ihrem Mann gleich 5 Millionen Pfund verlangen. Er muss 100 Prozent bezahlen, und wenn er das nicht tut, dann sieht er seine Familie nie wieder. Dann muss Victoria sterben.«

Bei den konspirativen Gesprächen wurde immer wieder hinterfragt, wie weit die Verbrecherbande bei der Entführung gehen wolle. Das Wichtige, so meinten die Entführer, sei es nicht, Victoria Beckham zu entführen, sondern Geld auf das Konto überwiesen zu bekommen. Das sei der harte Teil der Entführung. »Ich verstehe nicht, warum sie derart schlechte Sicherheitsvorkehrungen trifft. Einer meiner Freunde arbeitet bei ihrem Friseur und der erzählte mir, dass sie nur einen Bodyguard vor dem Friseurladen stehen hat.« Der Plan lautete, Victoria Beckham aus dem Hinterhalt zu überfallen, wenn sie gerade dabei war, nach ihrem Friseurbesuch aus der Parklücke zu fahren, und sie sowie die Insassen ihres Wagens mit einem speziellen Chloroform-Spray zu betäuben, den man in Italien besorgt hatte. »Es dauert drei Sekunden, bis das Mittel wirkt«, erklärte Luli Azem Krifsha den anderen.

Bei einem weiteren Treffen mit vier Kidnappern Ende Oktober wurde das Haus der Beckhams und die Umgebung in Sawbridgeworth bei Hertfordshire genauestens ausspioniert. Diese Studie war Teil einer bereits seit Monaten währenden Überwachung des Anwesens des britischen Promi-Paares. »Wir haben nur drei Sekunden, bevor sie versteht, was geschieht«, flüsterte Jay Sorin den anderen zu. Ein paar Tage später trafen sich die sechs Männer erneut in einem Restaurant in Wandsworth im Süden Londons. »Ich werde Beckham um 5 Millionen Pfund erleichtern, denn für ihn ist das so, als würde er ein paar Cents für einen Kaffee ausgeben«, meinte Luli Azem Krifsha an diesem Tag.

Nach den Treffen mit den Verbrechern informierten die beiden Reporter stets ihren Chef, Mazher Mahmood, und dieser leitete seine Informationen weiter an Scotland Yard. Der Tag der Entführung rückte näher. Es sollte ein Samstag sein. Die Kidnapper hatten den 2. November 2002 ausgewählt. Die Spezialisten des Kriminaldezernats, die intern »Fliegende Truppe« (Flying Squad) genannt werden und sich mit der Bekämpfung von schwerer und organisierter Kriminalität beschäftigen, erhielten Informationen über die Aufenthaltsorte der kriminellen Bande. Ein Teil der Kidnapper befand sich in den Docklands im Osten Londons. Der andere Teil hielt sich in Morden, einem Bezirk im südwestlichen London versteckt.

In drei Razzien wurden die Kidnapper gestellt: Eine Razzia fand mit mehreren bewaffneten Mitgliedern der Fliegenden Truppe noch am Samstagmorgen statt, eine weitere am Samstagnachmittag und die dritte Razzia am Sonntagmorgen. Die Kidnapper waren an beiden Tagen gerade dabei, Chloroform-Sprays und Waffen in ihren Vans zu verstauen, um dann zu den Beckhams zu fahren, als sie von den bewaffneten Mitgliedern der Spezialeinheit umzingelt und aufgefordert wurden, schnellstens auszusteigen. »Polizei, nehmen Sie die Hände hoch. Sie sind umstellt. Kommen Sie langsam aus dem Wagen«, lauteten die Kommandos der Fliegenden Einheit. Die Kidnapper waren total überrascht, als sie die in dunkelblauen Uniformen und Helmen mit Visieren auf sie zugehenden Mitglieder der Spezialeinheit erblickten. Folgsam traten sie mit erhobenen Händen vor die Spezialeinheit. Auch die beiden Reporter waren unter ihnen und befolgten die Anweisungen der Fliegenden Truppe. »Verdammt, wie konntet ihr uns nur finden? Woher habt ihr gewusst, wo wir sind und was wir planen?«, fragten die Kidnapper immer noch ungläubig. Doch die Beamten verloren ihnen gegenüber kein einziges Wort während der Verhaftung.

Sie legten den Männern und Frauen Handschellen an, führten sie rasch ab und brachten sie zu den Einsatzwagen, die gleich Richtung Polizeizentrale losfuhren. Dort wurden die sieben Verbrecher den zuständigen Ermittlern übergeben.

Victoria Beckham, die am Samstagnachmittag einem Fußballmatch ihres Mannes David in Old Trafford beiwohnte, wurde über den Einsatz im Vorhinein von Scotland Yard informiert, sie entschied sich aber, David Beckham erst nach seinem Spiel von der geplanten Entführung zu erzählen. Die Beckhams haben nach der Verhaftung der Verbrecher ihre Sicherheitsmaßnahmen in Zusammenarbeit mit der Polizei und mit Manchester United verstärkt. Seither begleiten stets zwölf Bodyguards das ehemalige Spice Girl, ihren Mann und ihre vier Kinder, wo immer sie sich gerade aufhalten.

7/7: Die Terroranschläge von London und deren Folgen – 2005

London, die hippe europäische Metropole, ist nicht nur bei den Briten selbst beliebt, sondern vor allem bei den Touristen aus der ganzen Welt. Jährlich wird sie von knapp 30 Millionen Menschen besucht, allein in den Monaten Juli und August kommen 6 Millionen, der vielfältigen Kultur und der zahlreichen Sehenswürdigkeiten wegen. Der Juli 2005 wird den Briten jedoch für alle Zeiten im Gedächtnis bleiben. Denn in diesem Monat ereigneten sich in London die wohl schwersten Terroranschläge in der

Geschichte Großbritanniens, die für etliche weitere Zwischenfälle sorgten und für lange Zeit zu Terroralarm im ganzen Land führten.

In den Morgenstunden des 7. Juli 2005 nahm die Tragödie ihren Lauf. Kurz vor 9 Uhr kam es in drei fahrenden U-Bahn-Zügen in der Liverpool Street, in der Edgware Road und in King's Cross St. Pancras zu Explosionen, die durch islamische Selbstmordattentäter ausgelöst wurden. Die Rucksackbombe, die in der Liverpool Street detonierte, forderte sieben Todesopfer, weitere sieben Menschen starben bei einer Detonation an der Edgware Road. Auf der Piccadilly Line zwischen King's Cross St. Pancras und dem Russell Square explodierte die Bombe mitten in einem Tunnel und tötete gleich 28 Menschen. Eine vierte Detonation in einem Doppeldeckerbus der Linie 30 am Tavistock Square um 9.47 Uhr forderte weitere 13 Todesopfer. Insgesamt wurden an diesem Tag an die 700 Menschen durch das Attentat verletzt, 56 Personen – inklusive der Attentäter – starben auf der Stelle. Viele Menschen waren bis zum Nachmittag in den von den Attentaten betroffenen Zügen eingeschlossen. Ganz Großbritannien stand unter Schock.

Die mutmaßlichen Täter der Terroranschläge, Hasi Hussain, Shehzad Tanweer, Mohammad Sidique Khan und Germaine Lindsay hatten – was bislang für Selbstmordattentäter nicht üblich war – Parkscheine und Rückfahrkarten gekauft, sie trugen Ausweispapiere bei sich und konnten dadurch später identifiziert werden. In einem Bekennervideo klagte Mohammed Sidique Khan die Regierung unter Tony Blair sowie die britische Gesellschaft an, für die Attentate verantwortlich zu sein. Seine Terrorzelle führe einen Krieg gegen die demokratische britische Gesellschaft. Er sei Soldat.

Die Anschläge von London wurden in den Medien mit der Abkürzung 7/7 bezeichnet, in Anlehnung an 9/11, den Terroranschlägen vom 11. September 2001 in den USA.

Seit den Attentaten des 7. Juli 2005 waren die Briten in Alarmbereitschaft, wenn sie mit dem Bus oder der U-Bahn fuhren. In London benutzen jeden Tag an die 3 Millionen Menschen die U-Bahn, weitere 6,7

Millionen fahren mit Bussen zur Arbeit. Die Menschen, die jeden Tag die Verkehrsmittel der Stadt verwenden, fragten sich, was die Regierung tun könnte, um derartige Bombenattentate zu verhindern. Ständige Wachsamkeit sei wichtig, antwortete die Polizei. Das Leben in London hat sich schlagartig verändert: »Man sieht eine Person in der U-Bahn, die verdächtig dreinblickt, und schon ist man verunsichert, weil man glaubt, es passiert gleich etwas. Man realisiert, dass man im Untergrund fährt und es im Falle eines Falles keine Hilfe geben wird«, stellen die von den Medien befragten Briten betroffen fest.

Die Metropolitan Police und auch Scotland Yard wandten ihre gesamte Energie für die Ermittlungen in den Terrorfällen auf, um die Tatverdächtigen einer islamischen Zelle ausfindig zu machen. In den darauffolgenden Wochen fanden etliche Verhaftungen statt, dennoch stand der nächste Anschlag bevor.

Am 9. Juli wird das Stadtzentrum von Birmingham aufgrund eines Bombenalarms evakuiert. Drei Verdächtige werden aufgrund einer Videoüberwachung und von Zeugenaussagen in Leeds und in West Yorkshire bei einer Razzia am 12. Juli festgenommen. Am selben Tag werden 600 Bewohner der Gemeinde Burley bei Leeds für zwei Tage aus ihren Häusern evakuiert, da die Polizei nach einem Hinweis mehrere versteckte Bomben in Teilen der Stadt findet.

Zwei Wochen nach dem schrecklichen Attentat, am 21. Juli, fing der Horror in der Metropole von Neuem an. Wie beim ersten Attentat werden wieder drei U-Bahnen zum Ziel von Terroristen. Gegen 12.30 Uhr detonieren gleichzeitig in den Stationen Shepherd's Bush, Warren Street und in Oval Tube Station der Northern Line Zündkapseln – doch nicht die Bomben selber. Die Explosionen gleichen ein wenig einem Feuerwerk: viel Rauch, eine kleine Detonation – aber diesmal gibt es keine Toten und Verletzten. Die Menschen in den U-Bahnen können rechtzeitig evakuiert werden und etliche U-Bahn-Linien werden für diesen Tag sofort stillgelegt, wie etwa die Victoria Line, die Northern Line, Hammersmith oder die Piccadilly Line.

Eine vierte Detonation gibt es auch – wie bei den ersten Attentaten – in einem Bus. Diesmal im Bus der Linie 26, der von Waterloo nach Hackney Wick fährt. Doch auch hier kommt niemand zu Schaden. Da die Rettungsdienste rasch zur Stelle sind und die Bomben nicht richtig zünden, wird – im Unterschied zum 7. Juli – kein einziger Fahrgast verletzt. Passanten beobachten jedoch, dass einige Männer, die sich in der Nähe der Rucksäcke mit den Bomben befanden, rasch die Flucht ergreifen. Einer dieser Männer soll laut Zeugenaussagen sogar verletzt worden sein. Wieder andere Zeugen berichten, dass es zum Zeitpunkt der Detonation nach Gummi roch. Obwohl die Beamten ein chemisches Attentat befürchteten, stellte sich nach genauer Analyse heraus, dass es sich um den Geruch des Sprengstoffs handeln musste und keine chemischen Waffen verwendet wurden.

Gegen 14.30 Uhr wird das University College Hospital Ziel eines Einsatzes der Spezialeinheit SCO19. Augenzeugen berichten später, dass sie rund 30 Mitglieder der Londoner Spezialeinheit dabei beobachtet hatten, wie sie einen flüchtenden Mann, der als Selbstmordattentäter identifiziert wurde, auf der Tottenham Court Road jagten und bis ins Krankenhaus hinein verfolgten. Eine via Intranet versendete Mail fordert dort die gesamte Belegschaft auf, nach einem Mann Ausschau zu halten, der farbig und möglicherweise asiatischer Abstammung ist, etwa 188 Zentimeter groß, mit blauen Top, aus dem aus einem Loch merkwürdige, feine Drähte herausragen. Drei Räume im University College Hospital werden schließlich von den Mitgliedern der Spezialeinheit abgeriegelt. Der Mann wird in einem Gang entdeckt und sofort gefasst. Er wird von den SCO19-Männern vor Ort zwei Stunden lang festgehalten und verhört, bis er in einem Polizei-Jeep abgeholt und zur Metropolitan-Police Station gebracht wird.

Eine weitere Festnahme geschieht an diesem Tag gegen 15.30 Uhr in Whitehall, in der Londoner Innenstadt gleich neben dem Verteidigungsministerium. Die Mitglieder der britischen Spezialeinheit fassen einen weiteren Verdächtigen, den sie mitten auf der Straße stellen. Als der Mann von der Spezialeinheit umringt ist, wird folgender Befehl ausgesprochen: »Legen Sie sich langsam auf den Boden und bewegen Sie Ihre Hände langsam nach hinten.« 20 Meter von der berühmten Downing Street entfernt, dem Amts- und Wohnsitz des britischen Premierministers, werden dem Mann Handschellen angelegt. Die Mitglieder der Spezialeinheit führen den mutmaßlichen Terroristen unbemerkt von den Passanten rasch ab.

Scotland Yard hatte aufgrund der Terrorattentate und der Angst, die sie in der Bevölkerung auslösten, alle Hände voll zu tun. Die Recherchen, Analysen und Ermittlungen in diesem Fall waren anstrengend, aber sie mussten umfassend geschehen. Bereits Anfang Juli, gleich nach den ersten Attentaten, begannen die Beamten, in alle Richtungen zu ermitteln. Der britische Geheimdienst hatte herausgefunden, dass sich noch etliche Mitglieder der Terrorzelle in London versteckt hielten. Konkret aber suchten die Beamten immer noch nach den vier Tatverdächtigen, die am 21. Juli im Londoner Untergrund und im Bus der Linie 26 Bomben gezündet hatten, die nicht richtig detoniert waren. Die Selbstmordattentäter waren nicht an den Tatorten verstorben, sie waren geflüchtet. Nun begann die größte Fahndung in der Geschichte Großbritanniens.

Einen Tag nach dem neuerlichen Attentatsversuch, am 22. Juli, lag der entscheidende Hinweis auf dem Tisch der Ermittler: Auf einer Mitgliedskarte eines Fitnessstudios, die in einem der Rucksäcke der Attentäter steckte, fanden die Beamten eine Adresse in der Scotia Road im Londoner Stadtbezirk Tulse Hill. Sofort wurde ein Observationsteam dorthin entsendet.

Am Morgen dieses Tages erhielt Jean Charles de Menezes, der in einer der Wohnungen in der Scotia Road mit seinen Cousins lebte, den Auftrag, zu einem Kunden zu fahren. Menezes war Elektriker und sollte sich rasch nach Kilburn begeben, weil dort die Alarmanlage der Feuerwehr nicht mehr funktionierte. Er machte sich gegen 9.30 Uhr auf den Weg. Als er aus dem Haus und auf die Straße trat, wurde er vom

Observationsteam identifiziert. Außer ihm wurden drei weitere Männer identifiziert, die somalischer, eritreischer oder äthiopischer Abstammung waren.

Einer der Beamten verglich ein Foto, das von einer der Überwachungskameras in London stammte und die Attentäter zeigte, mit dem Mann, den er gerade sah: mit Jean Charles de Menezes. Der Beamte war der Meinung, in ihm einen der Attentäter wiederzuerkennen, und folgte ihm. Er sendete aber kein Video des Verdächtigen an seine Kollegen von Gold Command. Das ist jene Abteilung der Metropolitan Police, die im Katastrophenfall einschreitet. Gold ist die Sektion Strategie. Auf Basis der Informationen des Beamten autorisierte die Gold-Command-Abteilung die observierenden Beamten, Jean Charles de Menezes weiterzuverfolgen, aber auch zu verhindern, dass er in die U-Bahn gehe.

Und so folgten mehrere Beamte in Zivil dem Verdächtigen bis zur Bushaltestelle der Linie 2 in Tulse Hill. Jean Charles de Menezes stieg jedoch an der U-Bahn-Station Brixton wieder aus. Als er sah, dass diese U-Bahn-Station aufgrund der Bombenattentate vom Vortag noch gesperrt war, telefonierte er kurz und stieg anschließend wieder in den nächsten Bus der Linie 2 ein, um zurück zur U-Bahn-Station nach Stockwell zu fahren. Indes kommunizierten die Beamten in Zivil an ihre Zentrale, dass Menezes – aufgrund seines auffälligen Verhaltens – offensichtlich wirklich einer der gesuchten Attentäter sei und er auch einem der Attentäter aufgrund seiner »mongolisch wirkenden Augen« sehr ähnlich sehe. Irgendwann an diesem Vormittag kontaktierten die observierenden Beamten erneut die Gold-Command-Abteilung. Diese gab die »Alarmstufe rot« aus, was so viel bedeutet, wie die sofortige Festnahme des Mannes, bevor ein weiteres Unglück passiere. Dann reichte die Gold-Command-Abteilung den Fall weiter an die Kollegen der Spezialeinheit SCO19, die umgehend ihre Männer zur U-Bahn Station Stockwell schickte. Währenddessen begannen die Kollegen von der Polizei mit dem Absperren einer Zone von 200 Metern rund um die U-Bahn-Station Stockwell.

Jean Charles de Menezes betrat gegen 10 Uhr morgens die U-Bahn-Station Stockwell, nahm sich eine Gratiszeitung aus dem Ständer, kaufte sich ein Ticket und ging durch die Schranken, um mit dem Aufzug zur U-Bahn zu gelangen. Als er am Bahnsteig ausstieg, rannte er los, um den einfahrenden Zug noch zu erreichen. Die Mitglieder der Spezialeinheit folgten ihm. Er stieg in die U-Bahn und setzte sich auf den ersten freien Platz, den er sah. Einer der drei Mitglieder der Spezialeinheit gab den anderen den Befehl: »Geht in den Zug hinein.« Während sie den Passagieren zuriefen: »Raus aus dem Zug. Schnell«, hatten sie schon den verfolgten Mann im Visier und schrien auch ihn an: »Polizei. Zeigen Sie uns sofort Ihre Hände.« Denn mit den Händen lösten die Rucksackbomber am Gürtel den Sprengstoff aus. Eines der Mitglieder der Spezialeinheit blockierte die U-Bahn-Tür, seine Kollegen hielten mit ihren Gewehren den Mann in Schach und redeten auf ihn ein, er sollte nun endlich die Hände hochnehmen. »Ich tue es ja schon«, antwortete der Mann. »Wenn Sie es nicht tun, dann werden Sie von uns erschossen«, kündigten die Mitglieder der Spezialeinheit an.

Jean Charles de Menezes war verwirrt. Die Polizisten waren in Zivil. Was wollten sie von ihm? Er war doch nur ein einfacher Elektriker. In diesem Augenblick muss er sich instinktiv von seinem Sitz erhoben und an seine Jeans und seinen Gürtel gegriffen haben, vielleicht um die Hose zu richten, was die Mitglieder der Spezialeinheit jedoch als Versuch werteten, dass er eine Bombe zünden wolle. Und so erschossen sie ihn blitzartig. Insgesamt trafen Jean Charles de Menezes elf Schüsse mit Hohlspitzgeschossen, die sich im Körper des Mannes pilzförmig öffneten. Ihre Kollegen von der Polizei hatten da bereits die gesamte U-Bahn-Station evakuiert. Kurz darauf waren die Kollegen von der Rettung zur Stelle, um den schwer verletzten Jean Charles de Menezes zu retten. Auch ein Rettungshubschrauber landete vor der U-Bahn-Station Stockwell. Der herbeigerufene Notarzt und die Rettung taten alles, doch vergebens. Jean Charles de Menezes verstarb noch in der U-Bahn-Station. Sein Leichnam wurde abtransportiert und in die Pathologie gebracht.

Einen Tag, nach diesem Ereignis, kam der zuständige Pathologe zu dem Schluss, dass es sich bei dem gebürtigen Brasilianer Jean Charles de Menezes nicht um den gesuchten Terroristen handelte. Er hatte auch keine Bombe bei sich getragen. Jean Charles de Menezes war zu einem weiteren Opfer der Attentäter von London geworden. Die Tragödie haftete lange an der Reputation der Metropolitan Police und der Mitglieder der Spezialeinheit. Verstimmungen zwischen Brasilien und der britischen Regierung waren die Folge, die Familie von Jean Charles de Menezes war verzweifelt und verstand die Welt nicht mehr. Und auch der Rat der Muslime in England bekundete bei Interviews, dass man betroffen sei angesichts dieser unglücklich verlaufenen finalen »Rettungsschuss«-Politik.

Noch am selben Tag musste in Westlondon eine Moschee in der Whitechapel Road nach einer Bombenwarnung evakuiert werden, das Nachmittagsgebet wurde unterbrochen. Niemand wurde verletzt, die Polizei gab schließlich Entwarnung.

Am Nachmittag des 22. Juli 2005 beschloss Scotland Yard, aufgrund der Beweislage mehrere Razzien in verschiedenen Häusern in London durchzuführen. Außerdem wurden in der Harrow Road in Westlondon, nah bei der Bahnstation Paddington, Mitglieder der Spezialeinheit SCO19 eingesetzt, um eine Bombe zu entschärfen. Dafür wurde eigens ein Spezialroboter eingesetzt. Am 25. Juli wurde eine Razzia in einem Haus im Norden Londons, im Ladderswood Way, New Southgate, durchgeführt, bei der belastendes Material zur Bombenherstellung gefunden wurde. In der Umgebung des Hauses wurden zwei weitere Tatverdächtige festgenommen.

Die wichtigsten Razzien wurden jedoch am 29. Juli in Notting Hill und North Kensington durchgeführt. Die Mitglieder der Spezialeinheit hatten diese Razzien genauestens vorbereitet: Sie hatten mithilfe ihrer Kollegen des Geheimdienstes genügend Informationen aus abgehörten Telefonaten und aus den Bewegungen der Terroristen zusammengetragen und diese miteinander kombiniert und analysiert. Dann kam der Startschuss zum Einsatz.

In den frühen Morgenstunden des 29. Juli sperrte die Spezialeinheit die Areale in North Kensington und in Notting Hill ab und evakuierte die umliegenden Gebäude. Die Männer waren in voller Montur einschließlich Gasmasken und Sturmgewehren. Bei ihnen waren jeweils mindestens 100 Kollegen der Metropolitan Police. Per Megafon rief man den Verdächtigen zu, die sich noch schlafend im Haus befanden, dass sie mit erhobenen Händen aus dem Haus kommen sollten. In North Kensington schrie einer der Verdächtigen zurück: »Wir sind britische Staatsbürger und haben auch unsere Rechte«. Da es ansonsten keine Reaktion seitens der Verdächtigen gab, verschaffte sich die Mannschaft des SCO19 Zutritt mit Sprengstoff, das sie an der Eingangstür angebracht hatte. Die Tür wurde mit einem Satz weggesprengt. Die Spezialeinheit hatte nun freien Weg und begab sich ins Haus, um die zwei mutmaßlichen Täter festzunehmen. Aus dem Haus waren plötzlich mehrere kleinere Explosionen zu hören. Auch Tränengas wurde eingesetzt.

In Notting Hill war einer der Terroristen noch in Unterwäsche und er versuchte, mit der Spezialeinheit zu diskutieren: »Woher soll ich wissen, dass ihr es ehrlich mit mir meint? Woher weiß ich, dass ihr mich nicht erschießen werdet?« Die Mitglieder der Spezialeinheit versicherten ihm, dass er ihnen vertrauen könne: »Solange du unsere Anweisungen befolgst und nicht die Bevölkerung oder unsere Leute bedrohst, ist alles okay. Komm einfach heraus, dann sind wir sicher, dass du auch niemanden umbringen wirst und keine Bomben bei dir hast.« Währenddessen beobachteten die Beamten in Zivil jeden Schritt ihrer Kollegen von der SCO19.

Drei Männer wurden an diesem Tag in London festgenommen, sie zählten zu jenen Personen, die am zweiten Bombenterrorakt beteiligt waren: Yassin Hassan Omar, Ibrahim Muktar Said und Ramzi Mohammed wurden in Handschellen abgeführt und zur Metropolitan Police gebracht. Der vierte Terrorist, ein gewisser Osman Hussain, wurde von den Kollegen der Spezialeinheit NOCS in Rom gefasst. Allen vier Männern wurde am Gericht in Woolwich Crown am 15. Juli 2007 der Prozess gemacht.

Der Tod von Terry Nicholas – 2007

Der erste Schuss, der durch das Fenster in das Haus von Terry Nicholas gefeuert wurde, ging ins Leere. Das Haus mit der noblen Adresse Huxley Gardens NW10 im Bezirk Ealing im Westen Londons war ein typisches Backsteinhäuschen mit weißen Fensterrahmen, einem kleinen Vorgarten und einem großen Garten mit vielen Apfelbäumen hinterm Haus. An diesem Freitagabend, dem 20. April 2007, war Terry Nicholas noch nicht zu Hause. Doch seine Frau und sein Sohn standen gerade in der Küche und waren dabei, einen Kuchen zu backen. Sie hörten den Schuss, liefen ins Wohnzimmer, sahen das Loch im Fenster und in der Wand und verständigten die Polizei. Die MPS Operation Trident, deren Zuständigkeit im Bereich der Waffenkriminalität lag, schickte sofort zwei Beamte vorbei.

Zwei Tage später, am Sonntag, stand Terry Nicholas gerade mit einem Beamten der MPS Operation Trident auf dem Bürgersteig vor seinem Haus, um mit ihm die Ereignisse von Freitagabend noch einmal durchzugehen, als sich ihnen ein fremder Mann näherte und mehrere Schüsse auf Terry Nicholas abfeuerte. Viermal wurde Terry Nicholas getroffen. Der Fremde, der später als der 24-jährige Jermaine Biddulph identifiziert wurde, rannte zu seinem Fahrzeug und fuhr davon. Terry Nicholas wurde ins Krankenhaus gebracht. Er hatte noch einmal Glück gehabt. Die Sicherheitsweste, die er trug, hatte die vier Schüsse abgefangen. Seine Verletzungen waren minimal.

Ab diesem Tag wurden der Familie von Terry Nicholas mehrere Verbindungsbeamte zugewiesen, die sich um deren Sicherheit kümmern sollten. Doch der 52-jährige Terry Nicholas schickte die Verbindungsbeamten wieder nach Hause mit den Worten: »Ich werde den Kerl auf meine Art erledigen.« Warum man auf ihn geschossen hatte, blieb den Beamten der Polizei weiterhin ein Rätsel. Doch sie fanden mithilfe der Kollegen des Geheimdienstes heraus, dass sich Nicholas über einen Freund aus der Unterwelt namens Theo eine Waffe besorgen wollte, um sich selbst zu verteidigen oder um Rache zu üben. Die Übergabe der Waffe sollte am Nachmittag des 15. Mai im italienischen Restaurant Paolos in Hanger Green, unweit des Hauses der Familie Nicholas stattfinden.

Die Kriminalbeamten stellten sofort eine Einheit aus bewaffneten Beamten zusammen, die Terry Nicholas und seine Familie beobachten sollten. Das Team wurde von Mitgliedern der Spezialeinheit SCO19 unterstützt, die bei der Waffenübergabe intervenieren und Nicholas gleichzeitig festnehmen sollten. Die Beamten erstellten zuvor eine Risikoanalyse und wogen ab, wo die Schwachstellen der Operation lagen und ob die Bevölkerung bei einem etwaigen Einsatz Schaden nehmen könnte. Und so wurde die Taktik-Einheit der SCO19 zum Einsatz hinzugezogen. Sechs verschiedene Optionen wurden ausgearbeitet, davon wurden fünf wieder beiseitegelegt. Schließlich entschied man sich für folgende Taktik: Der Einsatz sollte mit bewaffneten SCD-11-Beamten stattfinden, die den Mann beobachten würden. Ihre Kollegen von der Spezialeinheit SCO19 wurden zur bewaffneten Unterstützung hinzugezogen.

Gegen 20 Uhr erschien Terry Nicholas mit seiner Frau Alida und seinem Sohn im Restaurant Paolo. Die Familie aß entspannt zu Abend. Die Beamten hatten jedoch inzwischen erfahren, dass die Familie plante, nach Italien auszuwandern, um dort ein neues Leben anzufangen. Gegen 21 Uhr erschien ein Mann im Restaurant, um Terry Nicholas an der Eingangstür des Lokals zu treffen. Die beiden Männer sprachen aufgeregt miteinander und bewegten sich während des Gesprächs zum Hinterausgang des Lokals. Dort verschwanden sie hinter einer Tür. Nach einer Viertelstunde war Terry Nicholas wieder im Restaurant und tat, als ob nichts geschehen sei. Der Mann, mit dem er gesprochen hatte, war verschwunden. Terry Nicholas setzte sich wieder zu seiner Familie. Gegen 22 Uhr stand seine Frau auf und verließ gemeinsam mit dem Sohn das Lokal, während Nicholas sich noch mit Freunden, die am Nebentisch saßen, eine Weile unterhielt. Dann verließ auch er das Lokal, um mit seinem Motorrad, das er gegenüber geparkt hatte, nach Hause zu fahren. Er drehte gerade die Lichter des Motorrads an, als sechs Beamte der Kriminalpolizei und der Spezialeinheit in zwei Fahrzeugen auf ihn zufuhren. Terry Nicholas stieg vom Motorrad und ging raschen Schrittes zum Restaurant Paolo zurück. Von dort aus zielte er plötzlich mit einer Waffe auf die beiden herannahenden Fahrzeuge.

Die Beamten der SCD-11 und der Spezialeinheit blickten verwundert nach vorn. Sie sahen einen Socken, in dem eine 9-Millimeter-Luger CZ 100 versteckt war. Terry Nicholas wollte sie damit erschießen, denn er hielt sie für die Attentäter. »Das kann doch nicht wahr sein, der spinnt«, sagte einer der Beamten. Als sie vielleicht nur noch fünf Meter von ihm entfernt waren, stieg einer der Beamten aus dem Wagen und rief seinem Kollegen am Steuer zu, er solle den Wagen anhalten. Im selben Moment hörte er einen Schuss und spürte einen Luftzug und aufgewirbelten Staub. Der Schuss kam eindeutig aus der Richtung, wo sich Terry Nicholas befand. Der Beamte der SCD-11 feuerte zurück. Sein Kollege stieg nun ebenfalls aus dem Wagen und wollte gerade auf Terry Nicholas zugehen, um ihn festzunehmen, als er seinen Kollegen sagen hörte: »Er hat eine Waffe.« Instinktiv zog der Beamte seine Pistole und feuerte drei Schüsse ab. Der Wagen mit den Mitgliedern der Spezialeinheit fuhr etwa 20 Meter hinter ihnen. Einer der Mitglieder der SCO19 sah, dass Terry Nicholas eine Waffe in der Hand hatte und damit auf die Kollegen schoss. Er feuerte sechs Schüsse auf Terry Nicholas ab.

Die Beamten liefen auf Terry Nicholas zu und versuchten ihn zu reanimieren. Die Londoner Rettung wurde gerufen, auch ein Rettungshubschrauber war schnell zur Stelle. Doch vergeblich, Terry Nicholas erlag wenig später seinen Schussverletzungen.

Nach einer sechsmonatigen Ermittlung zum Fall Terry Nicholas kam die Richterin Deborah Glass zu dem Schluss, dass es »keinen Beweis für eine Straftat seitens der Beamten der Spezialeinheit und der SCD-11 gab.« Die Beamten hatten richtig gehandelt. Jermaine Biddulph, der auf Terry Nicholas im April geschossen hatte, wurde im Juni gefasst und muss eine 24-jährige Haftstrafe wegen versuchten Mordes absitzen.

Die Räubergang von Chandler's Ford – 2007

Die Grafschaft Hampshire liegt an der Südküste Englands, sie ist eine beliebte Feriengegend mit zahlreichen Touristenattraktionen wie Küstenbädern, Häfen und sogar einem Fahrzeugmuseum. Mit knapp 20 000 Einwohnern zählt Chandler's Ford zu einer der idyllischsten Gemeinden von Hampshire, leicht erreichbar, denn es liegt sehr nah am Flughafen von Southampton. Doch Chandler's Ford hatte nicht nur eine wunderbare Landschaft, gemütliche Backsteinbauten mit lieblichen Gärten, sondern es sollte auch Ziel eines brutalen Raubüberfalles werden, der von den Mitgliedern der englischen Spezialeinheit SCO19 vereitelt werden konnte.

Schon seit Längerem hatte die Spezialeinheit der Metropolitan Police, die auch Flying Squad genannt wird, eine Räuberbande im Visier, die es speziell auf Geldtransporte abgesehen hatte. Sie hatten ganze 21 Überfälle in 18 Ortschaften im Süden Englands zwischen Oxford, Bristol, Cambridgeshire, Reading, Croydon, Ipswitch und Gloucestershire in der Zeit von April 2006 bis September 2007 verübt. Die Polizei hatte sich das wüste Treiben der Gang 18 Monate lang angesehen, doch nun sollte der Zeitpunkt gekommen sein, um der Bande endgültig das Handwerk zu legen.

Die Beamten wussten, dass bei den Überfällen immer wieder Waffen benutzt worden waren und dass die Bande brutal gegen Wachmänner vorging, die sich ihren Anweisungen widersetzten. In manchen Gegenden schlug die Bande sogar zweimal hintereinander zu und ein Wachmann in Colchester, einer Stadt in der Grafschaft Essex, die sich nördlich von London befindet, wurde während der Geldübergabe gleich zweimal Opfer der brutalen Räuber. Die Gang stieß auch einmal mit dem Van der Sicherheitsfirma Group 4 zusammen, als die Wachmänner aus einem Geschäft kamen, das sich in einer Einkaufsstraße befand.

Als Köpfe der Bande wurden der 35-jährige Mark Nunes und der 36-jährige Andrew Markland identifiziert, zwei gefährliche Männer, die vor nichts zurückschreckten und immer Waffengewalt anwendeten. Nunes und Markland guckten sich die Mitglieder für die einzelnen Raubüberfälle selbst aus, die dann die Überfälle akribisch planen mussten und dafür mit Anerkennungsfahrten belohnt wurden.

Die Beamten der Metropolitan Police werteten Gespräche der Räuber und ihrer Komplizen aus, die diese über ihre Mobiltelefone führten, sie peilten also deren Handys an und sie oberservierten die Gangster eine ganze Weile, um deren Angewohnheiten herauszufinden und zu analysieren. Dabei fiel den Beamten auf, dass die Gangster jedes Mal, wenn sie einen Überfall angingen, Stunden zuvor ihre Handys ausschalteten und erst wieder einschalteten, wenn der Überfall beendet war. Mögliche Fluchtwege wurden in Erfahrung gebracht und Gegenden lokalisiert, wo man unbemerkt von einem Fahrzeug auf ein anderes umsteigen konnte.

Als nächstmöglichen Ort für einen Überfall identifizierten die Beamten der Metropolitan Police die beschauliche Gemeinde Chandlers Ford und die dortige HSBC-Bankfiliale. Also machten sie sich daran, eine Strategie zu entwickeln, wie man die Verbrecher diesmal fassen könnte. Wichtig war es, die Gangster erst dann zu fassen, wenn man genügend Beweismaterial gegen sie in der Hand hatte. Noch reichte die Beweislage nicht aus.

Als Termin für den nächsten Überfall kam der 13. September 2007 infrage. Die Beamten der Metropolitan Police leisteten an diesem Tag ganze Arbeit. In den frühen Morgenstunden fuhr die Spezialeinheit mit mehreren Wagen nach Chandler's Ford und begab sich auf der Bournemouth Road nahe der HSBC-Bankfiliale in Position. Die Präzisionsschützen postierten sich auf den Dächern der umliegenden Häuser, die Mitglieder der Spezialeinheit, die teilweise in Zivil gekleidet waren, versteckten sich in und an den verschiedenen Gebäuden dieser Hauptstraße, einige Männer versteckten sich in der öffentlichen Toilette, die gleich neben der Bank war. Die Beamten von der SCO19 erwarteten die Gangsterbande versteckt in ihren Wagen.

Gegen 10 Uhr parkte der dunkelblaue Van des Geldboten Michael Player in zweiter Spur auf der Bournemouth Road. Ein älteres Ehepaar ging daran vorbei, ebenso ein junger Mann. Die Mitglieder der Spezialeinheit warteten ruhig ab, was sich weiter ereignen würde. Plötzlich kam an das Team die Information: »Der Geldbote ist wieder da. Er wird gleich einsteigen.« Michael Player hatte gerade im Kofferraum den vollen Geldkoffer untergebracht und wollte wieder in seinen Wagen einsteigen, als Mark Nunes in Jeans und einer hellgrauen Fliegerjacke, mit schwarzer Gesichtsmaske und einer 9-Millimeter-Waffe in der Hand zügig auf ihn zuging und ihm zurief, er solle sofort das Geld herausrücken. Doch der Wachbeamte dachte nicht daran, dem Räuber den Geldkoffer zu übergeben. »Ich werde Ihnen den Geldkoffer nicht überreichen. Tut mir leid. Das darf ich nicht.« Also näherte Nunes sich dem Geldboten und richtete seine Waffe auf dessen Hals. In diesem Moment kam von der Einsatzleitung der Befehl zu schießen. Die Präzisionsschützen zögerten keinen Augenblick und schossen direkt auf Nunes Kopf. Mark Nunes brach tödlich getroffen zusammen. Seine Waffe entglitt ihm und rutschte auf die linke Seite neben den dunkelblauen Van. In diesem Augenblick war Nunes Komplize Andrew Markland zur Stelle. Er beugte sich nach vorne, um die Waffe von Nunes aufzuheben. Anschließend zielte er ebenfalls auf den Wachbeamten. In derselben Sekunde fielen zwei weitere Schüsse. Die Präzisionsschützen hatten ganze Arbeit geleistet. Auch Andrew Markland sackte zusammen.

Das Notarztteam war bereits zur Stelle und versuchte, Nunes zu reanimieren. Ebenso kümmerten sich die Notärzte um Andrew Markland. Ein Mann rannte anscheinend unerkannt von den umstehenden Beamten weg und fuhr in seinem Volvo schnell davon.

Für Mark Nunes kam jede Hilfe zu spät. Er verstarb noch am Tatort, der mittlerweile mit gelben Absperrbändern versehen war, auf denen deutlich zu lesen stand: »Polizeilinie nicht überqueren.« Plötzlich waren mindestens 30 Mitglieder der Spezialeinheit mit Maschinenpistolen am Tatort. Etliche Polizisten in Schutzwesten standen an den Absperrungen und hielten die Schaulustigen fern. Die Beamten von der Spurensicherung in ihren weißen Schutzanzügen waren bereits eingetroffen und analysierten den Tatort.

Andrew Markland wurde schwer verletzt ins Spital gebracht und erlag gegen Mittag seinen Verletzungen. Jener Mann, der davongerannt war, wurde später als der 26-jährige Terence Wallace identifiziert. Er wurde ein paar Stunden nach dem Einsatz in Chandler's Ford von der Polizei in seiner Wohnung in Raynes Park im Südwesten Londons festgenommen. Weitere Bandenmitglieder, wie der Drogendealer Adrian Johnson, Leroy Wilkinson sowie Victor Iniodu, wurden ebenfalls gefasst. In ihren Wohnungen stellte die Polizei rund 500 000 Pfund sicher. Das Geld stammte aus mehreren Überfällen.

Der Geldbote Michael Player sagte zu den Medien: »Zum ersten Mal in meinem Leben habe ich geradewegs in eine Pistolenmündung geschaut. Ich habe daran gedacht, ob es mir möglich sein würde, wenn ich das Klicken des Abzuges höre, noch rechtzeitig zur Seite zu springen.«

14. KAPITEL

PORTUGAL – Action an der Algarve

Einheit: Grupo de Operações Especiais
(GOE)

Blutiges Ende eines Geiseldramas in Lissabon – 2008

Es war ein heißer Donnerstagnachmittag, am 7. August 2008, und die Menschen sehnten sich nach einer Abkühlung. Über die Rua Marquês de Fronteira, eine der Hauptstraßen von Lissabon, gelangt man jedoch rasch zum Hafen hinunter und weiter zum Strand. Die Rua Marquês de Fronteira war nach dem portugiesischen Adeligen Dom João de Mascarenhas, dem zweiten Grafen von Torre, benannt, der federführend am Restaurationskrieg 1640 bis 1668 zwischen Spanien und Portugal beteiligt war. Einem Krieg, der schließlich zum Frieden von Lissabon führte. Diese Straße hatte etwas Nobles und an jenem heißen Tag bewegten sich dort viele Autos in Richtung Hafen. Nur wenige Menschen wagten sich ansonsten vor die Tür. Die beiden Männer in Jeans mit schwarzen Sonnenbrillen fielen niemanden auf, als sie bei Nummer 72 die Glastür zur Banco Espirito Santo öffneten, ihre 6,35-Millimeter-Pistolen zogen und schließlich, nach einem tiefen Atemzug, die Bankfiliale betraten.

Die beiden Männer hießen Nilton Sousa und Wellington Nazaré. Sie waren aus dem Südosten Brasiliens eingereist, lebten seit einiger Zeit in

Portugal und hatten ihren Coup von langer Hand geplant. Sie brauchten das Geld. Unbedingt. Mit den Waffen fühlten sich die beiden 32 und 26 Jahre jungen Täter sicher. Sie schritten auf den Schalter zu, hielten ihre Pistolen in einem 45 Grad Winkel und zielten geradewegs auf den Kassierer. »Das ist ein Überfall. Wir wollen alles Geld, das ihr im Tresor habt. Los. Mach schnell. Hol deinen Chef her.« Der Kassierer hob langsam seinen Kopf, während seine Hand vorsichtig zum Telefon wanderte: »Ich muss beide Filialleiter, Ana Antunes und Vasco Mendes, anrufen. Sie sind hinten in ihren Büros und die Tür zu den Büros ist geschlossen.« – »Dann beeile dich, gefälligst, du Schwachkopf. Wir haben nicht ewig Zeit«, lautete die knappe Antwort von Nilton Sousa. Schon war der Kassierer dabei, seine beiden Chefs zu verständigen. Mit zitternder Stimme bat er sie, nach vorne in den Schalterraum zu kommen, da gerade ein Überfall geschehen würde. Binnen weniger Sekunden waren Ana Antunes und ihr Kollege Vasco Mendes zur Stelle. Während einer der Räuber mit der Waffe in der Hand die Bankkunden in eine Ecke trieb, hielt sein Kollege den Kassierer und vier Filialmitarbeiter in Schach.

»Was wollen Sie?«, fragte Ana Antunes die Räuber. »Wir wollen euer ganzes Geld,« schrie Nilton Sousa. »Unser Geld befindet sich im Safe und der ist hinten.« Der Bankräuber überlegte nicht lange, errichtete seine Waffe in schnellem Wechsel auf die Filialleiterin und ihren Stellvertreter. Er herrschte die beiden in einem scharfen Ton an: »Dann gebt mir gefälligst den Code. Na los, macht schon.« Nilton Sousa näherte sich Ana Antunes, und hielt ihr seine Pistole direkt an den Kopf. So dirigierte er sie zum Safe. Dort ließ er sie den Code selber eintippen, offensichtlich schreckte ihn das System ab. Die Filialleiterin gab seelenruhig eine siebenstellige Zahl und auch einige Buchstaben ein. Doch fatalerweise ging der Safe nicht auf. »Ich weiß nicht, was da los ist, das passiert uns öfter, dass die Safetür nicht aufgeht. Ich versuche es gleich noch einmal,« entschuldigte sie sich bei den Räubern. Was Nilton Sousa und Wellington Nazaré nicht wussten: Das war natürlich nur ein Trick, um die beiden Räuber in Sicherheit zu wiegen. In Wirklichkeit wurde, nachdem beim ersten Anwählen der Code zu langsam eingegeben worden war, ein Sicherheitsmechanismus ausgelöst. Der Safe konnte dadurch nicht geöffnet werden, die Kennzahl musste noch einmal eingegeben werden. Ana Antunes versuchte mehrmals, den richtigen Code einzugeben. Der Safe öffnete sich immer noch nicht. In der Zwischenzeit wurde über die Mechanik des Safes ein interner Alarm ausgelöst und die Polizei verständigt. Nach dem fünften Versuch, gelang es Ana Antunes schließlich, den Safe zu öffnen, und sie überreichte den Räubern das Geld, das sie in einen Sack packen musste. In diesem Augenblick hörten alle eine Stimme, die über Lautsprecher mit ihnen sprach: »Hier spricht die Polizei. Wir wissen, dass Sie in der Bank sind und Geiseln genommen haben. Lassen Sie sofort diese unschuldigen Menschen frei. Verhindern Sie ein größeres Unglück.«

Gemäß der portugiesischen Vorgehensweise bei Krisenfällen dieser Art wurde die Umgebung der Bank weitläufig abgesperrt und Polizisten wurden an strategischen Stellen zur Überwachung abgestellt. Des Weiteren wurden hochrangige Beamte der Direção Central de Combate ao Banditismo, also Beamte des Justizministeriums, die gegen die organisierte Kriminalität vorgingen, sowie Beamte der Kriminalpolizei zur Banco Santo Spirito beordert. Die Spezialeinheit Portugals, die Grupo de Operações Especiais, hatte sich auch bereits in die Rua Marquês de Fronteira Nummer 72 begeben, mit Präzisionsschützen, einem Einsatzstab und einem Verhandlungsteam. Es wurde nun versucht, die Bankräuber davon zu überzeugen, die Situation friedlich zu lösen. Immer wieder sprach der Verhandlungsführer ruhig und sachlich auf die beiden Männer ein, die in der Bank ihre Geiseln festhielten.

Mit Erfolg. Gegen 15.50 Uhr ließen Nilton Sousa und Wellington Nazaré vier Bankmitarbeiter frei, darunter eine Mitarbeiterin, die bereits mit einer Panikattacke zu kämpfen hatte. Vor der Bank wimmelte es zu diesem Zeitpunkt nur so vor Kriminalbeamten, Polizisten und Mitgliedern der Spezialeinheit. Auch einige Neugierige hatten sich vor den Absperrungen versammelt und beobachteten aus der Ferne, was nun passieren würde. Doch die Polizei hatte auch hier vorgesorgt: Mit einer speziellen schwarzen Schutzabdeckung wehrte sie neugierige Blicke vom Ort des Geschehens ab.

Die beiden Bankräuber blieben trotz der Freilassung einiger Geiseln hart. Sie verlangten ein Fluchtauto und ein Flugzeug, das sie irgendwohin ausfliegen sollte. Der Verhandlungsführer ließ sich von ihren Forderungen jedoch nicht beeindrucken. Sein Ziel war es, die restlichen Geiseln, also die Filialleiterin, ihren Stellvertreter und die sich noch in der Bank befindlichen Kunden, freizubekommen. Der Schweiß stand ihm auf der Stirn. Verhandlungen mit Geiselnehmern sind niemals einfach, das wusste er seit Jahren. Doch diese beiden Burschen waren wirklich zäh. Indessen hatten seine Kollegen von der Polizei den umliegenden Geschäftsleuten geraten, ihre Boutiquen zu schließen und nach Hause zu gehen. Es könnte zu viel Action geben und es könnte noch gefährlich werden.

Die beiden Räuber wurden immer dreister. Nachdem sie insgesamt 96 000 Euro aus dem Banksafe erhalten hatten, verlangten sie plötzlich noch mehr Geld von der Polizei. Doch der Verhandlungsführer machte ihnen klar, dass die portugiesische Zentralbank derzeit mit einem Geldnoten-Engpass zu kämpfen hatte, keine neuen Banknoten gedruckt wurden und dass es daher unmöglich war, in so kurzer Zeit ihren Forderungen nachzukommen. Sie sollten sich etwas anderes überlegen.

Die Verhandlungen mit den Bankräubern zogen sich bis in die Nachtstunden. Etliche Journalisten hatten sich in der Zwischenzeit vor den Absperrungen versammelt. Das portugiesische Fernsehen berichtete mittlerweile live vom Ort des Geschehens. Noch immer gaben die beiden Männer den Appellen des Verhandlungsführers nicht nach. Sie verlangten immer wieder neue, nicht realisierbare Dinge von der Polizei. Sieben Stunden lang verhandelte die Spezialeinheit mit ihnen, bis schließlich vier Personen im Eingang der Banco Espirito Santo standen. Da war es gerade 23 Uhr geworden. Es war finster, die Bank jedoch war hell erleuchtet. Vor der Tür stand jeweils ein Attentäter mit einer Geisel. Die beiden Gangster hatten die Geiseln wie Schutzschilde vor ihre Körper bugsiert.

Nilton Sousa hielt dazu den Sack mit dem Geld in einer Hand. Seine Pistole war auf den Rücken von Ana Antunes gerichtet, Wellington Nazaré hielt seine Pistole auf ihren Kollegen Vasco Mendes gerichtet. Die beiden Geiselnehmer blickten mit düsteren Mienen auf die vor ihnen stehenden Polizisten, die Präzisionsschützen waren bereits in Stellung gebracht. Die Männer hielten verzweifelt nach dem zugesagten Fluchtwagen Ausschau. Doch da stand nirgends ein Fluchtauto. Sie wurden wütend. Sie wollten unbedingt weg von hier. Sie redeten kaum noch mit dem Verhandlungsführer. »Was tun wir jetzt? Sie haben den Fluchtwagen nicht vor der Bank abgestellt«, sagte Nilton Sousa zu Wellington Nazaré. »Wir geben ihnen noch Zeit. Vielleicht steckt der Wagen im Stau,« antwortete Nazaré. »Sei nicht so gottverdammt naiv. Das sind Polizisten, die stecken nicht im Stau. Und schon gar nicht um 23 Uhr nachts.« Während die beiden Geiselnehmer sich lauthals beratschlagten, schlich sich die Spezialeinheit unbemerkt von ihnen immer weiter vor.

Es war nun bald Mitternacht. Nilton Sousa sprach immer wieder mit seiner Geisel und legte in dieser Zeit einen schwarzen Umhang um sich und sie, damit niemand zuhören konnte. Auf einmal warf er jedoch den Umhang hinter sich und bohrte seine Waffe in den Rücken der Filialleiterin. Er redete wieder auf sie ein, dabei wurde ihr Gesicht starr vor Angst, dann umfasste er mit einer Hand ihren Hals. Der Einsatzleiter der Spezialeinheit erkennt, dass die Situation nun ausweglos ist. Also gibt er den Befehl, der Tragödie ein Ende zu machen. In diesem Augenblick fällt ein einziger Schuss. Nilton Sousa stürzt und fällt rücklings auf den Boden. Dort bleibt er liegen. Eine Sekunde später zerspringt die Eingangstür zur Filiale der Banco Espirito Santo. Binnen weniger Sekunden bahnen sich plötzlich mindestens 30 Mitglieder der Spezialeinheit ihren Weg in die Filiale. Dann ertönen zwei weitere Schüsse: auch Wellington Nazaré ist getroffen. Beide Geiseln haben überlebt. Nilton Sousa wird vom Notarzt untersucht und weggebracht, Wellington Nazaré ist in der Wange getroffen. Er wird mit Handschellen ins San-José-Krankenhaus eingeliefert. Dort versucht er nach einigen Wochen zu flüchten. Doch die Flucht misslingt und er wird ins Gefängniskrankenhaus von Caixas verlegt.

Im November 2011 beantragt Wellington Nazarés Anwalt die Verlegung seines Klienten in ein Gefängnis nach Brasilien. Aber bis heute haben die brasilianischen Behörden der Überführung Wellington Nazarés in eines ihrer Gefängnisse noch nicht zugestimmt.

Personenschutz von Diplomaten in Krisengebieten: Kongo, Irak, Tschad – 1997 bis 2008

Der Schutz von Diplomaten, die sich in Kriegs- und in Krisengebieten befinden, zählt zu den schwierigsten Aufgaben einer Spezialeinheit. Die Grupo de Operações Especiais hat drei unterschiedliche Einsätze in Krisengebieten erlebt, die verschiedene Taktiken von ihr erforderten: 1997 im Kongo, zwischen Februar 2004 und 2007 im Irak und 2008 im Tschad.

Der erste Kongokrieg fand zwischen Herbst 1996 bis Mai 1997 auf dem Territorium der Demokratischen Republik Kongo – die sich damals noch Zaire nannte – statt. Es war ein Bürgerkrieg um Diktator Mobutu Sese Seko, der von der von mehreren Ländern unterstützten Rebellenkoalition der AFDL gestürzt wurde. Auslöser für diesen Krieg waren die zahlreichen Flüchtlingslager, die nach dem Völkermord von Ruanda im Osten des Landes entstanden waren. Der erste Kongokrieg markiert den Beginn einer mit wenigen Unterbrechungen bis heute andauernden Serie von Kriegen in Zentralafrika. Aus diesem Grund war im Jahr 1997 die Republik Kongo ein heikles Einsatzgebiet. Die portugiesische Spezialeinheit Grupo de Operações Especiais hatte zunächst den Auftrag erhalten, den Botschafter und die Botschaftsmitarbeiter während des ausbrechenden Krieges zu schützen.

In der Nacht vom 16. auf den 17. Mai startete der Angriff auf Kinshasa und die ersten der 10 000 Rebellen starken Gruppe drangen in die Vororte ein. Tags zuvor war Mobutu in sein Exil nach Marokko geflüchtet. General Mahele, der letzte zairische Armeechef, hatte seinen Truppen befohlen, keinen Widerstand mehr zu leisten, sodass die Stadt letztlich kampflos fiel. Als die Situation eskalierte, beschloss die Regierung Portugals unter António Guterres, die portugiesische Gemeinde aus der Hauptstadt Kinshasa rasch zu evakuieren. Dabei handelte es sich um rund 200 Personen. Drei Tage lang herrschte im Land Anarchie: Die Getreuen von Mobutu versuchten zu flüchten, oder sie kämpften. Indessen war die Grupo de Operações Especiais dabei, alle Portugiesen ausfindig zu machen und mit gesicherten Fahrzeugen zum Flughafen und von dort außer Landes zu bringen.

In Kinshasa wurden zu diesem Zeitpunkt die Rebellen von der Bevölkerung mit Begeisterung empfangen. Mit der Eroberung Kinshasas war der Krieg aber noch lange nicht zu Ende. Die Spezialeinheit Grupo de Operações Especiais bekam die Order, Diplomaten aus dem nahe gelegenen Angola, das an die Republik Kongo grenzt, mit einem Team von acht Männern in zwei Wagen trotz heftigster Kämpfe und Schusswechsel zur Portugiesischen Botschaft im Kongo zu bringen. Tags darauf organisiert die Grupo de Operações Especiais also die weitere Evakuierung aller Diplomaten und auch einiger Journalisten in Angola, die von den Rebellen gesucht wurden, weil sie in den Medien gegen sie berichtet hatten. Der Konvoi mit allen Personen musste in der Nacht zu einem 30 Kilometer entfernt gelegenen Flughafen auf einer äußerst gefährlichen Straße fahren. Doch die Mission gelang. Niemand wurde angeschossen oder gar verletzt.

Nach dem Einmarsch der Rebellen erklärte sich Laurent-Désiré Kabila per Dekret selbst zum Präsidenten des Kongos und stellte seine neue Regierung vor. Ende Mai ließ er sich schließlich bei einer öffentlichen Zeremonie im Stadion von Kinshasa feierlich offiziell vereidigen. Aber auch die neue Regierung brachte dem Land keine Stabilität: Laurent-

Désiré Kabila hatte zwar nationale Einheit und Wiederaufbau verspro-
chen, verbot jedoch bald alle Parteien und erließ ein Demonstrations-
verbot. Zu diesem Zeitpunkt waren aber bereits alle Portugiesen außer
Landes gebracht worden. Sie verfolgten die Ereignisse in ihrem ehema-
ligen Gastgeberland nun betroffen in den Nachrichten.

Der Frühling nach dem Irak-Krieg 2003

Im Alltag der irakischen Hauptstadt Bagdad ist im Februar 2004 nichts
so, wie es scheint. Neun Monate nach Beendigung des Krieges versuchen sich Amerikaner und Iraker an der Vision eines neuen Staates. Es
gibt eine Grüne und eine Rote Zone, die die Stadt in eine gute und
eine böse Zone unterteilen. Während die Grüne Zone eine Hochsicher-
heitszone im Zentrum von Bagdad markiert, welche die Amerikaner
nach der Eroberung errichtet haben und die sich auf dem Westufer des
Tigris befindet und knapp sieben Quadratkilometer groß ist, sieht die
Rote Zone anders, ja um vieles radikaler aus. Die Rote Zone, das ist das
restliche Bagdad, vor dem sich die Amerikaner mit drei Meter hohen
Betonmauern und Tausenden Kilometern Stacheldraht schützen. Von
ihren Panzern und Wachtürmen aus kontrollieren Soldaten die Zufahr-
ten. Während Amerikaner – wie selbstverständlich – freie Fahrt haben,
müssen die in Bagdad lebenden Iraker einen halben Tag lang warten, bis
ihre Autos kontrolliert wurden.

Der Auftrag an die Grupo de Operações Especiais lautete, die Portugiesische Botschaft in Bagdad zu schützen, also den Botschafter und
seine Mitarbeiter. Zunächst wurden durch eine militärische Aufklärung
Informationen gesammelt, und zwar drei Monate, bevor der eigentliche Einsatz begann. Dies war wichtig zur Bestimmung der nötigen
Sicherheitsmaßnahmen. Dieser Einsatz war besonders schwierig, denn
bei der Informationsbeschaffung entdeckte die Spezialeinheit zu ihrem
Erstaunen, dass die Botschaft und auch die Residenz des Botschafters
bislang gar keine Sicherheitsvorkehrungen getroffen hatten. Obwohl
die meisten Botschaften sich in der Grünen Zone befanden und dort

dem Schutz der US-Streitkräfte unterlagen, hatten die Portugiesen zwei Häuser in Al Mansour, in der Roten Zone, in der Nähe der Botschaften Deutschlands, Spaniens und der Tschechischen Republik angemietet. Viele andere Spezialeinheiten hatten in dieser Zone schon die ärgsten Anschläge und Verluste von Menschen erlebt. Eines war der Spezialeinheit gleich klar: Diese Umgebung erforderte von allen Beteiligten viel Diskretion, Geschick, gute Planungs- und Kommunikationsstrategien.

Weil die portugiesische Spezialeinheit sehr gute Kontakte zu den anderen Spezialeinheiten wie der deutschen Einheit GSG 9, der spanischen GEO und der URNA aus der Tschechischen Republik pflegte, wurde sie auch von diesen Ländern bei ihrem Vorhaben, der Erhöhung der Sicherheit an der Botschaft, unterstützt. Wenn das Team der Grupo de Operações Especiais in Bagdad unterwegs war, bedeutete dies harte Arbeit. Der örtlichen Bevölkerung konnte man nicht recht vertrauen beim Einführen neuer Sicherheitsmaßnahmen, daher musste entsprechend vorgesorgt werden. So entschied sich die Grupo de Operações Especiais, 14 Mitglieder der Spezialeinheit für die Installation der neuen Sicherheitsausstattung auszuwählen, während der Rest der Truppe die Umgebung bei der Arbeit der Kollegen absicherte. Zu den Sicherheitsmaßnahmen zählten schließlich: die Installation eines Stacheldrahtzaunes inklusive zusätzlicher Absperrungen durch Sandsäcke, der Einbau von Überwachungskameras an allen Ecken, von Bewegungssensoren, von Gefechtsständen, Sprechanlagen, Explosionsdetektoren, ein Metalltor mit einem Detektor sowie der Bau einer dicken Mauer jeweils rund um die Botschaft wie um die Residenz des Botschafters. Zuletzt fand eine genaue Lagebesprechung mit der gesamten Mannschaft der Botschaft statt, um jedes Detail der Sicherheitsmaßnahmen zu erklären.

Diese Sicherheitsmaßnahmen waren enorm wichtig für Botschaftsangehörige, im Jahr 2005 wurde die Portugiesische Botschaft dann sogar Ziel eines Selbstmordattentäters. Er hatte mit seinem Wagen vis-à-vis des Botschaftsgebäudes geparkt und fünf Kilogramm Sprengstoff an Bord. Dass den Mitarbeitern der Botschaft an diesem Tag nichts passierte, verdankten sie allein jenen Sicherheitsmaßnahmen, die die Spezialeinheit zwei Jahre zuvor im Gelände um die Botschaft installiert hatte.

Für die Mitglieder der Spezialeinheit war im Jahr 2003 jede Fahrt, jeder Gang durch Bagdad ein Risiko, eine Art tödliches Roulette. Zu jedem Zeitpunkt konnte irgendwo eine Bombe hochgehen und Dutzende Menschenleben fordern, auch das der eigenen Mitglieder.

Personenschutz für UNO-Sonderbeauftragten im Tschad

Im März des Jahres 2008 wurde ein Personenschutzteam für den Sonderbeauftragten der Mission der Vereinten Nationen im Tschad und in der Zentralafrikanischen Republik – bekannt durch die Kürzel MINURCAT – in Gemeinschaft mit der Regierung Portugals vorbereitet. Die angespannte Sicherheitslage im Tschad, der Zentralafrikanischen Republik und dem Sudan stellte eine Gefahr für die Bevölkerung, für die vielen Flüchtlinge, die Vertriebenen und für humanitäre Unterstützungsoperationen dar. Darüber hinaus gefährdete sie die Stabilität in der gesamten Region. Trotz der vom Sudan und dem Tschad gemeinsam unterzeichneten Abkommen von Tripolis vom 8. Februar 2006 und von N'Djamena vom 26. Juli 2006, durch die die Beziehungen zwischen beiden Staaten verbessert werden sollten, kam es immer wieder zu blutigen Auseinandersetzungen, an denen neben regulären Kräften diverse Rebellengruppen beteiligt waren.

Der Einsatz war nach den Aufständen der Rebellen und der Regierungstruppen in der Stadt N'Djamena gestartet worden. Nach der Bekräftigung durch die Permanente Mission Portugals vor den Vereinten Nationen in New York wurde das Team, das in den Tschad fliegen sollte, einige Tage in Bereitschaft gehalten, um im Falle des Falles umgehend zum Einsatzort fliegen zu können. Das Team der Spezialeinheit Grupo de Operações Especiais stand mehrere Tage lang mit seiner gesamten Ausrüstung bereit.

Der Auftrag für die Spezialeinheit lautete, den neuen Sonderbeauftragten der Mission der Vereinten Nationen im Tschad und in der Zen-

tralafrikanischen Republik, Victor Da Silva Angelo, bei seinen Besu-
chen in gewissen Regionen des Tschad, aber auch in N'Djamena selbst,
und während seiner täglichen Arbeit rund um die Uhr zu beschützen.
Dazu zählten Besuche bei Botschaftern, Ministern und Präsidenten, sein
Büro, die Gendarmerie und andere UNO-Einrichtungen. Der Sonder-
beauftragte wurde den ganzen Tag von der Grupo de Operações Espe-
ciais beschützt, besonders aber wenn er in Länder flog wie Iriba, Bahai,
Fada, Guéréda, Am Timan, Dogdore, Louboutigue, Bongor, Fianga,
Farchana, Goz Beida und Abeche. Nach drei Jahren war der Einsatz
für die Spezialeinheit beendet. Eine spannende, aber außergewöhnliche
Erfahrung für die Männer aus Portugal, die es meist gewohnt waren,
Kriminelle und Terroristen zu fassen.

15. KAPITEL
LITAUEN – Einsatz im Baltikum

Der Kidnapper von Panevėžys – 2001

Es war ein kühler Tag, Anfang Oktober 2001. Die Bewohner von Panevėžys, einer Großstadt in Litauen, dem südlichsten der drei baltischen Staaten, mussten schon wieder ihre Mäntel aus dem Schrank holen, wenn sie auf die Straße gingen. Schon länger hatte die örtliche Polizei zwei Kriminelle ins Visier genommen: den 25-jährigen Virginijus Savickis und seinen Kumpel, den 31-jährigen Romas Zamolskis. Nach den beiden wurde bereits international gefahndet, weil sie in Vilnius und in Kaunas Polizisten und in Kaliningrad russische Soldaten angeschossen hatten. Darüber hinaus überfielen und verletzten sie einen Geldboten der litauischen Bauernbank, dem größten Bankinstitut des Landes.

Am 7. Oktober waren die beiden Männer in Panevėžys unterwegs und wurden dort von der örtlichen Polizei bemerkt. Beim Versuch, sie festzunehmen, eröffneten die Männer erneut das Feuer auf die Polizisten und verletzten dabei sogar einige der Sicherheitsbeamten. Romas

Zamolskis wurde dreimal angeschossen und lief in eine Schule, um sich dort zu verschanzen. Die Polizisten folgten ihm, wussten jedoch, dass sie innerhalb der Schule das Feuer auf ihn nicht eröffnen durften. Daher suchten sie zunächst das Schulgelände ab und fanden auch Blutspuren in den Gängen. Doch von Zamolskis selbst war weit und breit nichts zu sehen. Er hatte sich in einem unbemerkten Augenblick aus dem Schulgelände geschlichen.

Während Zamolskis blutend in Panevėžys untertauchte, wurde sein Kumpel Virginijus Savickis vor der Schule von Polizeibeamten in die Enge getrieben, wobei er den 13-jährigen Schüler Aleksandras Spilevojus zur Geisel nahm. Mit dem Jungen als Schutzschild verschanzte sich Savickis in ein nahes Apartmenthaus. Aleksandras hielt er fest vor seinen Körper gepresst. Er lief mit dem Jungen bis in den dritten Stock und drang in eines der Apartments ein. Die Wohnung gehörte einer 60-jährigen, sehr kranken, alten Dame. Sie hieß Bronislava Varnyte, war bettlägerig und blickte müde auf die beiden Gestalten, die vor ihr standen. Dann realisierte sie plötzlich, dass es sich um einen Entführer mit seiner jungen Geisel handelte, und erschrak.

Von Anfang an erklärte Savickis den beiden Geiseln, er würde nett zu ihnen sein – aber wenn es die Situation verlange, würde er sie töten. Die geladene Pistole richtete er während der ganzen Zeit im Apartment auf den Schüler. Währenddessen alarmierte die Polizei, die Savickis bis zum Apartmenthaus gefolgt war, die Kollegen von der Antiterror-Spezialeinheit ARAS. Das Areal um das Apartmenthaus wurde abgesperrt. Als die Mitglieder der Spezialeinheit am Schauplatz eintrafen, hatten sie sich bereits über den Krankheitszustand von Bronislava Varnyte informiert. Die Einsatzleitung entschied sich dafür, bei dem Einsatz Rücksicht auf den Gesundheitszustand der alten Dame zu nehmen. Der Arzt von Bronislava hatte die Beamten mehrmals gewarnt, dass jede Form von Stress sie umbringen würde. Zwei Dinge machten den Mitgliedern der Spezialeinheit ARAS Kopfzerbrechen: Einerseits hatte der Täter sich im dritten Stock verschanzt und dabei die Eingangstür fest blockiert. Andererseits, aufgrund des Gesundheitszustandes der alten Dame, mussten die Mitglieder der Spezialeinheit die Benutzung ihrer Ausrüstung einschränken, so durften zum Beispiel keine Blendgranaten eingesetzt werden.

Die Hoffnung der Spezialeinheit ARAS lag daher zunächst auf der Kunst des Verhandlungsführers, der ein erfahrener Mann war. Die Kommunikation fand via Telefon statt. Der Verhandlungsführer telefonierte zunächst mit Bronislava, diese übergab dann den Hörer an Savickis. Nach Absprache mit Familienangehörigen und dem Hausarzt der alten Dame schlug der Verhandlungsführer Savickis zunächst vor, der alten Dame Medizin bringen zu lassen. Als man einige Zeit später und nach Rücksprache mit Bronislavas Hausarzt die Medikamente überbringen wollte, verlangte er für seine beiden Geiseln und sich selbst etwas zu essen. Er orderte Pizza und Cola. Auch dieser Forderung kam die Polizei nach.

Die Vorhänge in Bronislavas Apartment verhinderten die Sicht in die Wohnung. Außerdem vermied es der Geiselnehmer die ganze Zeit hindurch, sich in der Nähe der Fenster zu bewegen. Die Angreiftruppe der Spezialeinheit ARAS konstruierte einen etwaigen Übergriff anhand eines vollkommen identischen Gebäudes in der Nachbarschaft. Dieses Haus wurde von der Spezialeinheit genauestens ausgekundschaftet, auch um sich einen Überblick über eventuelle Fluchtmöglichkeiten zu verschaffen: Diesmal sollte der Geiselnehmer keine Chance zur Flucht haben.

Virginijus Savickis war immer noch mit dem Verhandlungsführer der Spezialeinheit ARAS am Telefon im Gespräch. Für ihn stand fest, dass er seine Geiseln nicht freigeben würde. Das stimmte den Verhandlungsführer nachdenklich. Dann deutete Savickis an, er würde vor nichts zurückschrecken, er könne sich auch vorstellen, die Geiseln zu töten. Er verlangte jedoch einen Jeep als Fluchtwagen und dazu 1,5 Millionen Litas (426 727 Euro / 554 376,59 US-Dollar). Die Summe wurde dann auf 50 000 Dollar (38 487,18 Euro) heruntergehandelt.

Für den hinzugezogenen Psychologen war unstrittig, dass Virginijus Savickis eine psychische Störung aufwies und die Gefahr bestand, dass er die Geiseln tatsächlich töten würde, wenn er nicht den Fluchtwagen und das Geld bekäme. Mittlerweile waren 16 Stunden zäher Verhandlungen mit einem psychisch labilen Mann vergangen. Die Lage spitzte sich immer mehr zu.

Plötzlich fiel ein Schuss in der Wohnung. Um das Leben der Geiseln zu schützen, gab der Einsatzleiter der ARAS sofort den Befehl, die Wohnung von Bronislava Varnyte zu stürmen. Die Angreiftruppe der Spezialeinheit stürmte die Wohnung von zwei Seiten: einerseits vom Fenster im dritten Stock aus und andererseits durch die blockierte Eingangstür. Mit lautem Krach drangen die neun Männer rasch in die Wohnung ein. Virginijus Savickis wollte nicht aufgeben, obwohl er sah, dass er gegen die Antiterroreinheit keine Chance mehr hatte: »Polizei, legen Sie die Waffe nieder.« Savickis versuchte mit seiner Waffe Widerstand zu leisten, wurde aber sofort außer Gefecht gesetzt. Aleksandras Spilevojus und Bronislava Varnyte, die noch bei Tisch saßen, duckten sich instinktiv, als die Schüsse der Spezialkräfte fielen. Als sie wieder aufblickten, sahen sie Virginijus Savickis in einer Blutlache liegen.

Die Beamten der Spezialeinheit ARAS evakuierten die geretteten Geiseln und übergaben sie dem Rettungsdienst. Der Leichnam Savickis wurde ebenfalls von der Rettung abtransportiert. Außer einer leichten Armverletzung, die der 13-jährige Aleksandras Spilevojus durch zwei kleine Kugelsplitter erlitten hatte, blieben die Geiseln unversehrt. Savickis hätte sie in seinem Wahn beinahe umgebracht. Doch das wurde ihnen erst Tage später klar.

16. KAPITEL
RUSSLAND – Terroristenjagd zwischen Kreml und Wolga

Einheit: Spetsial'nye Otryady Bystrogo
Reagirovaniya (SOBR)
MOTTO: GLAUBE UND EHRE ÜBER ALLES

Tschetschenischer Terror im Dubrowka-Theater – 2002

Der zweite Akt hatte es in sich. Die Melodie erinnerte an jene Musik, die man oft auf Jahrmärkten vernahm. So stellen sich die beiden Komponisten Aleksei Igorevich Ivaschchenko und Georgii Leonardovich Vasilyev das Leningrad des Jahres 1938 vor: Fünf junge Männer in strahlend blauen Uniformen laufen auf der Bühne in das Blau der Nacht hinein. Einer von ihnen trägt einen jungen Soldaten, der in einen Fallschirm gewickelt ist. Gemeinsam entwirrten die lachenden Soldaten den jungen Mann. Plötzlich blickt einer von ihnen nach oben. Rasch werfen sich alle zu Boden. Die Zuschauer verstehen, dass sie vor einem Luftangriff in Deckung gehen. Als der vermeintlich gefährliche Bomber vorübergeflogen ist, beginnt einer der Soldaten zu singen: »Es tut so gut, sich fünfmal umzudrehen, und macht das Flugzeug schließlich schlapp, noch ganz knapp dem Tod zu entgehen.« In diesem Augenblick springt ein Mann in schwarzer Jeans und mit schwarzer Maske auf die Bühne. In der Hand hält er eine Kalaschnikow und er schießt damit in die Luft.

Die 900 Zuschauer jubeln dem Mann zu. Für eine Minute glauben alle Anwesenden, die sich für diese Vorstellung im Dubrowka-Theater fein gemacht und lange auf die Karte gespart hatten, dass dieser Mann mit der Maske Teil des erfolgreichen russischen Musicals *Nord-Ost* ist. Doch sie irren sich gewaltig.

Es ist genau 21.05 Uhr an diesem Mittwochabend, dem 23. Oktober 2002, als 35 vermummte Terroristen durch den Hintereingang in das Dubrowka-Theater eindringen. Das Theater war früher der Kultursaal einer Kugellagerfabrik und befindet sich etwa vier Kilometer vom Kreml entfernt. Maskierte Männer und Frauen aus Tschetschenien, die mit ihrem Leben abgeschlossen zu haben scheinen, bahnen sich ihren Weg durch die Sitzreihen, schießen mit ihren Gewehren in die Luft, als sie den Zuschauersaal betreten und ihren Anführer, Mowsar Barajew, auf der Bühne stehen sehen. Die Terroristen sind mit Handgranaten und selbst gebastelten Sprengladungen, die sie am Körper tragen, ausgestattet. Unter ihnen befinden sich etliche Frauen, die ganz in Schwarz gekleidet sind und von den Medien als »Schwarze Witwen« bezeichnet werden. Etwa 90 Personen, darunter vor allem sich gerade nicht auf der Bühne befindliche Musical-Darsteller, aber auch einige Zuschauer können noch rechtzeitig flüchten und die Polizei verständigen. Für die vielen anderen Menschen im Theater beginnt langsam die Hölle.

Der 23-jährige Mowsar Barajew ist der Neffe des berüchtigten Warlords Arbi Barajew, dem Anführer der tschetschenischen Wahhabiten, der von russischen Geheimdienstmitarbeitern 2001 getötet wurde. Nach dem Tod seines Onkels übernimmt Neffe Mowsar einen Großteil der Kampfgruppe mit dem Namen »29. Division«, einer Selbstmordattentatsgruppe. Jetzt war er mit seinen Leuten mitten in einem Moskauer Theater und hatte 810 Geiseln in seiner Gewalt. Die russischen Behörden reagieren prompt. Binnen kürzester Zeit wird das Areal um das Theater von der Polizei abgesperrt und es treten die Antiterroreinheit SOBR sowie ihre Kollegen des Geheimdienstes FSB, der Einheiten ALFA und Wympel auf den Plan. Die Männer der SOBR sind diesmal zur Unterstützung der beiden anderen Einheiten vor Ort. Etliche Panzer rollen ebenfalls zum Tatort. Die Terroristen waren bereits vor Tagen in Moskau gelandet und hatten unbemerkt von den Behörden zwei Transporter mit Waffen, darunter Kalaschnikow-Gewehre, Pistolen und mehr als 100 Granaten, aus dem Kaukasus in die russische Hauptstadt gebracht.

Die Polizei will die Forderungen der Kidnapper so rasch wie möglich erfahren. Die Herzspezialistin Maria Shkolnikova wird von den Terroristen vor das Theater geschickt und verliest eine Nachricht. Darin droht Mowsar alle Geiseln zu töten, wenn die russischen Truppen nicht aus Tschetschenien abgezogen würden und die Artillerie und Luftwaffe nicht ab dem nächsten Tag gestoppt werde. Seit dem Jahr 1999 führt Russland in der Teilrepublik einen bewaffneten Kampf gegen Separatisten und Islamisten. Seinen Geiseln ordert Mowsar an, ihre Freunde und Verwandten anzurufen, um sie dazu zu bewegen, mit Plakaten vor den Kreml zu ziehen und ein Ende des Krieges zu fordern. »Euer Land hat uns das Recht auf unsere eigene Nation weggenommen und nun werden wir uns dieses Recht zurückerobern. Wir scheuen den Tod nicht,« sagt Mowsar zu den Geiseln und wird dies später auch als Nachricht auf einem Videoband an die Medien weiterleiten.

Unter den Geiseln befindet sich ein General des russischen Innenministeriums. Ein erster kleiner Erfolg des Verhandlungsteams zeichnet sich gegen Mitternacht ab: Mowsar will alle Geiseln, die einen ausländischen Reisepass vorweisen können, freilassen. 75 Menschen in dem Saal betrifft dieses Angebot, doch die russischen Behörden bleiben hartnäckig: Entweder werden alle Geiseln freigelassen oder gar keine. Mowsar schwenkt um und sagt, dass er in einer Woche damit beginnen würde, Geiseln zu töten, wenn seine Forderung, den Krieg zu beenden, nicht erfüllt werde.

An die Sessel im Theater werden nun Tüten mit Sprengsätzen geklebt. Mitten im Zuschauerraum haben die Terroristen einen riesigen Sprengsatz deponiert. Obendrauf sitzt eine Selbstmordattentäterin, die jederzeit den Zünder bedienen kann.

Es ist weit nach Mitternacht, die Geiseln sind müde, alle haben Angst, einige versuchen zu flüchten. Ein Junge springt auf und läuft in Richtung Ausgang. Er wird von den Terroristen mit einer Pistole am Kopf verletzt und bleibt ohnmächtig am Boden liegen. Außerhalb des Theaters bahnt sich eine junge Frau gegen 5.30 Uhr des nächsten Tages den Weg in den Saal. Olga Romanowa ist über die Absperrungen geklettert und besitzt eindeutig zu viel Courage. Sie ist erst 26 Jahre alt und fest entschlossen, den Geiselnehmern das Handwerk zu legen. »Was macht ihr hier? Lasst sofort alle Leute im Saal frei.« Mowsar Barajew macht kurzen Prozess mit ihr, seine Leute führen sie in einen Seitengang des Theaters und erschießen Olga Romanowa mit mehreren Schüssen. Im Saal fangen einige Geiseln an zu beten. »Wir kennen die Tricks des russischen Geheimdienstes. Sie war eine von ihnen«, versucht der Terrorist Mowsar Barajew diese Tat vor den Geiseln zu rechtfertigen.

Es ist Donnerstag, der 24. Oktober, und der russische Staatspräsident Wladimir Putin unterbricht eine wichtige Dienstreise: ein Treffen mit George W. Bush und anderen Staatspräsidenten. Indessen versuchen sich zahlreiche bekannte russische Künstler und Journalisten als Verhandler mit den Terroristen. Unter ihnen befinden sich Aslambek Aslachanov, Mitglied des Tschetschenischen Föderationsrates, sowie die Wirtschaftswissenschaftlerin und Journalistin Irina Chakamada. Mit Erfolg. An diesem Tag werden 39 Geiseln freigelassen. Nun werden auch Verhandlungen von Botschaftern europäischer Länder mit den tschetschenischen Terroristen geführt, um die ausländischen Geiseln freizubekommen. Doch Mowsar bleibt hartnäckig: Dazu sei er erst bereit, wenn der Chef der russischen Verwaltungsbehörde in Tschetschenien, Achmat Kadyrow, zum Theater komme. Doch Kadyrow denkt gar nicht daran, sich mit dem Terroristen zu treffen.

In der Zwischenzeit platzieren die russischen Spezialeinheiten in der Nähe des Theaters Abhörgeräte im Kanalisationssystem. Dabei muss eine Wasserleitung aufgeschnitten werden. Das Wasser bahnt sich seinen Weg in das Erdgeschoss des Theaters, das nun überflutet wird. Die

Terroristen sind wütend und beantragen eine Reparatur des kaputten Rohres, doch die Polizei zögert dies hinaus.

Am Freitag, den 25. Oktober, verhandeln weitere bekannte Persönlichkeiten Moskaus mit den Terroristen, unter ihnen die Journalisten Sergei Govoruchin und Mark Franchetti. Auch Politiker intervenieren, versuchen die Terroristen zur Raison zu bringen. Wieder werden einige Geiseln freigelassen, doch noch immer sind es nicht genug. Zu Mittag betritt eine Gruppe Ärzte unter der Führung von Leonid Roschal das Theater, um die Geiseln mit Medikamenten zu versorgen. Das Rote Kreuz bringt Decken und versorgt alle mit Lebensmitteln. Gegen Abend interviewt ein Journalist des Fernsehsenders NTW Mowsar Barajew. Dieser verkündet lauthals: »Unser Motto ist ›Freiheit und Paradies‹. Wir haben bereits Freiheit, nachdem wir hier nach Moskau gekommen sind. Nun wollen wir im Paradies sein. Wir sind hier mit einem konkreten Ziel – dem Krieg ein Ende zu setzen.« Um 22 Uhr werden wieder Geiseln freigelassen, und es wird eine Vereinbarung mit den Terroristen getroffen: Am Samstagmorgen sollen weitere Bürger aus den USA und aus Kasachstan freigelassen werden. Mowsar bietet von sich aus an, alle Kinder freizulassen.

In der Zwischenzeit haben die Antiterroreinheiten das Erstürmen des Theaters an einem sicheren Ort, einem baugleichen Gebäude, trainiert. In der Nacht geben die Terroristen wieder ein Interview, diesmal dem britischen Korrespondenten der BBC: Sie erklären stolz, dass sie erfahren hätten, Präsident Putin würde zu Gesprächen ins Theater kommen. Während des Interviews verschaffen sich zwei Mitglieder der Einheit ALFA Zugang zum Theater und kommunizieren den Geiseln, dass ein Sturmangriff um 3 Uhr morgens geplant sei. Unter den Salven der tschetschenischen Terroristen verlassen sie schwer verletzt wieder das Theater. Die Nacht bricht herein.

Um 5 Uhr morgens gehen die Suchscheinwerfer, die den Haupteingang des Dubrowka-Theaters beleuchtet hatten, plötzlich aus. Die Spezialeinheiten betreten lautlos den Eingang des Theaters. Die Männer der ALFA und von Wympel zählen zur Vorstoßtruppe, die Männer von

SOBR sichern die Flanken und den Rücken ihrer Kollegen. Nun wird über die Belüftungsschächte, die Bühne und über von den Spezialeinheiten gebohrte Löcher ein spezielles Mittel mit verheerender Wirkung in das Theater geleitet: ein Derivat des synthetischen Opioids Fentanyl, das als Schmerzmittel bei der Anästhesie sowie zur Therapie von chronischen Schmerzzuständen verwendet wird.

Unter den Geiseln bricht Panik aus. Eine Journalistin ruft in ihrer Radioredaktion bei Echo Moskwy an und berichtet in einem Livegespräch, dass die Befreiungsoperation mittels eines Gasangriffes eingeleitet wurde. Die Geiselnehmer sind zum Teil mit Gasmasken ausgerüstet und feuern auf die russischen Behörden vor dem Theater. 30 Minuten vergehen, bis das Gas endlich wirkt. Als der Schusswechsel beginnt, ermahnt Mowsar die Geiseln, sich auf den Theatersitzen nach vorn zu lehnen und den Kopf mit den Sitzen zu schützen.

Mit der Zeit zeigt das Gas seine Wirkung, langsam werden die Geiseln ohnmächtig. Viele der Terroristen fallen betäubt zu Boden. Nun ist der Zeitpunkt gekommen. Die Spezialeinheiten nähern sich dem Zuschauerraum, nicht ahnend, in welchem Zustand sich die Geiseln befinden. Nun stürmen die Spezialeinheiten den Saal und erschießen dabei alle Terroristen. Noch bevor die Terroristen ihr Bewusstsein wiedererlangen, werden sie mit Kopfschüssen getötet. Keiner dieser Männer und Frauen wird jemals über die Organisation und Planung dieses Anschlags berichten oder dafür zur Verantwortung gezogen werden können. Währenddessen werden die Geiseln ins Freie getragen und mit Krankenwagen und Linienbussen in Kliniken ins Zentrum von Moskau gebracht.

Sechs Monate nach dem Drama wird das Musical *Nord-Ost* wieder im Dubrowka-Theater aufgeführt. Der Zuschauerraum wurde ein wenig verändert. Die einst bordeauxrot überzogenen Sessel erstrahlen jetzt in Blautönen. An diesem Abend sind auch viele der Überlebenden der Tragödie vom Oktober 2002 anwesend. Als im zweiten Akt der Song: »Es tut so gut, sich fünfmal umzudrehen, und macht das Flugzeug schließlich schlapp, noch ganz knapp dem Tod zu entgehen«, ertönt, haben viele der Überlebenden Tränen in den Augen.

Ein Buchhalter in Angst und Schrecken – 2009

Schon seit Tagen war der Himmel grau und an den Nachmittagen regnete es meist. Kein schönes Wetter für Russland im Sommer 2009, obwohl das Barometer meist um die 20 Grad anzeigte. Es war gerade 7 Uhr morgens, als das Telefon in der Einsatzzentrale der Spezialeinheit SOBR läutete. Der Kommandant nahm hastig den Telefonhörer ab. Am anderen Ende der Leitung meldete sich sein Kollege aus der Zentrale der Kriminalpolizei in Moskau: »Guten Morgen, mein Lieber. Wir haben einen Fall für euch. Gegen Mittag soll der Geldtransporter eines bekannten Baukonzerns, der aus Elektrostal kommt, von fünf Kriminellen überfallen werden. Die Leute sind uns bekannt, sie sind zwischen 25 und 27 Jahre alt. Ich habe dir gerade eine E-Mail mit allen Informationen über die Burschen, die Fahrtroute und die Kontaktdaten der betroffenen Personen in der Baufirma gesendet.« – »Verstanden. Wir sind schon unterwegs«, entgegnete der Kommandant der SOBR und rief seine Mannschaft zusammen.

Elektrostal ist eine Großstadt, die sich rund 60 Kilometer östlich von Moskau befindet. Bekannt ist die Stadt durch ihre Stahlindustrie, die kurz nach der Oktoberrevolution 1917 gegründet wurde. Heute hat sich die einstige Stahlstadt eher zu einer Chemiestadt entwickelt, aber durchaus auch zu einer Sportlerstadt: Der Eishockeyclub Kristall Elektrostal hat etliche namhafte Spieler hervorgebracht, die auch bei den Weltmeisterschaften schon gute Resultate für ihr Land erzielten.

Für die Spezialeinheit SOBR begann der Tag mit einem Einsatz um sieben Uhr morgens. Zunächst überlegte sich der Einsatzstab einen möglichen, im Sinne der Täter geeigneten Ort für den geplanten Überfall. Es war klar, dass die jugendlichen Täter den Weg des geringsten

Widerstandes suchen würden. Keine Umstände, alles musste rasch geschehen, denn der Buchhalter war diesmal mit einem Betrag von einer Millione Euro (40 743 253,45 Rubel) unterwegs. Es war Monatsanfang und die Honorare für die 200 Mitarbeiter waren fällig, außerdem mussten etliche Firmenrechnungen beglichen werden. Ein Informant aus der Baufirma hatte die Details über den überdurchschnittlich hohen Betrag, der diesmal im Geldtransporter befördert wurde, an die fünfköpfige Bande weitergetragen.

Nach eingehender Betrachtung der Fahrtroute des Transporters kam lediglich ein besonders kurviger Bereich auf der Moskovskoye Maloye kol'tso Bundesstraße A 107 direkt im Wald für einen Überfall infrage. In einer speziellen Kurve musste der Geldtransporter langsamer fahren, und das gab wiederum den Kriminellen die Chance, genau dort ihren Überfall durchzuführen. Bis auf die Sekunde berechnete die Spezialeinheit die Abfahrtszeit, daraus folgend dann die Uhrzeit des Überfalls und schließlich noch die Art und Weise, wie die Täter festgenommen werden sollten. Als der detaillierte Zeitplan stand, machten die Männer der SOBR sich auf den Weg, um noch weitere Vorkehrungen zu treffen.

Während der Buchhalter der Baufirma mit einer Sicherheitsweste von den Beamten der Kriminalpolizei ausgestattet wurde, als er in den Geldtransporter stieg, bereiteten sich die Mitglieder der Spezialeinheit auf ihren Einsatz im Wald vor. Genau an jener Stelle, wo der Überfall nach ihren Berechnungen stattfinden sollte, gab es auf der rechten Seite der Bundesstraße einen Sumpf, während auf der linken Seite der Wald dichter wurde. Zunächst platzierte die Einsatzleitung zwei Dienstfahrzeuge mit ihren Leuten jeweils am Beginn und am Ende jener Kurve; natürlich versteckt im Wald, damit die Täter keinen Verdacht schöpften. Unterdessen platzierte sich ein großer Teil der SOBR-Mannschaft in spezieller Tarneinsatzbekleidung im Wald.

Gegen 11.30 Uhr sollte es schließlich so weit sein. Die Mannschaft war in Position und wartete auf den Geldtransporter. Dem Buchhalter war indes nicht sehr wohl zumute, doch er musste tapfer sein, das hatten ihm die Beamten der Kriminalpolizei eingeschärft. Es würde ihm nichts passieren, man wache über ihn. Und die russische Spezialeinheit war bekannt für ihre Professionalität.

Der Buchhalter schwitzte trotzdem. Der Fahrer des Geldtransporters versuchte ihn abzulenken und erzählte ihm Geschichten aus der Firma. Wer mit wem gerade Deals abschloss und welche tollen Bauprojekte als Nächstes vorgesehen waren. Doch das half alles nichts. Je näher der Geldtransporter dem Wald kam, desto nervöser wurde der Buchhalter. Also nahm der Fahrer seinen ganzen Mut zusammen und sagte zu seinem Beifahrer: »Hör zu, es wird jetzt ein wenig turbulent, aber wir schaffen das schon. Vertraue mir und vertraue der SOBR. Die können was und die lassen uns nicht im Stich. Wir müssen jetzt stark sein.« Der Fahrer hatte kaum gesprochen, da waren die beiden Männer auch schon in dem Waldstück angelangt. Nur noch wenige Meter, und sie würden die spezielle Kurve passieren. In diesem Augenblick kam ihnen ein dunkler kleiner Wagen entgegen, ein Škoda Octavia. Daraus sprangen vier bewaffnete Männer und hielten den Geldtransporter auf. Mit ihren Pistolen gestikulierten sie wild und schrien die beiden Männer, die im Transporter saßen, an: »Los, raus mit euch beiden. Das ist ein Überfall. Gebt uns sofort das gesamte Geld. Die Million. Wir wollen sie jetzt haben. Beeilt euch. Wir haben nicht den ganzen Tag Zeit!« Der Buchhalter war vor Schreck erstarrt. Dem Fahrer war jetzt auch etwas mulmig zumute, doch er ließ sich vor seinem Kollegen nichts anmerken. »Bleib ja hier sitzen. Rühr dich nicht vom Fleck. Die SOBR kommt gleich«, flüsterte er ihm zu.

Zwei der Täter hatten Baseballschläger bei sich und begannen in diesem Augenblick wie wild damit auf den Transporter einzuschlagen. Sie schlugen direkt auf die Windschutzscheibe. Zwei weitere Täter schossen mit ihren Pistolen auf den Wagen, nicht ahnend, dass dieser mit Sicherheitsglas ausgestattet war. Die beiden Insassen wussten nicht, wie ihnen geschah, doch sie versuchten einen klaren Kopf zu behalten in der Gewissheit, dass die Spezialeinheit dies alles bereits beobachtete.

Nun ging es Schlag auf Schlag: Die beiden Fahrzeuge der Spezialeinheit, die sich am Beginn und am Ende des kurvigen Waldstücks versteckt gehalten hatten, kamen herangeprescht und stoppten genau vor den vier Tätern. Als die vier Männer umzingelt waren, versuchten sie die Flucht nach vorne. Ein weiteres Mitglied der Bande hatte im Škoda gewartet und stieg jetzt aus dem Wagen aus. Da auf der einen Straßenseite das Moor lag, was die Kriminellen wussten, blieb ihnen nur der Weg in die andere Richtung: in den Wald hinein. Also liefen die fünf Männer so schnell sie konnten in den Wald, in der Hoffnung, die Mitglieder der Spezialeinheit so abzuhängen.

Während sie in den Wald liefen, drehten sie sich kurz um, um zu sehen, wie nah ihre Verfolger von der SOBR waren. Sie wunderten sich darüber, dass die Männer von der Spezialeinheit auf der Straße stehen geblieben waren und sie lediglich mit Blicken verfolgten. Doch sie überlegten nicht und rannten nur weiter. Plötzlich passierte etwas Unglaubliches, wie in dem Film *Der Herr der Ringe* nach dem Roman von JRR. Tolkien. Einige Bäume, die eben noch ruhig dagestanden hatten, bewegten sich plötzlich. Und sie sprachen zu ihnen: »Hände hoch. Polizei. Auf den Boden mit euch! Es ist aus. Keiner entkommt hier. Ihr seid umzingelt. Wir sind die Spezialeinheit SOBR.« Entsetzt blickten die fünf Kriminellen auf die sprechenden Bäume, bevor sie fassungslos in die Knie gingen und sich schließlich auf den Boden legten. Sie waren derart schockiert, dass sie sich nicht trauten, auch nur einen Laut von sich zu geben. Sie warteten indes weitere Befehle der Spezialeinheit ab. Die zwölf Mitglieder der SOBR, die um sie herumstanden, schmunzelten. »Nun, jetzt wisst ihr nichts mehr zu sagen? Ihr werdet jetzt abgeführt und aufs kriminalpolizeiliche Dezernat gebracht.«

Die fünf Männer wurden abgeführt und in zwei Einsatzfahrzeuge gesetzt. Mit Blaulicht fuhren die beiden Wagen der Spezialeinheit in Richtung Moskau zurück. Der Buchhalter und der Fahrer des Geldtransporters hatten den Einsatz verblüfft beobachtet. Sie waren sehr froh, dass ihnen nichts passiert und alles so glimpflich ausgegangen war. »Siehst du, ich habe es dir ja gesagt, die SOBR lässt uns nicht im Stich.« Der

Buchhalter nickte, tupfte sich mit einem Taschentuch den Schweiß von der Stirn und antwortete: »Weißt du was, wenn wir das Geld bei der Bank abgegeben und den Wagen in unserer Firma geparkt haben, lade ich dich auf ein Gläschen Wodka ein.« – »Es können auch zwei Gläschen sein«, antwortete der Fahrer und grinste.

EPILOG

Ein ganzes Jahr habe ich mit den Teams der weltbesten Spezialeinheiten der Polizei verbracht. Die Gespräche mit ihnen, die Erfahrungen, die ich bei unseren Treffen gesammelt habe, ermöglichten diesen authentischen Blick hinter die Kulissen, den bis heute vor mir noch niemand in dieser Dimension erhalten hat – außer den handelnden Personen selbst. Zu wissen, dass jeden Tag Einsätze – darunter viele unter strengster Geheimhaltung – stattfinden, von denen wir niemals erfahren werden, ist eine spannende Angelegenheit. Ich verstehe nun auch viel besser, warum Details nicht an die Öffentlichkeit dringen dürfen. Warum gewisse Einsätze einfach geheim bleiben müssen. Denn sonst würde uns das ständige kriminelle und terroristische Geschehen schlicht überfordern. So wie sich die Technologien ständig weiterentwickeln, so entwickelt sich auch die Form der Bedrohung durch Terrorzellen weiter. Aus diesem Grund müssen die Antworten der Länder auf die Bedrohungen wie die Instrumente im Kampf gegen den Terrorismus ständig weiterentwickelt werden.

Wir dürfen jedoch niemals vergessen, dass Terroristen dem Irrtum unterliegen, unsere Demokratie angreifen zu können, indem sie in unserer Mitte Bomben zünden, Menschen als Geiseln nehmen oder gar versuchen, uns zu erpressen. Ihr Narzissmus kann uns nichts anhaben, denn in Wahrheit bietet nur die Demokratie den nötigen Schutz gegen ihre übersteigerte Eitelkeit. Demokratische Prinzipien eines Staates zählen deshalb zu den stärksten Waffen im Kampf gegen eine weltweite Kriminalität. Die Teams der Spezialeinheiten setzen alles daran, unsere Demokratie zu verteidigen und Terroristen in ihrem Handeln zu stoppen. Mit jedem Mittel: Je ausgeklügelter die Technologien sind, desto raffinierter werden ihre Mittel zum Schutz der Bevölkerung.

Denn beim Kampf gegen den Terrorismus müssen unsere Interessen und unsere Werte im Vordergrund stehen. Kriminelle sollen wissen, dass es Vergeltung gibt und sich kein Staat dieser Welt von ihnen auf der

Nase herumtanzen lässt. Regierungen und auch die Bürger eines Landes verlangen Respekt. Die Angst vor der Vergeltung sollte für Täter schon Hindernis genug sein, eine Straftat im Ausmaß eines Terroranschlages zu begehen. Sicher, die Welt kann man ständig verbessern, mit neuen Technologien, mit neuen Entwicklungen, mit Fleiß und mit Ehrgeiz – nur mit zwei Dingen geht es nicht: mit Bösartigkeit und mit Waffen. Aus diesem Grund sollten Kriminelle eines wissen: Es gibt kein Entrinnen. Überall auf dieser Welt gibt es Menschen, die sie besser meiden sollten, da diese Menschen dafür sorgen werden, dass jeder Verbrecher seine gerechte Strafe bekommt.

Ich weiß jetzt, dass enorm viel Arbeit im Aufbau einer perfekten Spezialeinheit steckt. Diese engagierten Männer und Frauen, die sich keinen anderen Beruf dieser Welt vorstellen könnten als den, den sie ausüben, sind teamorientiert und arbeiten bei Einsätzen im Gleichklang, mit Ruhe und Besonnenheit, mit Taktik und Strategie. Ihre Einsätze gehen extrem rasch über die Bühne, ich habe das mit eigenen Augen verfolgen können.

Vieles, was ich über sie gehört habe, sehe ich heute anders. Wenn ich heute aus den Medien erfahre, dass dieser oder jener Täter im In- oder Ausland geschnappt wurde, dann weiß ich, dass meine Interviewpartner wieder erfolgreich waren. So soll es sein. Denn sie sind in friedenspolitischer Mission unterwegs, um die Sicherheit der Bürger eines Staates zu gewährleisten und auch um für Gerechtigkeit – den idealen Zustand des sozialen Miteinanders – zu sorgen.

DANKSAGUNG

Dieses Buch wäre niemals entstanden, wenn die Autorin nicht in der außerordentlich glücklichen Lage gewesen wäre, ein starkes Netzwerk zu haben.

Mein besonderer Dank und Respekt gebührt an dieser Stelle allen Regierungen, die dem Buchprojekt positiv begegnet sind und es im Sinne der Demokratie, der Sicherheit und des Friedens auf dieser Welt unterstützt haben.

Für die ständige kontinuierliche Unterstützung bei meiner Arbeit am Buch möchte ich auch all meinen Kontakten in Behörden und in internationalen Organisationen meinen Dank aussprechen, allen voran:

Bundesministerium für Inneres, Österreich

Bundesministerium für europäische und internationale Angelegenheiten, Österreich

United Nations Organization New York – Genève – Nairobi – Wien

Und im Besonderen: Elena Rigacci Hay, Gesandter Martin Krämer, Gesandter Dr. Gerhard Zettl, Mag. Peter Launsky-Tieffenthal.

Ich möchte mich des Weiteren bei allen Mitgliedern der Spezialeinheiten, die mir großzügig einen Blick hinter die Kulissen ihrer Arbeit gewährt und mir viel Zeit, Energie und auch ihr Vertrauen geschenkt haben, ganz besonders herzlich bedanken.

Bei meinem Verleger Christian Jund bedanke ich mich für sein Vertrauen und bei der Verlagsleiterin des riva-Verlags Birgit Sander für ihre großartige Unterstützung, die guten Gespräche, die spannenden Ideen und die produktive Zusammenarbeit. Meiner tollen Lektorin Palma Müller-Scherf danke ich für die subtile Schärfung meiner Zeilen.

Meinem langjährigen Freund und Kollegen Michael Hetzmannseder, der diesem Buch durch seine fotografische Genauigkeit einen professionellen Schliff verpasst hat, ein großes Danke und ein Lob. Merci, Hetzi.

Ein großes Dankeschön gebührt allen Institutionen, Firmen und Organisationen, die dieses Buchprojekt freundlicherweise unterstützt und gefördert haben, vor allem:

Victorinox AG, Schweiz

Ulbrichts Witwe GmbH, Oberösterreich

Frequentis AG, Österreich

ARGE Sicherheit und Wirtschaft – Wirtschaftskammer Österreich

Und – last but not least – gebührt ein ganz großes Danke meiner Familie und all meinen Freunden im In- und im Ausland, die mir durch viele gute Gespräche, Anregungen und Fragestellungen geholfen haben, meine Arbeit an diesem Buch zu vervollkommnen.

Auch als E-Book erhältlich

240 Seiten
Preis: 19,99 €
ISBN 978-3-86883-191-7

Stefan Schubert

Inside Polizei

Die unbekannte Seite des Polizeialltags

- Der Einsatz eines Spezialeinsatzkommandos endet in einem Skandal ...
- Zwei Polizisten berichten aus nächster Nähe über die Katastrophe der Loveparade in Duisburg ...
- Im Rotlichtmilieu treffen Hells Angels, Mafia und Polizei aufeinander ...
- Angehörige einer Polizeihundertschaft schildern den Großeinsatz bei einem Castor-Transport aus ihrer Sicht ...
- Polizisten erleben Gewalt nicht nur im Dienst ...

Bestsellerautor Stefan Schubert, selbst viele Jahre lang Polizist, gewährt Außenstehenden authentische und schonungslose Einblicke in eine abgeschottete Polizeiwelt. Kein anderes Buch kam der dunklen Seite des Polizeialltags je so nahe.

»*Sniper* gibt Aufschluss darüber, wie es ist, den Krieg hautnah mitzuerleben. Chris Kyle schreibt offen über die Missionen, persönlichen Hindernisse und schweren Entscheidungen, die zum Alltag eines jeden SEAL-Scharfschützen gehören.«

Richard Marcinko,
erster kommandierender
Offizier des SEAL Team 6

400 Seiten
Preis: 19,99 €
ISBN 978-3-86883-245-7

Chris Kyle | Scott McEven | Jim DeFelice

Sniper

160 tödliche Treffer – Der beste Scharfschütze des US-Millitärs packt aus

Chris Kyle diente von 1999 bis 2009 bei den US Navy SEALs und verzeichnete in jener Zeit den höchsten »Bodycount« – also die höchste Zahl an tödlichen Treffern – in der amerikanischen Militärgeschichte. 160 gezielte Liquidationen schreibt ihm das Pentagon offiziell zu. In dieser eindringlichen Autobiografie erzählt der geborene Texaner, der schon als Kind auf Jagdausflügen mit seinem Vater das Schießen lernte, die Geschichte seiner außergewöhnlichen Karriere. Nach dem 11. September 2001 wurde er im Kampf gegen den Terror an die Front geschickt und fand kurze Zeit später seine Berufung als Scharfschütze. Hart und ehrlich redet Kyle über die Schattenseiten des Krieges und das brutale Handwerk des Tötens.

400 Seiten
Preis: 19,99 €
ISBN 978-3-86883-183-2

Howard E. Wasdin
Stephen Templin

Navy Seals Team 6

Ein Elitekämpfer enthüllt die Geheimnisse seiner Einheit

Die Navy Seals sind die Elitetruppe der US-Streitkräfte. Sie durchlaufen die härteste Ausbildung der Welt und werden nur in den schwierigsten und gefährlichsten Situationen eingesetzt. Das Seal Team Six ist die Einheit, die den Terroristenführer Osama bin Laden tötete.

Dieses einzigartige und fesselnde Buch bietet exklusive Einblicke in die geheime Welt der Navy Seals und verrät, wie diese Spezialeinheit funktioniert, wie sie ihre Mitglieder rekrutiert und wie das Seal Team Six Osama bin Laden in Pakistan aufspürte und liquidierte.

512 Seiten
Preis: 19,99 €
ISBN 978-3-86883-285-3

Chuck Pfarrer

Zum Krieger geboren

**Mein Leben als
Navy SEAL**

Die Navy SEALs gelten als eine der härtesten und tapfersten Sondereinsatzkommandos weltweit und sind für die Liquidation von Osama bin Laden verantwortlich. Kein SEAL hat sich je ergeben, kein SEAL wurde je gefangen genommen und keiner wurde je tot oder lebendig auf dem Schlachtfeld zurückgelassen. Navy SEAL Chuck Pfarrer nahm an über 200 Geheimoperationen teil. Hochspannend, sehr persönlich und mit bestechender Ehrlichkeit schildert Pfarrer in diesem Buch die Kampf- und Anti-Terror-Einsätze der SEALs, bei denen er immer wieder in Lebensgefahr schwebte.